Jana Kubatzki

Stadtbummel durch dein Horoskop

Standardwerke der Astrologie

JANA KUBATZKI

Stadtbummel durch dein Horoskop

Häuser und Planeten mit anderen Augen sehen

ISBN 978-3-89997-300-6

Umschlag: Judith Machnow, Tübingen
Druck: CPI

Zu beziehen über:
Chiron Verlag, Postfach 1250, D72002 Tübingen
www.chiron-verlag.de

Inhalt

Vorwort 7

Die Astrostadt als Hilfsmittel in der Beratung 9

- Für wen ist dieses Buch geeignet? 11
- Funktionsweise des Buches 11
- Wie gehst du mit dem Buch um? 12
- Lesarten des Buches 13

Teil 1: Die astrologischen Häuser als Bezirke 15

- 1. Haus/Aszendent – Das Stadttor 16
- 2. Haus – das Bankenviertel 29
- 3. Haus – der Marktplatz 41
- 4. Haus – das Wohnviertel 55
- 5. Haus – das Vergnügungsviertel 70
- 6. Haus – das Gesundheitszentrum 82
- 7. Haus – der Café und Barbezirk 94
- 8. Haus – die Unterwelt 105
- 9. Haus – das Gelehrtenviertel 115
- 10. Haus – das Regierungsviertel 128
- 11. Haus – die neuen Kommunen 141
- 12. Haus – die geheime Welt 151

Teil 2: Planeten 165

- Die Aspekte: Beziehungsmuster 166
- Sonne – die Regierung 169
  - Die Sonne in den Tierkreiszeichen 170
  - Die Sonne in den Häusern 177
- Mond – die Bewohner der Stadt 189
  - Der Mond in den Tierkreiszeichen 190
  - Der Mond in den Häusern 196
- Venus – die Kammerzofe 207
  - Venus in den Zeichen 208

Venus in den 12 Häusern 213
Mars – die Verteidigung 218
Mars in den Tierkreiszeichen 219
Mars in den Häusern 225
Merkur – der Reporter/die Reporterin 231
Merkur in den Tierkreiszeichen 232
Merkur in den Häusern 237
Jupiter – der edle Gelehrte 241
Jupiter in den Häusern 242
Saturn – der Prüfer 246
Saturn in den Häusern 247
Uranus – Der freie Narr 252
Uranus in den Häusern 253
Neptun – Die Künstler und Träumer 257
Neptun in den Häusern 258
Pluto – Der Magier 262
Pluto in den Häusern 263

Teil 3: Beispielhoroskope 267
Die Astrostadt von Olaf Scholz 270
Die Astrostadt von Angelina Jolie 273
Die Astrostadt von Amy Winehouse 277
Die Astrostadt von Keanu Reeves 282
Meine Astrostadt Karte 286
Glossar 288
Literatur 289

Vorwort

von Torsten Wernecke

»Die Freude an der Entdeckung besteht darin, das Unbekannte zu erkunden und das Vertraute mit neuen Augen zu sehen.«
– Marcel Proust –

Was bringt mir eine astrologische Beratung? Diese Frage wurde mir einst gestellt. Meine Antwort, dass eine astrologische Beratung dabei hilft, sich selbst besser kennenzulernen, stieß leider nicht auf offene Ohren.

Die Dame, die mich fragte, war schon etwas älter, reich an Lebenserfahrung und der festen Überzeugung, sich selbst bereits in- und auswendig zu kennen. Ich ließ nicht locker. Versuchte sie zu überzeugen, dass eine astrologische Beratung durchaus sinnvoll ist. Leider ohne Erfolg.

In den folgenden Wochen ging mir die Frage nicht mehr aus dem Kopf. Geboren mit einem Merkur im Skorpion, zermarterte ich mir so lange das Hirn, bis ich schließlich den erlösenden Gedanken hatte, das Horoskop mit einem Reiseführer zu vergleichen. Denn genauso, wie ein Reiseführer eine Stadt oder ein Land beschreibt, beschreibt das Horoskop eine Person.

Lesen wir einen Reiseführer über Paris, so erfahren wir vermutlich auch etwas über den Eiffelturm, obwohl das prominente Stahlgerüst den meisten Menschen in der Welt bereits bekannt sein dürfte. Aber neben dem berühmten Turm werden auch weniger bekannte Orte beschrieben. Sogar einige Geheimtipps sind aufgelistet, die selbst vielen dort wohnenden Menschen unbekannt sind.

Genauso verhält es sich auch mit einem Horoskop. Viele unserer Eigenschaften, die sich aus dem Horoskop ablesen lassen, kennen wir. Dafür brauchen wir keinen Astrologen zu konsultieren. Aber es gibt bestimmt auch einige verborgene Aspekte unserer Persönlichkeit, welche das Horoskop ans Licht bringt, die wir bisher noch gar nicht im Sinn hatten.

Von dem Vergleich eines Horoskops mit einem Reiseführer war es dann nur ein kleiner Gedankenschritt zu der Idee, das Horoskop mit einer Stadt gleichzusetzen und es als solche zu interpretieren. Dabei dient die Radix als Bauplan, auf dem unter Verwendung astrologischer Regeln eine fiktive Stadt errichtet wird.

In einem Horoskop beschreiben die Häuser das WO, die Planeten das WAS und die Tierkreiszeichen das WIE. Auf unsere Stadt umgemünzt repräsentieren die Horoskophäuser die Stadtviertel, während die Planeten die Einwohner verkörpern und die Aspekte Auskunft über die Beziehungen zwischen den verschiedenen Stadtbewohnern geben. Die Tierkreiszeichen wiederum verpassen jedem Stadtteil und jedem Bewohner ihre spezifische Färbung und individuellen Charakter.

Dadurch werden auch für einen Nicht-Astrologen die vielseitigen Facetten der eigenen Persönlichkeit mit all ihren Stärken und Schwächen, plastisch greifbar. Wenn du weißt, dass die Bankgebäude marode sind, weil beispielsweise Neptun im 2. Haus das Bankenviertel unter Wasser setzt, kannst du Maßnahmen zur »Renovierung« ergreifen.

In diesem Buch erklärt Jana, wie man anhand eines Horoskops Schritt für Schritt eine Stadt zum Leben erweckt. Damit bekommst du ein praktisches Tool an die Hand, um die komplexen Konstellationen eines Horoskops auf einfache, bildhafte Weise zu beschreiben.

Ich wünsche dir viele Aha-Momente und neue Einblicke beim Durchstreifen deiner eigenen, auf Basis deines Horoskops kreierten Astrostadt. Es gibt immer etwas zu entdecken!

Fürstenfeld im Mai 2023
Torsten Wernecke

Die Astrostadt als Hilfsmittel in der Beratung

Schon seit einigen Jahren bin ich in astrologischen Beratungen dazu übergegangen, astrologische Inhalte bildhaft zu beschreiben. Dabei habe ich intuitiv die Wohnung als Metapher genutzt. Die Eingangstür stand für den Aszendenten, der Flur für das dritte Haus, die Speisekammer für das zweite Haus usw.

Für Klienten und Klientinnen ist es einfacher zu verstehen, was ich meine, wenn ich sage: »Sie lassen viele Menschen in ihren Flur, doch kaum jemand darf Ihr Wohnzimmer betreten. Dann stehen die Leute im Flur herum und Sie sind gestresst, weil man von Ihnen erwartet, dass sie in die Wohnung eingeladen werden.«. Astrologisch gesprochen entspräche diese Situation einem offenen Aszendenten zum Beispiel in einem Luftzeichen und einem vierten Haus, der Sonne oder dem Mond in einem Wasserzeichen oder durch Saturn gehemmt.

Grund: Ein offener, neugieriger Aszendent kommt schnell in Kontakt mit Menschen. Mit hochsensiblen Anteilen wie einer Fische-Sonne ist es jedoch herausfordernd, mit den vielen neuen Kontakten auch umzugehen. Oft ist es sogar überfordernd.

In vielen Beratungen habe ich diese Sprechweise erprobt und meine Klienten und Klientinnen haben sehr gut darauf reagiert.

Dann lernte ich durch den Astrologie-Online-Kongress des *Deutschen Astrologenverbandes* (2021) Torsten Wernecke kennen, der diese Metapher in seinem Vortrag »Astro City« auf eine Stadt ausgeweitet vorstellte. Ich war sofort begeistert und begriff das Potenzial dieser Herangehensweise. Während Wohnraum doch sehr persönlich ist und es selten Wohnungen mit 200 qm und mehr gibt, in welche zwölf astrologische Häuser integrierbar sind, so sind Städte überpersönlich, haben einen gesellschaftlichen Kontext und eignen sich daher umso mehr für die Beschreibung der zwölf astrologischen Häuser. Hier kann man Bezirke einführen und gleichzeitig die Planeten als wichtige Personen der Stadt vorstellen.

Ich habe Torsten sofort nach dem Kongress kontaktiert und tatsächlich hatten wir uns darauf geeinigt, zusammen ein Buch daraus zu erstellen. Doch nach ein paar Monaten musste sich Torsten aus beruflichen Gründen von dem Buch Projekt zurückziehen und so schrieb ich es allein.

Bei der Ausarbeitung dieses Buches, insbesondere bei der Beschreibung der Planeten als Personen, verwende ich archetypische Beschreibungen: der König, die Königin, der Zauberer, die Kammerzofe. Und auch zeitgemäße Berufsgruppen: der Reporter, die Polizistin, die Richterin, der Agent. Da verließ ich mich ganz auf mein Bauchgefühl: Fühlte es sich stimmig an? Passt diese Beschreibung in das gesamte Ambiente?

So ist es eine ganz eigene Mischung aus der klassischen Heldenreise, der Archetypenlehre und modernen Begriffen des 21. Jahrhunderts geworden. Ich wünsche jedem Leser, jeder Leserin beim Stöbern in und Arbeiten mit diesem Buch viel Freude, neue Erkenntnisse und andere Sichtweisen auf die Welt der Horoskope.

Im gesamten Buch verwende ich unterschiedlich gegenderte Sprache: mal abwechselnd die männliche und weibliche Form.

Als Anrede habe ich mich für das lesernahe »Du« entschieden. Das ergibt sich aus dem Podcast, der diesem Buch vorangeht: dein *Horoskop als Stadt* habe ich von 2022 bis 2023 als Podcast im Probelauf gestartet und dort ist das du die natürlichere Sprechweise. Zudem versteht sich das Buch auch als persönliches Arbeitsbuch und da wirkt ein du mitunter aktivierender. In einer erweiterten Anwendung kann dieses Buch auch Grundlage für die Arbeit mit inneren Anteilen und Aufstellungsarbeiten sein.

Für wen ist dieses Buch geeignet?

Jeder, der sich für Astrologie interessiert, kann dieses Buch lesen. Es ist geeignet für Menschen, die schon ein wenig mit der Astrologie vertraut sind, für Astrologieeinsteiger, die schon grundsätzlich wissen, wie man astrologisch arbeitet.

Das Buch versteht sich aber im Besonderen auch als Nachschlagewerk, ein Handwerkzeug, ein Begriffe-Werkzeugkasten für professionelle, beratende Astrologen, die ihren Wortschatz und ihre astrologischen Metaphern erweitern wollen. Wenn man astrologisch berät, kommt man immer mal zu einem Punkt, an dem die Übersetzung der astrologischen Begriffe in ihren Verbindungen schwierig wird. Das, was wir Astrologen und Astrologinnen in einem Horoskopbild erkennen, auch gut verständlich für unsere Klienten zu übersetzen, ist oftmals nicht so leicht.

So richtet sich dieses Buch besonders an diejenigen, denen die metaphorische Sprache ein sinnvolles weiteres astrologisches Werkzeug sein kann.

Funktionsweise des Buches

Die Planeten und Häuser in einem Horoskop werden in eine Stadt mit ihren Bewohnern übersetzt. Die Sprache der Astrologie ist sehr abstrakt. Da spricht man vom Aszendenten, von Häusern und Häuserherrschern, von Transiten und Aspekten. Die einzelnen Fachbegriffe sind hinten im Glossar erklärt. Doch was sind ist die Bedeutung der Häuser, der Planeten und der Transite?

In der Astrostadt werden die Planeten zu Stadtbewohnern, damit wir auf Augenhöhe mit ihnen kommunizieren können. Und die astrologischen Häuser werden zu einzelnen Stadtbezirken. So kann man sich in seinem Horoskop sehr bildhaft bewegen und umsehen.

Ich gebe damit ein Instrument an die Hand, mit dem leicht

verständlich und praktisch umsetzbar geschaut werden kann, was das Horoskop an Geheimnissen bereithält.

Wie gehst du mit dem Buch um?

Aus deinem Horoskop gestaltest du dir anhand des Buches eine Astrostadt und du füllst sie an mit Gebäuden, Menschen und Geschichten, die nur deine eigenen Geschichten sind. So kannst du Persönlichkeitsanteile von dir entdecken, die bisher vielleicht verborgen waren.

Du kannst Personen miteinander in Verbindung bringen und in eine Interaktion führen, um aus Blockaden, Hindernissen und ewig gleichen Abläufen einen Weg herauszufinden. Stelle dir vor, dass dein Horoskop nicht nur zweidimensional auf dem Papier zu lesen ist, sondern dreidimensional als eine echte Stadt entsteht.

Diese Stadt ist belebt von ihren Bewohnern (= Planeten) und wird regiert von Königin oder König, es herrschen Bündnisse und Feindschaften (= Aspekte der Planeten). Die Stadt wird zudem von Besuchern wahrgenommen und besucht. Daraus entstehen soziale Interaktionen im Inneren und im Äußeren.

Du kannst deine eigene Heldenreise erschaffen. Du bist der Schöpfer dieser reichhaltigen, lebendigen Stadt. Bewusstwerdung ist Macht. Mithilfe der Astrologie können wir (innere) Schätze heben!

Finde heraus, wie deine Stadt aufgebaut ist, welche Zonen gut entwickelt und welche baufällig sind und deine Aufmerksamkeit brauchen. Gehe durch deine Stadt und unterhalte dich mit ihren Bewohnern, frage sie nach ihrem Befinden und lasse bei allen das Potenzial frei, das sie für dich bereithalten. Diese Interpretationsmethode eignet sich bestens dafür, dich selbst aus einem anderen Blickwinkel heraus zu verstehen.

Als Hilfsmittel dafür nutze dein ausgedrucktes Horoskop, damit du schnell schauen kannst, wo deine Häuserspitzen liegen und in welchen Zeichen und Häusern die Planeten stehen

Damit du dir eine gute Übersicht verschaffen kannst, gibt es im Anhang eine Astrostadtkarte. Du kannst sie kopieren und auch für andere Astrostädte verwenden.

Lesarten des Buches

Du kannst das Buch von vorne bis hinten durchlesen oder du verwendest es als Nachschlagewerk und schaust nur nach dem Haus oder dem Planeten, der dich gerade interessiert. Die Kapitel funktionieren unabhängig voneinander und ich habe sie bewusst sehr kurz gehalten. Es ist ein Arbeitsbuch und es empfiehlt sich, wenn man mit seinem eigenen Horoskop arbeiten will, dass man sich dafür ein eigenes Notizbuch bereithält.

Wichtig ist, dass du dir vor Augen hältst, dass alle Informationen über deine Astrostadt ineinander übergehen, dass sie multipel miteinander interagieren. So sind es immer nur einzelne Hinweise, die du aus den Kapiteln erhältst. Es sind Sprachbilder in Reinform und sie brauchen die Einbettung in dein gesamtes Horoskopbild. Wenn du z.B. Chiron oder Saturn in einem Feuerhaus stehen hast, dann kehrt sich die Bedeutung manchmal um und du hast hier eben keine vitalen Energien zur Verfügung bzw. musst sich mehr um diese bemühen.

Was das für dich im Konkreten bedeutet, erfordert also deine Fähigkeit zur Synthese. Es sind nur Sprachbilder, die dich bereichern sollen und keine fixen Wahrheiten. Nutze das Buch also kreativ, verwende die Metaphern und kreiere deine ganz persönliche Astrostadt.

Teil 1:
Die astrologischen Häuser als Bezirke

1. Haus/Aszendent – das Stadttor

Den Aszendenten zu erklären ist meist recht einfach: Es geht um die Außenwirkung, um erste Erkennungsmerkmale einer Person, um ihre Maske (= *Persona*, griechisch für Maske, Rolle, Gesicht), um das sichtbare Erscheinen im Kosmos des Sozialen.

Mittlerweile gehört es schon fast zum guten Ton, neben seinem Tierkreiszeichen auch den Aszendenten zu kennen. Neben der Sonne – dem eigentlichen Tierkreiszeichen – kommt dem Aszendenten eine enorme Bedeutung zu.

Er zeigt an, wie wir auf andere wirken, wie wir spontan auf andere Menschen zugehen, wie wir dem Leben aus dem Bauch heraus begegnen. In einer Zeit, wo vieles auf den ersten Blick hin ausgerichtet ist, kommt dem Aszendenten dadurch ein großer Stellenwert zu. Der Aszendent ist deine Visitenkarte, deine Maske, mit der du in die Öffentlichkeit trittst. Und das ist in unserer Gesellschaft ein markant wichtiger Punkt. Betrachten wir den Aszendenten im Reiseführer der mittelalterlichen Stadt, dann ist es das Stadttor, die Stadtmauer.

Kommt eine neue Person, ein Besucher zu deiner Stadt, so ist es das Stadttor, welches er als Erstes von dir erblickt. Wie sieht es aus, welche Materialien wurden verbaut, ist es gepflegt oder verrottet es langsam, kommt man einfach hindurch oder gibt es Barrieren, sieht es einladend oder eher abschreckend aus?

Stadtmauer und Stadttor unserer Stadt zu kennen ist daher wichtig für uns, damit wir verstehen, warum andere Menschen auf diese und jene Weise auf uns reagieren.

Wie ist dein Stadttor gebaut? Was sind seine Besonderheiten?

Ich führe dich hier durch die Stadttore der zwölf Tierkreiszeichen. Dabei betrachte ich es aus zwei Perspektiven: Wie sieht das Tor und seine Umgebung aus? Und wie werden neue Besucher empfangen?

Das Tor ist sicher, aber provisorisch gebaut. Es wirkt schnell, als sei es schnell hochgezogen worden, wie ein römisches Fort.

Verbaut sind Eisen und Holz, viele spitze Gegenstände, gekrönt wird die Festung von einem Stacheldrahtzaun.

Soldaten, Sportler und junge Männer stehen einzeln herum und bereiten sich auf ihr nächstes Abenteuer vor. Diverse Sportgeräte liegen hier und da, ein Kletterseil hängt von den Zinnen herunter.

Ein paar Hunde kläffen aufgeregt, es sieht so aus, als würde demnächst zur Jagd geblasen. Jogger kommen in aufsehenerregender Geschwindigkeit in die Stadt gelaufen. Überall herrscht Aufbruchsstimmung, die Luft ist erfüllt von lauten, lachenden Stimmen.

Der Besucher wird mit einer kargen Schroffheit empfangen, hier wird nicht um den Brei herumgeredet. Was ist der Begehr des Einlasses? Alles klar, dann rein mit dir. Soldaten und andere Uniformierte bewachen das Tor, sie sehen sportlich und gar nicht schüchtern aus. Man kann sich als Besucher einfach in die Geschäftigkeit des Aufbruchs einklinken, oder wieder abdrehen. Diese Stadt wirkt sehr viril und lebendig, hier ist nichts von langer Dauer.

Du wirkst vermutlich sehr lebendig und voller Lust auf das Leben. Das ist mitreißend und du könntest andere Menschen leicht hinter dir versammeln, wenn du das wolltest. Aber wahrscheinlich sind dir die anderen oft zu langsam und zu ängstlich, sodass du es vorziehst, deine Vorhaben schnell allein umzusetzen, anstatt ewig auf andere zu warten.

Auf andere Menschen kann deine Ungeduld latent aggressiv wirken, denn sie verstehen nicht, warum du sie so anherrschst. Wenn du mehr Kontakte wünschst oder einfach auch sympathischer wirken möchtest, dann musst du deine Aktivität im Sozialen ein wenig zurückschrauben.

▶ Du wirkst auf andere vitalisierend und stark

Dies ist ein sehr altes, sehr stabiles Gemäuer, mit Fachwerk und Lehm. Vielleicht ist es auch ein mächtiger Erdwall. Zumindest hat dieses Tor ein zeitloses Erscheinungsbild. Sicherlich wurde es schon vor vielen Jahrzehnten gebaut und besticht mit seiner soliden Beständigkeit. Kleinere Schäden werden regelmäßig behoben, hier wird sehr auf Naturmaterialien mit regionaler Herkunft geachtet.

Es sieht sehr einladend aus, ein Korb mit Früchten begrüßt die Neuankömmlinge, es duftet herrlich nach frisch gebackenem Brot, das liebevoll gepflegte Tor ist umgeben von einem Bauerngarten und Obstplantagen. Handwerksburschen, Facharbeiter, Bäuerinnen und Mütter mit ihren Kindern bewirtschaften in aller Ruhe den Garten vor dem Tor, bauen etwas oder genießen die Sonne auf der Haut.

Das Tor ist geschlossen, aber mit einer ordentlichen Einladung kommen Besucher herein, Reisende müssen sich jedoch erst anstellen. Der Besucher fühlt sich angenehm willkommen und zu Hause. Das Gefühl von Familie stellt sich schnell ein. Man spürt aber auch, dass hier die klassischen, traditionellen Verhaltensregeln gelten, wie in einer guten alten Bauernstube. Der Empfang ist herzlich, das Essen steht bereit, man kann sich einfach an den großen Eichentisch dazusetzen.

Du hältst viel von stabilen Bindungen und achtest vermutlich auch deine Familie sehr. Sicherheit steht bei dir an erster Stelle und so rennst du nicht jedem gleich in die Arme, sondern wartest erst einmal ab. Warten ist deine Spezialität. Umso unerträglicher ist es für Dich, wenn man dich antreibt und Schnelligkeit von dir fordert.

Nein, deine Zeit planst du am liebsten alleine. Sollen die anderen doch in ihrem wahnwitzigen Tempo durch das Leben sausen. Du bist eine sichere Bank, auf dich kann man sich verlassen. Wenn du dir dieser inneren langsameren Zeit bewusst bist, dann kannst du dir dementsprechend auch Menschen suchen, die dich in deinem Tempo machen lassen. In der Ruhe liegt die Kraft.

▶ Du wirkst auf andere beruhigend und robust.

Aszendent Zwillinge

Das Stadttor ist sehr ästhetisch und modern gestaltet – es vereint Metall und Glaselemente und steht Tag und Nacht offen. Die Mauer selbst ist niedrig und aus Feldspat und Kieselsteinen gefertigt. Kein Problem, hier einfach herüberzuspringen. Über dem Stadttor befindet sich der allgemein gültige WLAN-Schlüssel für alle Neuankömmlinge.

Neben dem Stadttor gibt es Infotafeln und Laptop-Terminals, auf denen man schon vom Tor aus mit den Bewohnern Kontakt aufnehmen kann. Es geht ziemlich hektisch zu an dem Tor, viele Menschen gehen hier ein und aus, während sie sich lebhaft unterhalten. Der Torwächter telefoniert permanent und schaut sich den Besucher kaum an.

Nahezu jeder kann ungehindert die Stadt betreten. Man wird aber nicht groß begrüßt oder eingewiesen. Neuankömmlinge sind auf sich gestellt, aber es gibt überall Infotafeln, wo man alles findet. In dieser Stadt kann man für ein fröhliches Wochenende, oder zum Campen auf der Wiese unkompliziert vorbeikommen, langfristig wird man aber keine Unterkunft finden. Neuankömmlinge bekommen eine Einladung zur abendlichen Party in die Hand gedrückt und sind sofort von neugierig schauenden Leuten umgeben.

Du bist sicherlich sehr neugierig und interessiert und hast viele Wissensgebiete, die dich interessieren. Aber du hast auch etwas Wuseliges an Dir, eine Unruhe, eine Umtriebigkeit, die es dir nahezu unmöglich machen, dich auch mal gemütlich hinzusetzen. Oder anderen eine längere Zeit lang zuzuhören. Vielmehr ist es wahrscheinlich so, dass du während eines Gespräches zeitgleich deine SMS beantwortest, eine Sprachnachricht aufnimmst, ein paar Fotos schießt und immer mal in dein aktuelles Buch schaust, das du unter dem Tisch hältst.

Du kannst das – viele Informationen gleichzeitig aufnehmen und verarbeiten. Nur ist es recht schnell wieder vergessen, weil auch dein Gehirn in der Tiefe besser arbeitet. Versuche doch mal – zumindest zeitweise – die Dinge nacheinander zu tun. Du wirst dich wundern, dass du nahezu genauso viel schaffst in der gleichen Zeit. Nur kannst du auch im Nachhinein das Erlernte besser wiederfinden, oder Gesichter von Menschen wiedererkennen, die sich dir jüngst vorgestellt haben.

▶ Du wirkst auf andere neugierig und kommunikativ.

Aszendent Krebs

Eine Reihe von Gemälden der Ahnen schmückt das mittelalterliche Tor, es wirkt sehr heimelig, Rosen umranken den Bogen, das Gemäuer ist alt aber gepflegt und sieht aus wie in einem romantischen alten Märchen.

Manche Steine bröckeln schon, aber es wird wenig unternommen, um hier Restaurierungsarbeiten auszuführen. Moos, das sich in den Steinen angesiedelt hat, hält ja noch vieles zusammen. Das hält schon noch.

Der Blumengarten vor dem Tor macht Lust zu verweilen und weckt Gefühle der Liebe und Sehnsucht in einem.

Ein altes Mütterchen kommt einem entgegen und fragt, ob es helfen kann. Kinder und Frauen halten sich am Tor auf, sie spielen, lachen und singen. Es ist eine warme und heimelige Atmosphäre. Die Hand auf dem Herz ist das Zeichen für die Torwächter – man wird eingelassen, wenn man darum bittet.

Die Torwächter haben ein gutes Gedächtnis. Sie vergessen nie jemanden, da sollte man darauf achten, wie man sich benimmt.

Du bist vermutlich eine sehr warmherzige und liebevolle Person, die sich rührend um das Wohlergehen ihrer Lieben kümmert.

Man sieht dir an, wie du dich fühlst, und hat so einen ganz nahen und authentischen Eindruck von Dir.

Es kann sein, dass du viel kindlicher und jünger wirkst, als du bist. Dann haben andere Menschen das intuitive Bedürfnis, dir zu helfen, dich zu unterstützen. Die Kehrseite der Medaille ist, dass andere dich auch als Kind empfinden und dich nicht so ernst nehmen.

Übernehme mehr Verantwortung für einzelne Themen und Probleme, lass dir nicht ständig von anderen helfen. So kommst du aus dieser Unterschätzung heraus und erhältst mehr Respekt und Wertschätzung.

▶ Du wirkst auf andere: liebevoll, sanft und herzlich.

Aszendent Löwe

Hier ist alles Prunk und Protz, die Materialien, die in Tor und Stadtmauer verbaut sind, sind vom Feinsten. Gold, Silber, Edelsteine – alles blitzt und glänzt. Urkunden zeugen von etlichen Heldentaten und der Großzügigkeit dieser Stadt. Fein gekleidete Menschen schreiten am Tor entlang und übertreffen sich im Erzählen ihrer spannenden Erlebnisse und gute Taten. Insgesamt herrscht hier eine Hochstimmung von Festlichkeit und Prunk vor.

Am Tor gibt es Champagner für alle Neuankömmlinge. Gut ist es, wenn man gleich den König oder die Königin lobt, dann darf man sich über eine intensive und kostspielige Gastfreundschaft freuen. Ein festlich gekleideter Gesandter kommt eigens für den Besucher und führt durch die prächtige Stadt. Auch hier sollte man sich mit Lob nicht zurückhalten. Wenn man dann noch die Alleinherrschaft des Königs oder der Königin anerkennt und sich unterordnen kann, steht einem herrlichen Aufenthalt nichts entgegen.

Es fällt dir leicht, den großen Auftritt zu zelebrieren. Denn es liegt in deiner Natur zu glänzen und dich im rechten Licht zu zeigen. Andere sind von dir beeindruckt und möchten an deiner

Seite sein, wo das Leben doch so viel heller und prachtvoller scheint.

Doch es gibt auch die Menschen, die das Prahlen erkennen und dich und deine Angebereien nicht ernst nehmen. Pass also gut auf, wie du deine Geschichten darbietest. Wenn immer nur du als der Held erscheinst, dann ist das wenig glaubwürdig. Du wirst mehr Respekt und Lob erhalten, wenn du dich auch mal zurückhältst und stattdessen andere lobst und sie unterstützt.

Deine Fähigkeit, andere zu unterstützen, sie hervorzuheben und ihnen zu wahrer Kraft und Fülle zu verhelfen, ist dein großes Talent. Dafür sind dann wieder viele voll des Lobes für Dich.

▶ Du wirkst auf andere: mächtig, stolz und eindrucksvoll.

Aszendent Jungfrau

Die Steine sind schlicht, aber offenbar von einem nachhaltigen, festen Material wie Marmor und Granit. Das Tor und die Stadtmauer sehen äußerst gepflegt aus. Der Landschaftspflegedienst schneidet gerade die Hecken in Form. Schlicht, aber auch mit den neuesten Sicherheitsvorkehrungen, zeigt dieses Tor, dass man in dieser Stadt Wert auf gute Verhaltensregeln legt.

Man steht manchmal etwas länger vor dem Tor, bis einem geöffnet wird. Innen musste erst beratschlagt werden, ob diese Person Freund oder Feind ist. Der Torwächter wirkt recht zögerlich, fast schon scheu, wenn er einen dann hereinbittet. Hier sollte man als Besucher zurückhaltend auftreten und sich sensibel anpassen, dann hat man gute Karten.

Es ist auch wünschenswert, regelmäßig wiederzukommen – so kann Vertrauen aufgebaut werden. Und erst dann werden einem auch die schönen Seiten der Stadt gezeigt.

Du brauchst viel Sicherheit und Kontrolle, damit du dich der Welt öffnen kannst. Es ist dir wahrscheinlich wichtig, dass du schon darüber Bescheid weißt, was dich hinter einer neuen Tür erwartet. Spontan und unvorbereitet gehst du nicht hinein. Auf andere wirkst du daher recht schüchtern, vielleicht auch ängstlich, oder zu abwartend. Es ist nicht deine Art. auf den Putz zu hauen, denn gutes Benehmen ist dir wichtig.

Wenn du mehr Lebendigkeit und Freude in dein Leben lassen willst, brauchst du manchmal einen kleinen Schub – »trau Dich« ist die Devise. Es lohnt sich auch mal unvorbereitet in eine Situation zu gehen. Wer weiß, wie viel bereicherndes Neues sich dir dort bietet.

▶ Du wirkst auf andere: zurückhaltend und kritisch.

Aszendent Waage

Ein sanfter Glanz geht von den schön geschliffenen Steinen am Tor aus. Seidene Tücher hängen zur Zierde von den Burgzinnen und wehen im Wind. Ein angenehmer Duft nach Jasmin strömt dem Besucher entgegen.

Alte, restaurierte Holzbänke stehen einladend vor dem Tor, auf einem Tischchen liegen die Flyer der aktuellen kulturellen Veranstaltungen in der Stadt.

Ein ständiges Kommen und Gehen von verschiedenen Leuten, die alle in edle Stoffe gekleidet sind, bereichert die Atmosphäre.

Eine adrette junge Dame und ein ebenfalls junger, gut gekleideter Mann empfangen die neuen Gäste. Sie lächeln, werfen sich Blicke zu und entführen die Neuen gleich zur nächsten Vernissage. Nach einem Gläschen Aperol Spritz ist die Stimmung überall gelockert und leicht wie ein lauer, sonniger Frühlingstag.

Die äußere Erscheinung, Schönheit und angenehmes Verhalten sind dir vermutlich sehr wichtig. Und so ist es selten, dass du achtlos mit deiner Kleidung, deiner Sprache, deinem Auftreten umgehst. Auch die Themen, mit denen du dich mit anderen verknüpft sind gerne dem kulturellen Bereich, dem geistig Schönen, Erhabenen gewidmet.

Waagen sagt man aber auch nach, dass sie ihr Fähnchen mit dem Wind drehen, so kann es sein, dass du dich mehr um Anpassung bemühst, als eine eigene Haltung, einen eigenen Stil zu entwickeln. Und das könnte unaufrichtig wirken. Jedes Nein, jede Abgrenzung und jedes Nichtlächeln sind also wichtige Botschaften von dir an die Welt, dass du etwas ganz Eigenes bist.

▶ Du wirkst auf andere: charmant und interessiert an neuen Kontakten.

Aszendent Skorpion

Bei diesem Stadttor steht man vor einem Rätsel. Das Tor sieht zunächst einfach aus, fehlerlos gebaut. Es ist mit flachen, stabilen Steinen errichtet, die ehern glänzen, als wäre ein geheimnisvolles Metall verbaut. Einige kristallklare, grüne Steine sind mit eingefasst und das Tor hat damit etwas Imposantes, das nicht näher fassbar ist. Doch irgendwie ist man skeptisch: Es fehlt an charakteristischen Eigenschaften, die eine Idee der Stadt entstehen lassen. Die Stadt könnte freundlich oder harsch sein – das ist anhand des Tores nicht erkennbar. Einzig seine Schlichtheit und Größe sind auffällig. Diese Uneindeutigkeit strahlt eine merkwürdige Anziehungskraft aus. Der Besucher ist fasziniert und kann sich von dem Anblick – wie von den Augen einer Kobra – nicht lösen.

Hinter den Toren stehen Inspektoren und Polizisten, die durch den Türspion lugen und kritisch abklären, wer da gerade vor dem Tor steht. Aus diesem Grund kann es eine Weile dauern, bis einem Einlass gewährt wird. Wer dann vortreten darf, kann sich erst einmal auf ein kleines psychologisches Verhör einstellen. Wer diese und weitere folgende Prüfungen besteht, wird eingelassen. Wer erst einmal in der Stadt ist, kann sich nun aufmachen, dem König seine Avancen darzubringen. Wer sich im Verlauf all dieser strengen Prüfungen gut anstellt, hat Aussicht auf eine lebenslange, treue Freundschaft.

Du hast eine enorme Anziehungskraft und die Menschen sind von dir beeindruckt. Sei es deine sexy Aura, dein magischer Blick oder deine starke Kontrolliertheit. Bei dir spürt man, dass sich Großes hinter kleinen Gesten verbirgt. Du bist niemand, der sich in den Mittelpunkt stellt und angibt oder versucht aufzutrumpfen. Eher beobachtest du aus sicherer Entfernung und stellst so deine Vermutungen an. Daher wirst du im Laufe deines Lebens zu einem richtig guten Menschenkenner und Psychologen. dein Hunger nach Macht und deine Fähigkeit, andere zu manipulieren, können dich aber auf Abwege leiten. Hier musst du gut aufpassen, deine Talente nicht zu missbrauchen.
▶ Du wirkst auf andere: undurchschaubar und geheimnisvoll.

Aszendent Schütze

Ein Marktschreier steht vor dem Tor, in edle orientalische Stoffe gekleidet, und ruft: »Herein, herein, kommt alle her«! Es gibt ein großes Straßenfest in der Stadt und alle Menschen, aus allen Kulturen sind willkommen. Das Tor selbst ist aus Bausteinen, die aus der ganzen Welt importiert wurden, erbaut worden, bunt und herrlich anzusehen. Es mischen sich Stilelemente von Moscheen, Synagogen, Kirchen und antiken Tempeln zu einem aufsehenerregenden neuen architektonischen Ganzen. Das Stadttor und die Stadtmauer signalisieren so eine Atmosphäre von Größe, Weite und Multikulturalität.

Das Tor ist unbewacht, jeder Neuankömmling kann hineingehen und sich umschauen. Viele Menschen, groß und klein, Mann und Frau, alt und jung, aus allen möglichen Ländern der Erde wandeln hier umher, unterhalten sich angeregt. Viele tragen große Rucksäcke und sehen nach Weltreisenden aus. Musik von Didgeridoo, Gitarre und Hangs säuseln durch die Luft. Es erscheint dann noch ein kunterbunt gekleideter Musiker, reicht einem die Hand und lädt herzlich zu einem Weltmusikabend ein.

Man sieht es dir schon von Weitem an, deine strahlenden Augen, dein neugieriger und offener Blick: du liebst es, neue Menschen kennenzulernen und heißt sie herzlich willkommen. Du machst kaum Unterschiede – jeder Mensch hat etwas Neues, etwas, was du noch nicht kennst und was dein Interesse weckt. Außerdem magst du das trubelige, bunte Miteinander und gesellst dich gerne unter Menschen. dein Talent ist es, andere mitzureißen, zu begeistern und aus der Einöde ihres tristen Alltags herauszukatapultieren. Man trifft sich gerne mit Dir, weil du immer spannende Ideen für Aktionen hast.

Nur ist auch viel heiße Luft dabei – denn du hast mehr Ideen, als Zeit und Kraft, all das auch umzusetzen. Für dich kein Problem. Doch für Freunde und Bekannte hat das manchmal etwas Unzuverlässiges. Mit deinem Charme und deiner guten Laune fängst du sie oft aber auch wieder ein.

▶ Du wirkst auf andere: euphorisch und tolerant.

Aszendent Steinbock

Dieses Tor sieht schon von Weitem wie ein Fels in der Brandung aus. Es ist mittelgroß und von sichtbarer Stabilität. Tor und Stadtmauer sind exakt gebaut. Dunkler Granit, Erz und Eisen sind die Bauelemente. Es gibt keine Extras, keine Schnörkel und keine Bänke oder Blumenbeete vor dem Tor. Man sieht ihm an, dass der Bauherr wahrscheinlich mehr auf die Funktion achtete, auf Abwehr und Sicherheit, als auf Schein, Prunk und Pracht. Auch im Sommer weht hier eine kühle Brise und man hält sich nicht lange vor dem Tor auf.

Es gibt einen eisernen Türklopfer und wer Geduld hat zu warten, hat die Chance, vorzusprechen. Der Torwächter hat strenge Gesichtszüge und macht einen respektablen Eindruck. Hier möchte man sich besser nicht danebenbenehmen. Wer als Besucher einen guten Eindruck macht, dem werden die vielen Schlösser geöffnet und er erhält Einlass. Drinnen kann man sich sicher fühlen, hier lässt es sich gut leben. Erleichtert atmet der Besucher auf.

Egal, wie weich du auch sein magst, dein erstes Auftreten, deine Erscheinung lässt andere zunächst vermuten, dass du eher streng und kühl bist. Deine Abwehrt steht und du gibst dich nicht mit jedem ab. Zumindest nicht ungeprüft. Dahinter steckt die Angst, dass da jemand kommen könnte, der dich dominiert. Du bist gerne deine eigene Herrin und lässt dir von anderen ungern etwas sagen. Verantwortung und Pflichten sind selbstverständlich für dich und andere merken schnell, dass sie sich auf dich verlassen können. Um freundlicher und zugänglicher zu wirken, kannst du hin und wieder ein Lächeln in dein Gesicht zaubern – das wirkt Wunder.

▶ Du wirkst auf andere: ernst und verantwortungsvoll.

Aszendent Wassermann

Das Tor dieser Stadt ist mächtig und schon von Weitem sichtbar. Es ist bunt besprüht mit Graffiti der aktuellen Sprayer-Szene. Es gibt futuristisch anmutende Ball-Sitzgelegenheiten aus grellem recyceltem Plastik. DJs lassen Elektrobeats durch die Luft wabern.

Gut besucht von jungen und alten Menschen in individualistischem Kleidungsstil entspinnen sich in Tornähe überall heitere Gespräche, Smalltalks oder spontane politische Diskussionen.

Der Torwächter ist einer der schillernd gekleideten Personen. Seinen Job scheint er nicht besonders ernst zu nehmen: Das Tor ist nicht großartig gesichert, man kommt per Handschlag locker rein. Ein nettes, kurzes Gespräch – das war es. Danach steht der Besucher wieder alleine da und muss für sich selbst sorgen. Interessante Leute für Gespräche gibt es ja genug.

Du wirkst auf andere cool und ultrahip. Und das bist du auch. Alte Styles magst du nicht. Du kombinierst Mode und Frisuren nach deinem Tagesgefühl und hältst dich nicht an gängige Trends. Das versprüht eine Aura der Unabhängigkeit und des Selbstbewusstseins.

Was dich an Kontakten mit anderen reizt, sind Informationen und direkte Gespräche über topaktuelle Probleme und Themen der Welt. Klima, Weltbevölkerung, Politik, Technik, Kommunikation und Medien sind wahrscheinlich Lieblingsthemen von Dir.

Alle sollten in lockerer Freundschaft zueinander stehen – findest du vielleicht. Feste Freundschaften ziehen zu viel Zeit und Kraft. Daher hast du womöglich eher einen großen, lockeren Freundeskreis von unabhängigen Individualisten als enge Freunde aus der Schulzeit.

Solltest du aber auch einmal enge Freundschaften eingehen wollen, dann braucht es zunächst von deiner Seite her ein Statement der Treue. Alles Weitere ergibt sich dann.

▶ Du wirkst auf andere: flippig, unangepasst und frei.

Aszendent Fische

Das Tor ist alt, fast hat es ein mystisches Alter. Die Steine sind porös, von Moos überwachsen. Fabelwesen könnten hier drin hausen. Dieser märchenhafte Zauber hat etwas Kindliches, Verträumtes.

In der Luft schwebt der Duft von Weihrauch, weißem Salbei und anderem Räucherwerk. Nebelschwaden hängen tief über der Mauer. Winzige weiße Blüten ranken romantisch die alte, recht brüchige Mauer entlang. Das Tor wirkt seltsam verlassen, wie eine Ruine, und besticht mit eben diesem Charme.

Der Besucher kann ungehindert hindurchgehen. Der Torhüter sitzt betrunken oder verträumt an die Mauer gelehnt, oder er ist überhaupt nicht anzutreffen, weil er sich spontan zum Meditieren zurückgezogen hat. Innen trifft der Besucher auf viele Leute, die mit sich selbst sprechen, weiße Gewänder tragen, etwas seltsam oder einfach nur sehr entrückt wirken. Innen und außen ist bei der Stadt nicht recht getrennt. Eine Zauberwelt tut sich auf. Häufig kommt es vor, dass der Besucher das dringende Gefühl bekommt, dieses Tor instand setzen zu wollen, hier aufzupassen, dass keine

Scharlatane und Betrüger in die schöne Stadt eindringen. Es fehlt an Schutz und man möchte diese Stadt gerne beschützen.

Die Liebe ist dein Leitbild und so gehst du – Liebe suchend – durch die Welt. Du möchtest dich gerne an jemanden binden, den Menschen sehr nahe sein. Und ja: es ist auch der Schutz, den du bei anderen suchst. Denn du bist sehr empfänglich, sensibel und schüchtern. Da kann die Realität, die materielle Welt oftmals zu hart für dich sein. Deine Fantasie ist groß und du hast Talent in vielen musischen Bereichen. Um anderen in Liebe nahe zu sein, versuchst du oft – aber unbewusst – dich deinem Gegenüber in Sprechweise, Aussehen, Gestik anzupassen. Dadurch entsteht viel Resonanz. Der Nachteil ist natürlich, dass du deinen eigenen Standpunkt, deine eigene Sprechweise auf diese Art nicht zeigst. Du erhältst mehr Stabilität, wenn du dich öfter traust, dich zu zeigen und vor allem: auch mal »nein« zu sagen.
▶ Du wirkst auf andere: verträumt, romantisch und sanft.

2. Haus – das Bankenviertel

Im Horoskop ist anhand des 2. Hauses ablesbar, unter welchen Umständen wir uns reich fühlen, was wir für wertvoll erachten und wonach wir streben. Wir können hier erkennen, was wir anhäufen möchten und was uns Sicherheit gibt.

Im 2. Haus sind auch unsere Talente sichtbar und das, was uns innerlich reich macht. Aber das 2. Haus gibt auch Aufschluss darüber, wie viel wir uns selbst wert sind.

Daher ist das 2. Haus in unserer Märchensprache die Schatzkammer der Stadt. Hier siehst Du, was dir wichtig ist, was du gerne sammelst und hortest. Es geht nicht nur um materielle Werte wie Grundstücke, Häuser, Geld und Gold, sondern auch um immaterielle Werte, die dein Selbstbewusstsein ausmachen. Im Grunde geht es um das, was uns das Gefühl gibt, reich zu sein.

Jede Stadt zeichnet sich durch ihre individuelle Art des Reichtums aus, das sind nicht nur Geld und Wertgegenstände, das können auch emotionale und immaterielle Güter sein.

Was ist dir wichtig zu sammeln, dein Besitz zu nennen, es zu vermehren? Sind es materielle Güter wie Geld, Waren, Eigentum, oder immaterielle Güter wie Wissen, Gefühl, Verbindungen?

Ich stelle die einzelnen Tierkreiszeichen vor, die das 2. Haus bestimmen. Dafür musst du schauen, in welchem Zeichen die Häuserspitze deines 2. Hauses beginnt.

Das 2. Haus beginnt im Widder

Anstelle von Bankgebäuden und Tresoren befinden sich in diesem Bezirk Container, die je nach Bedarf angemietet werden können. Darin stellen die Bewohner ihr Hab und Gut ab, ihre Sportgeräte, Motorräder und Expeditionsausrüstung.

In dieser Stadt sammelt man mit Vorliebe Abenteuer und Ausrüstungsgegenstände für Abenteuer.

Die Wertgegenstände dieser Stadt werden nur kurzfristig in den Containern gelagert. Gesammelt werden sie schon gar nicht. Meistens werden sie gleich wieder verwendet, in Energie und Leben umgesetzt. Da lohnt das Horten nicht.

Die Sicherheit der Stadt wird durch die vielen Soldaten und Abenteurer gewährleistet, die aufmerksam und voller Tatendrang durch die Straßen laufen.

Wenn dein 2. Haus im Widder beginnt, dann fühlst du dich wahrscheinlich reich, wenn du viel erlebst und deine Agilität immer wieder ausleben kannst. dein Reichtum ist vermutlich die große Welt mit all ihren Abenteuern, das neue Projekt und die Lust auf Herausforderung. Du brauchst keinen Platz zum Sammeln, sondern eher die Möglichkeit, dein Erspartes schnell in ein Abenteuer umzusetzen. Geld, das ist gehortete Lebensenergie, und so magst du es lieber schnell wieder ausgeben, als dass es

Staub ansetzt. Was nützt das gute Geld, wenn es nur als Zahl auf dem Konto erscheint?

Sorge also vor allem für ein abwechslungsreiches Leben und weniger für finanzielle Absicherung. Das könnte dich zu sehr einengen und ermüden.

▶ Reich fühlst du dich durch Abenteuer.

Das 2. Haus beginnt im Stier

Der Schatzmeister dieser Stadt ist ein klassischer Sammler, der alles hortet. Hier wird nicht gerne weggeschmissen, man könnte dieses und jenes doch noch gebrauchen. Später einmal. Nur zur Sicherheit. Daher gibt es große Vorratsspeicher, Bankgebäude und viele Tresore.

Diese Stadt liebt und braucht die Sicherheit des finanziellen, emotionalen und territorialen Wohlstands. Das Konto sollte stets gut gefüllt sein, wie auch der Kühlschrank und der Magen.

Gut ist, wenn man hier genug Wohlstand angehäuft hat, dass sich die Bewohner der Stadt alle ein Eigenheim leisten können. So ist für die maximale Sicherheit der Stadt gesorgt: Eigentum, am besten mit Garten und eigenem Gemüseanbau und viel Platz zum Bewirten der Freunde und Familie, das ist es, was in dieser Stadt gemeinschaftlich angestrebt wird. Wichtig ist hier aber auch die Sinnlichkeit, der Genuss, das Spüren des Lebens mit allen Sinnen.

Da dir die Sicherheit so am Herzen liegt und du das Materielle sehr schätzt, brauchst du vermutlich ein Leben mit klaren Verhältnissen. Eine eigene Wohnung, Wertgegenstände, ein gut gefülltes Konto. Mache einen großen Bogen um Trends wie Minimalismus und Tinyhouse und genieße das Sammeln und Pflegen deiner Wertgegenstände, seien es Geld, Schmuck oder auch Immobilien. Auch lustvolle Objekte wie gutes Kochgeschirr, ein großer Vorratsschrank, Einmachgläser und Gartenwerkzeuge gehören in diese Kategorie. Hauptsache, du fühlst dich rundum

abgesichert und kannst zu jeder Zeit aus dem Vollen schöpfen.
▶ Reich fühlst du dich durch Besitz und Sicherheit.

Das 2. Haus beginnt in den Zwillingen

In dieser Stadt ist der wahre Reichtum das Wissen der Welt. Informationen, Neuigkeiten, Klatsch und Tratsch sind bereichernd und so sucht man überall nach neuem Input.

Was man für die Lagerung benötigt, ist daher eine riesige Serverfarm, ein einigermaßen gut gesicherter Ort für viele Computer und Mikrochips. Und einen ebenso großen Raum für Infomüll. Denn man sucht hier nicht nur nach den neuesten Neuigkeiten und spannendsten Informationen, hier werden diese auch gut gefiltert: Das Gute ins Töpfchen, das Schlechte ins Kröpfchen. Nur so kann Wissen systematisch angehäuft werden.

In der Serverfarm ist ein ständiges Kommen und Gehen, Informationen werden nicht für ewig gespeichert, sondern immer wieder gegen neuere ausgetauscht. Daher ist diese Stadt immer bestens informiert, nur im historischen Wissen ist man nicht so versiert.

Du bist ein Mensch mit einem Zwillinge-Zweithaus? Dann sind Bücher, Sachwissen, Informationen, Speichermaschinen (Computer, Chips) und ein volles Telefonbuch (natürlich digital) dein wahrer Reichtum. Du kennst dich aus, kennst viele Menschen und machst Hunderte von Verknüpfungen zwischen Informationen, Dingen und Menschen.

Wichtig ist, dass du dich nicht verzettelst und neben dem Anhäufen von Informationen auch in die sinnvolle Anwendung und Systematik investierst.
▶ Reich fühlst du dich durch Wissen und Kontakte.

Das 2. Haus beginnt im Krebs

Durch ein Bankenviertel zu spazieren, welches vom Zeichen Krebs regiert wird, könnte allerlei Gefühle hochkommen lassen. Hier ist alles darauf ausgerichtet, das Emotionale und die Bindungen zu Menschen als Reichtum zu zeigen.

Der wahre Reichtum in dieser Stadt sind zuallererst die tiefen, echten Gefühle. Hier ist man gefühlsreich. Die Nähe und Liebe betreffen vor allem die Familie. Sie ist wertvoll, ein warmes, nährendes Nest, das sind Menschen, die einen lieben.

Und wie sieht die Schatzkammer in einer Stadt aus, in der man diesen Reichtum an Liebe und Gefühlen sammelt und pflegt? Vielleicht sind dort Tagebücher voller emotionaler Erinnerungen, Fotoalben mit allen geliebten Menschen, Kartons voller Erinnerungsstücke. Aber auch Extrazimmer und Anbauten für regelmäßig einfliegende Familienmitglieder. In dieser Stadt braucht man für Reichtum realen Platz, um Menschen zu beherbergen, anderen Heimat und Geborgenheit zu geben.

Was dir teuer und heilig ist drückt sich vermutlich nicht in Geld oder materiellem Vermögen aus. Du sammelst Gefühle, Bindungen an Menschen, Erinnerungen an schöne, nahe Momente. Was dich erfüllt und innerlich reich macht, ist also das Gefühl. Du bist Gefühlsreich. Sammle am besten Erinnerungen und Andenken in Büchern, Kisten, wo auch immer. Sie sind dein wahrer Schatz. Nicht, dass du in einem Wahn von Frühjahrsputz aus Versehen all dies als ‚Kram' entsorgst. Du kannst immer wieder darauf zurückgreifen und dich in diesem Reichtum sonnen.

▶ Reich fühlst du dich durch Nähe und Familie

Das 2. Haus beginnt im Löwen

Das Bankenviertel in dieser Stadt ist prachtvoll ausgestattet mit weißen Gebäuden im klassisch hellenistischen Stil und mit Säulen und Skulpturen verziert. In ihren Speichern finden sich neben etlichen

Goldbarren teure Kleidung, Schmuck, Kunstobjekten und Autos, Computer sowie allerlei kostbare Geräte.

Reich fühlt man sich in dieser Stadt, wenn man so viel materiellen Reichtum hat, dass man sich Luxus leisten kann. Das sind Dinge, die vor allem der Schönheit dienen und nicht lebensnotwendig sind.

Es sind aber auch luxuriöse Verbindungen zu Personen von größerem Einfluss, die hier sehr geschätzt werden. Diese Stadt liebt VIPs, denn mit ihnen können große Dinge geplant (man plant hier gerne), fetzige Partys erlebt werden und kann kann sich mit ihnen gleichgestellt fühlen. Der Reichtum dieser Stadt liegt also in Dingen, die groß und prächtig sind und auch teuer aussehen.

Geld ist etwas sehr Schönes für dich – es ermöglicht dir, all die luxuriösen Dinge zu kaufen, eine große Wohnung zu haben, ein schnelles Auto zu fahren. Wenn es Prestigeobjekte sind – kein Problem. Die anderen dürfen ruhig sehen, dass du es dir leisten kannst. Du liebst es, Geld zu haben und auszugeben, daher ist es auch wichtig, dass du gut verdienst, was es dir ermöglicht, wohlhabend zu sein.

Hast du genug, dann wird dir das Sparen kaum Freude bereiten. Besser ist ein gutes, regelmäßiges Einkommen. Gib das Geld lieber mit vollen Händen für alles aus, was du als schöpferisch und schön erachtest. Gebe große Feste, kaufe dir teure Kleidung und prächtige Möbel. Du magst es im Luxus zu schwimmen. dein Motto: Ich feiere mich selbst.

▶Reich fühlst du dich durch Luxus und Macht.

Das 2. Haus beginnt in der Jungfrau

Hier finden sich die allgemein bekannten Bankgebäude: nüchtern und stabil, in jedweder Weise zweckorientiert und schmucklos. Die Gebäude sind mittelgroß, quadratisch und sehr unscheinbar gebaut. Im Inneren sind viele Räume nach ihren Funktionen unterteilt, während in den Tresoren die Ersparnisse der bescheidenen und arbeitsamen Bewohner lagern. Sie sparen zur Sicherheit und für die Rente.

In dieser Stadt zählt vor allem die Sicherheit als echter Reichtum. Das versteht sich im materiellen wie auch im psychischen Bereich. Diese Sicherheit wird durch eine extreme und analytische Kontrolle der Einnahmen und Ausgaben ermöglicht.

Der Herrscher dieser Stadt kennt seine Konten meist genau, hat Anlagen, die auf lange Jahre hinweg Zinsen abwerfen und ist eher knausrig, wenn es um die Anschaffung von Dingen geht, die nicht unbedingt notwendig sind (zum Beispiel Luxusgüter eines Löwen).

Du brauchst Geld, materielle Güter und am besten eine Eigentumswohnung oder ein Haus, damit du dich wirklich rundum sicher fühlen kannst im Leben. Für dein Wohlbefinden ist diese Sicherheit zentral wichtig.

Wahrscheinlich kennst du die Sorge, dass es nicht reicht, dass du nicht genug angespart hast. Du kennst dich im Detail mit deinen materiellen Vorräten aus und planst lange, ehe du Geld wieder ausgibst. Am besten ist es, du kümmerst dich schon früh um deine finanzielle Sicherheit. Erst nach Absicherung der Existenz kannst du aufatmen und dich schöneren Dingen widmen.

▶ Reich fühlst du dich mit Sicherheit und Kontrolle.

Das 2. Haus beginnt in der Waage

Diese Stadt liebt den Reichtum ihrer Kultur, den Luxus der puren Schönheit und die Ästhetik in allen Dingen, aber auch den Reichtum der Begegnungen und engen Bindungen zu Menschen. Geht man in dem Bankenviertel spazieren, so finden sich statt Sparkassen, Tresoren und Banken eher Ausstellungsräume für verschiedenste Arten von Kunst. Daneben befinden sich raffinierte Parfümerien, Schmuckläden, Schönheitssalons, kleine Boutiquen und nette kleine Cafés.

Reich ist man in dieser Stadt, wenn man sich mit Kultur und Kunst auskennt, wenn man sich ästhetisch zu kleiden versteht, sich gut ausdrücken kann und wenn man gute Freunde hat. Hier wird viel Wert auf das Äußere und Schöne gelegt und so sammelt man viele Dinge, die Schönheit in sich tragen: Schmuck, Kleidung, wertvoll Kunstgegenstände, aber auch romantische Liebesbriefe.

Geld ist dein Freund, denn du kannst dir davon die neueste Mode kaufen. Du brauchst Geld nicht, um anzugeben, sondern um es in Schönheit zu investieren, daher musst du wohl auch so arbeiten, dass du genug Geld verdienst.

Du liebst die schönen Dinge und empfindest dich vermutlich dann als reich, wenn du regelmäßig die kulturellen Angebote deiner Stadt nutzt. Hadere in Zukunft nicht mehr so mit Dir, wenn du dir wieder einmal Kunst kaufst, in schöne Kleidung oder in gepflegte stilvolle Vintagemöbel investierst. Es ist genau der Reichtum, den du im Innersten wertschätzt. Es entspricht Dir, wenn du dich mit schönen Dingen umgibst und nicht unbedingt jeden Groschen auf die Bank bringst. Liebe das Leben, die Schönheit und die Kunst und pflege deine Kontakte. Denn der Reichtum der Waage kann auch gut und gerne durch nahe Freunde zu dir kommen.

▶Reich fühlst du dich durch Stil. Schönheit und Kultur.

Das 2. Haus beginnt im Skorpion

Um den Reichtum dieser Stadt zu erkennen, braucht es schon Röntgenaugen. Mit einem vom Skorpion bestimmten 2. Haus investiert diese Stadt nämlich in ihren Geheimdienst, der wertvolle Informationen über Personen und Angelegenheiten sammelt und damit im Geheimen seine Fäden zieht.

Das Bankenviertel ist unauffällig, die Häuser könnten auch Wohnhäuser sein. Da steht aber auch ein seltsamer schwarzer großer Kubus (wie in dem Film von Stanley Kubrick, Space Odyssee).

Keine Tür, kein Fenster, kein Reinkommen. Er ist niet- und nagelfest gebaut und durch seine Undurchdringlichkeit, seine Form und seine Farbe sehr eindrucksvoll, vielleicht auch ein wenig beängstigend.

Reich ist man in dieser Stadt, wenn man Wissen über Dinge hat, zu denen andere Menschen kaum Zugang haben. Das sind nicht nur Informationen über andere Menschen, sondern auch Geheimwissenschaften, Magie und die Fähigkeit, Menschen zu lesen und lenken zu können (Psychologie, Demagogie, Manipulation).

Vielleicht bist du ein wenig ängstlich mit deinem Hab und Gut und hast immer mal Phasen von Existenzangst. Den finanziellen Bereich möchtest du unbedingt voll unter Kontrolle haben. Aber auch das Wesen der Menschen, die dich umgeben.

Investiere deine Zeit und dein Geld ab und zu in das Erlernen von geheimen und magischen Wissenschaften und in Psychologie. Menschenkenntnis und auch das Wissen um Transformationen, den Übergang von Leben und Tod sind dein wahrer Reichtum. Wer die Menschen kennt und mit ihnen umzugehen weiß, hat die Macht. Das weißt du am besten.

▶ Reich fühlst du dich durch Magie und Geheimnisse.

Das 2. Haus beginnt im Schützen

Was für ein Zauber liegt in der Luft dieses Bankenviertels! Bunt geschmückte Gebäude, tibetische Fahnen über den Straßen, jedes Haus in einem anderen Baustil. So stehen hier Moscheen, Kirchen, Tempel und Synagogen anstelle von Bankgebäuden, denn der wahre Reichtum in dieser Stadt ist die Vielfalt der Religionen, der Kulturen und die allgemeine Toleranz verschiedener Lebensweisen. Reichtum bedeutet in dieser Stadt: reich an Fernreisen, an fremden Kulturen, an Fremdsprachen und an Wissen über die Welt. So finden sich im Bankenviertel neben den unterschiedlichsten Mitbringsel aus aller Welt auch eine große Weltbibliothek und Säulengänge, unter denen man philosophierend wandeln kann.

Diese Stadt fühlt sich reich, wenn die Bewohner frei sein können, wenn sie ihren Horizont durch Bildung und Reisen erweitern können. Toleranz ist hier wertvoller als Gold.

Dir ist Geld vielleicht nicht ganz so wichtig. Es ist eher Mittel zum Zweck. Und der Zweck ist die Ausbreitung, das Reisen, das Wissen.

Du kannst vermutlich gut im Ausland zu Geld kommen. Viel zu reisen und den Horizont auch gedanklich und intellektuell zu erweitern, ist für dich eine sinnvolle Investition. Pass auf, dass du dich nicht in Träumereien und Spekulationen verlierst, manchmal fehlt dir der nüchterne Blick für die finanzielle Realität.

▶ Reich fühlst du dich durch Weltreisen und Bildung

Das 2. Haus beginnt im Steinbock

Das Bankenviertel dieser Stadt ist nahezu vorbildlich: Große, steinerne Bankgebäude säumen die geraden Straßen. Überall gibt es Überwachungskameras und Security, denn hier wird ordentlich für Sicherheit gesorgt.

Im Innern der Banken stehen solide Speicher, die gut gefüllt sind. Die Bewohner der Stadt haben Rücklagen für die nächsten Jahrzehnte.

Die Bankangestellten sind nicht besonders kooperativ und rücken selten etwas heraus. Es soll für schlechte Zeiten vorgesorgt sein.

Spendabel oder verschwenderisch ist man in dieser Stadt der Sparfüchse demzufolge kaum, dafür kann man bestens sehr lange mit wenig auskommen. Woher das Geld kommt? Natürlich von langer und harter Arbeit. In dieser Stadt ist es eine große Tugend, wenn man sich bei der Arbeit nicht schont und wenn man das Geld selbst erwirtschaftet (und nicht erbt oder geschenkt bekommt).

Du liebst sicherlich das Wissen, dass dein Konto nur schwarze Zahlen schreibt und ständig anwächst.

Geld ist zum Sparen da und nicht für Überflüssiges und Luxus. Geld kommt nur von eigener, harter Arbeit. Deine Arbeitseinstellung ist dafür geeignet, deine finanzielle Sicherheit bis in alle Ewigkeit zu gewährleisten und über die Jahre einen gewissen Wohlstand aufzubauen. Du solltest nur darauf achten, dich nicht über Gebühr auszupowern. Achte auf deinen Körper.

▶ Reich fühlst du dich durch Verantwortung und Führung.

Das 2. Haus beginnt im Wassermann

Der wahre Reichtum dieser Stadt sind Freiheit und Unabhängigkeit. Auf nichts und niemanden angewiesen zu sein ist hier das oberste Gebot.

In den Tresoren dieser Stadt findet man meistens nicht viel, daher sind sie auch meist offen – Geld ist eine komische Erfindung der Menschen und entspricht nur bedingt dem modern denkenden, zukunftsorientierten Wassermann.

Reich ist, wer massenhaft Zeit hat, wer tun und lassen kann, was er will und sich niemandem beruflich unterordnen muss. Am besten arbeitet man daher alleine, selbstbestimmt, da kann einen niemand herumkommandieren.

Reich ist man dafür an Ideen und Innovationen: Wer etwas Neues erfindet, wer mit der Zeit geht, wird in dieser Stadt hochgeschätzt.

Gut ausgeprägt sind zudem die Kontakte zu Freunden: Der ein oder andere Handel in dieser Stadt war deshalb erfolgreich, weil man gute Kontakte hat.

Du brauchst das alles nicht,– Geld, materielle Güter, Sicherheiten und Versicherungen aller Art? Du bist ein Freigeist, was die Finanzen angeht, und so kann dein Konto die unterschiedlichsten Füllstände erreichen. Von ganz viel bis ganz wenig ist alles drin.

Nur Stetigkeit gibt es nicht so. Du bist gerne frei davon und vielleicht auch wenig motiviert, nur des Geldes wegen zu arbeiten. Sieh nur zu, dass du dennoch die regelmäßigen Fixkosten erwirtschaftest. Vielleicht mit einem kreativen Job, der dir viel Spaß macht.

▶ Reich fühlst du dich durch Freiheit und Ungebundenheit.

Das 2. Haus beginnt in den Fischen

Was kann man von den Schatzkammern einer Stadt erwarten, die von Neptun und den Fischen regiert wird? Wahrscheinlich findet man erst einmal nur Nebel vor. Geld, Schätze, Wertgegenstände? Können sich darunter verbergen oder auch nicht.

In diesem Bankenviertel gibt es kaum Gebäude. Man stellt sein Geld, seine Wertgegenstände einfach beliebig im Bezirk ab und vertraut auf die kosmische Unterstützung, dass sich das Geld ohne Zutun vermehrt, dass keiner es wegnimmt. Das kann durchaus auch einmal funktionieren.

Der Schatzmeister selbst hat am wenigsten Ahnung vom städtischen Hab und Gut. Ist ja auch nicht so wichtig, die Liebe zählt, die Verbindung mit anderen Menschen, das Träumen.

So finden sich in dieser Stadt selten Workaholics, eher sehr kreative Naturen, die eben mit der Muse gehen und sich nicht hetzen lassen.

Reich ist man in dieser Stadt, wenn man eine reiche Fantasie hat, wenn man die Muße hat zu träumen, also auch einen Zeitreichtum.

Du hast vermutlich nicht so richtig Lust darauf, dich um deine Geldflüsse zu kümmern. Geld ist irgendwie vorhanden, oder auch nicht. Das kann auch traumhafter Reichtum sein, von dem du kaum sagen kannst, wie er zu dir kam.

Dahinter steckt: Geld und Besitz sind dir eben nicht so wichtig. Du bist gut darin zu lieben, zu träumen und kreativ zu sein. Das ist dein wahrer Besitz.

Dennoch solltest du ab und zu ein Auge auf deine Finanzen werfen, damit es dich nicht unverhofft aus der Bahn wirft.

▶ Reich fühlst du dich durch Träume und Gefühle.

3. Haus – der Marktplatz

Das 3. Haus im Horoskop zeigt an, wie wir neue Informationen aufnehmen, verarbeiten und verwalten. Es geht um Kommunikation und Vernetzung, daher ist auch die Nachbarschaft und die Grundschule in diesem Bereich verortet.

Im 3. Haus lässt sich gut fragen, was die eigene Art ist zu kommunizieren, wie man auf neue Menschen zugeht.

Wie lernst du Neues? Wie sortierst du deine Informationen, wie wichtig sind sie Dir? Bist du offen gegenüber neuen Menschen, oder mauerst du lieber? Teilst du dein Wissen gern, oder behältst du es lieber für Dich?

In unserer Stadtsymbolik entspricht das 3. Haus dem Marktplatz. Auf dem Marktplatz tauschen wir uns aus, hier werden auch die Besucher und Freunde willkommen geheißen und zu einem Gespräch eingeladen.

Das kann einladend, aber auch sehr zurückhaltend sein: Das hängt von dem bestimmenden Tierkreiszeichen ab, welches an der Häuserspitze zum 3. Haus steht.

Wichtig ist auch die Betrachtung der Planeten, die im 3. Haus positioniert sind. Sie beleben den Marktplatz und geben ihre jeweils eigene persönliche Note mit hinzu.

Auch der jeweilige Herrscherplanet des 3. Hauses bringt weitere Hinweise über das Kommunikationsverhalten, die Informationsaufnahme und das Denken, das Sprechen, die Art, mit anderen ins Gespräch zu kommen.

Diese Stadt liebt den offenen Wettkampf. Daher werden Besucher gerne zu einem kleinen sportlichen Wettkampf aufgefordert oder zu einem Kurztrip mit Abenteuerflair eingeladen. Der Marktplatz selbst könnte einer Arena gleichen, mit verschiedenen Parcours und Bereichen zum Wetteifern und sportlichen Kämpfen.

Es gibt eine Rennstrecke, verschiedene Sportgeräte, einen Fußballplatz. An den Marktständen erwirbt man Hanteln, Energiedrinks, Kletterseile und sonstige Ausrüstungsgegenstände für Sportler und Abenteurer.

Besucher bedeuten neue Möglichkeiten, etwas Spannendes zu erleben. Nach dem Abenteuer, dem Wettkampf oder dem hitzigen Gespräch – bei dem es nur darum geht, zu gewinnen und nicht darum, dauerhaft eine Hierarchie zu etablieren – nach diesem kurzen Kampf sind die Besucher wieder auf sich gestellt. Da müssen sie schon zusehen, dass sie weiterkommen, denn ein langer Aufenthalt auf dem Marktplatz ist nicht eingeplant, da deutet sich bereits der nächste Besuch an.

Du bist wahrscheinlich offensiv im Kennenlernen und dominierst schon mal das Gespräch. Auch bist du eher schlagartig als auf den Mund gefallen. Das ist vital, lustig und schnell. Doch manche Menschen könnte das überfordern.

Warte doch etwas ab, bis du einschätzen kannst, wen du da vor dir hast. Es gibt auch schüchterne Menschen, oder welche, die sich schnell angegriffen fühlen. Da kann dein unverblümtes Auftreten zuweilen sehr unsensibel und grob wirken.

Was auch Wunder wirken kann: nach einer Frage von dir zunächst einmal fünf Sekunden abwarten (oder fünfmal mit dem Finger auf den Oberschenkel tippen), das gibt deinem Gegenüber eine realistische Zeit, um zu antworten, und du wirkst gleich um Längen höflicher.

▶ Dein Kommunikationsstil ist rasant.

Das 3. Haus beginnt im Stier

Auf diesem Marktplatz ist die Zeit stehen geblieben. Bäuerinnen und Gemüsehändler bieten ihre Waren feil und man bleibt am Obststand gerne zu einem längeren Gespräch stehen. Man kennt sich schließlich – und wozu die Eile? Ob über das Wetter, die Eltern oder die Kinder – das Thema ist oft das gleiche wie vom Vortag. Aber es geht auch nicht wirklich um den intellektuellen Austausch, sondern darum, sich regelmäßig in gemütlichen Gesprächen mit bekannten Menschen zu verbinden. Sich rückzuversichern, dass man zusammenhält, sich kennt, aus demselben Ort kommt.

Dieser Marktplatz bietet daher einige Sitzgelegenheiten, Bänke, und Picknickwiesen. Das sorgt für ein heimeliges Ambiente.

Bevor du jemanden zu einem Gespräch oder mehr einlädst, vergeht schon mal eine gewisse Zeit. Was soll man auch alles überstürzen? Der Besucher rennt schon nicht weg, denkst du dir vielleicht. Und wem die Geduld fehlt, bis du dich öffnest, na der geht eben weiter. Verpasst er dich eben. Auch kein Problem.

Du brauchst einfach deine Zeit und lässt dich gerade auch mit neuen Situationen und neuen Menschen nicht gerne stressen. Du möchtest dich erst einmal auf das Neue einschwingen, es beschnuppern und sinnlich erfassen. Was hörst, siehst oder riechst Du? Eine übereilte Reaktion ist bei dir vermutlich selten, denn du bist gut im Warten.

Du bist bei Gesprächen eher langsam, brauchst deine Zeit. Falls dir öfter mal die Menschen abspringen, weil sie nicht genug Geduld für dich mitbringen, dann probiere es doch mal mit Standarderöffnungssätzen, die du auswendig lernst. Quasi ein paar Smalltalk-Basics, die es dir ermöglichen ein Gespräch in Gang zu bringen und dir dennoch etwas Zeit verschaffen, um dich persönlich auf dein Gegenüber einzustellen.

▶ Dein Kommunikationsstil ist langsam und entspannt.

Puh, da kommt ein Besucher mitunter gar nicht zu Wort. Auf diesem Marktplatz zählt, wer am schnellsten spricht.

Die Bewohner dieser Stadt lieben die Kommunikation: Schnell bieten sie Gesprächsthemen an, wechseln wie ein Hase die Topics und – husch – schon sind sie wieder verschwunden, weil ein anderer Mensch sie angesprochen hat, ein neues Event lockt.

Das kann Besucher sprachlos zurücklassen. Je nach Stellung Merkurs ist die Kommunikation entsprechend seiner Zeichenstellung zurückhaltender (Merkur in Erde), fordernder (Merkur in Feuer), emotionaler (Merkur in Wasser), neugieriger (Merkur in Luft).

Auf diesem Marktplatz erfährt der Besucher sofort alles Mögliche: was heute und morgen und überhaupt so los ist in dieser Stadt, wen er kennen könnte, den man auch hier kennt, wo die Bibliotheken, Cafés und Clubs hier sind und wen man auf jeden Fall kennenlernen sollte.

Es ist ein Wuseln und Rennen auf dem Platz, überall Journalisten und Marktschreier, das Gespräch wird häufig unterbrochen (durch ein klingelndes Handy, andere Leute, Straßenlärm) und zum Hinsetzen kommt man erst gar nicht. Das Gespräch, der Erstkontakt ist vorbei, bevor der Besucher sich besinnen kann.

Du bist furchtbar neugierig und die Welt ist dir nicht genug. Alles willst du wissen, in alles dich für eine kurze Zeit vertiefen. Dadurch bist du durchaus vielwissend, aber eben auch ein Dilettant: jemand, der sich in vielen Gebieten auskennt, aber nicht in der Tiefe. In Kontakten mit neuen Leuten bist du vermutlich proaktiv und redest alle in Grund und Boden.

Vielleicht willst du auch etwas von deinem Gegenüber wissen, es kennenlernen? Dann gib ihm auch eine Chance dazu. Atme zwischen deinen Sätzen und höre auch zu, wenn dein Gegenüber spricht. Überfahre den anderen nicht mit deinem Wissen, deinen Informationen und deinen Kontakten, die du alle vermitteln willst.

Entscheide dich für ein Hauptthema und bleibe dran. Dann kann das Gespräch auch mehr Konsistenz und Tiefe erfahren und beide haben mehr davon.

▶ Dein Kommunikationsstil ist Multitasking.

Das 3. Haus beginnt im Krebs

Dieser Marktplatz ist sehr kuschelig gestaltet – Bänke, Sofas, Sitzecken. Überall sitzen Leute nah beieinander, kuscheln gar, schauen sich tief in die Augen. Vielleicht ist es gar nicht so laut auf diesem Marktplatz, da man weniger spricht und mehr die gegenseitige Nähe spürt.

An den Ständen werden Wolldecken, Fotos aus vergangenen Zeiten, Kuchen, Kerzen und Selbstgestricktes angeboten. Zum Kaufen kommen die immer gleichen – Menschen, die sich schon lange kennen, die familiär miteinander verbunden sind, nahe Freunde.

Kommt ein Besucher in die Stadt, so ist er überwältigt von so viel Nähe und Gemütlichkeit. Doch kommt ihm das nicht zwangsläufig auch zugute. Um hier in die Nähe und Gunst der Städter einzutauchen, braucht es schon einige Anläufe und viel Vertrauensbeweise.

Wer sich dann aber mit den Marktfrauen und Bauern gut stellt und regelmäßig zum Markt kommt, der hat beste Voraussichten hier auch gern gesehen zu sein.

Dein Gegenüber muss dir sympathisch sein, dann öffnest du dich gerne für ein Gespräch. Aber nicht mit jedem. Die Emotionen sind dein Filter und so bist du kritisch, wenn jemand kühl ist, oder hart und streng, denn damit kannst du nichts anfangen.

Vielleicht bist du auch sehr fürsorglich und mütterlich. Wichtig ist Dir, dass sich dein Gegenüber bei dir fallen lassen kann, sich ganz in der Familie angekommen fühlt. Da ist klar, dass du nicht jeden reinlässt, denn es gibt nur eine gewisse Anzahl an Plätzen an deinem Herzen. Du bist ein herzlicher Gesprächspartner, dem besonders die Gefühle des Gegenübers am Herzen liegen.

Der emotionale Filter kann aber anstrengend für dich und andere sein. Du bist vielleicht schnell gekränkt, weil du vieles auf dich beziehst. Immer wieder zu überprüfen, ob es tatsächlich einen Grund gibt, betroffen zu sein, wäre daher eine Milderung der stark emotionalen Grundstimmung, und lädt auch eher zu unverbindlichen Gesprächen ein.

▶ Dein Kommunikationsstil ist emotional.

Das 3. Haus beginnt im Löwen

Dieser Marktplatz ist einfach prachtvoll – Gold und Silber sind üppig auf den Fassaden verteilt, die Bänke sind aus kostbarem Holz, die Parkwiese grün und die Leute auf dem Marktplatz gut gekleidet. Alle sind in verschiedene Unterhaltungen vertieft, bei denen das eine oder andere Geschäft abgesprochen wird.

Besucher werden hier fürstlich empfangen, bei einem Glas Sekt, und direkt über die Besonderheiten der Stadt und deren Einwohner informiert.

Diese Stadt ist etwas Besonders und das möchte man hier auch gerne dem Besucher zeigen. An den Marktständen gibt es mit Gold und Silber verziertes Geschirr, prachtvolle Gemälde aus Öl, Edelsteine und feine Seidenstoffe aus dem Orient.

Man hat hier nichts dagegen, ein wenig von anderen bewundert zu werden, denn da gibt es einiges, worin diese Stadt richtig gut ist. Hier ist man stolz auf sein umfassendes Allgemeinwissen und vor allem auf die sehr guten Kontakte zu den Reichen und Mächtigen. Hier hat man einen guten Überblick, man hat häufig wichtige Fäden in der Hand und weiß, dass es gut ist, gewisse Informationen zu haben. Wissen ist Macht, Kommunikation ist Herrschaft und ein gutes Händchen dafür zu haben, wer gut mit wem zusammenpasst, ist auch eine hervorragende Eigenschaft von Dir.

Du bist wahrscheinlich großzügig mit Komplimenten und kannst in anderen schnell ihr Talent, ihr Können erkennen und schätzen. Mit deinem Gegenüber kannst du hervorragend über Projekte sprechen, denn du hast einen umfassenden Überblick und organisierst gern. Dabei ist dir wichtig, dass die Hierarchie zu deinen Gunsten ist und du die Oberhand behalten darfst.

Vielleicht sind andere von dir genervt, wenn du so unverhohlen deine Macht und dein Können zur Schau stellst. Versuche daher, nicht anzugeben und lasse dein Können für dich sprechen. Langfristig wirst du einen größeren Eindruck bei anderen hinterlassen, wenn du dich bescheiden gibst und zeigst, wie gut du organisieren und vernetzen kannst. Sei nicht geizig mit diesem Talent, aber halte deine Lobreden auf dich selbst etwas zurück.

▶ Dein Kommunikationsstil ist eindrucksvoll.

Das 3. Haus beginnt in der Jungfrau

Dieser Marktplatz ist vor allem eines: zweckdienlich. Wenig Menschen sind hier unterwegs, denn was soll man auf dem Marktplatz herumlungern, wenn es doch viel zu arbeiten gibt. An den Marktständen gibt es die Produkte des täglichen Bedarfs: Brot, Obst, Gemüse, Käse, Haushaltswaren. Schuster und Schneiderinnen bieten ihre Arbeit an. Es gibt fast kein Gewerbe, keine Dienstleistung, die hier nicht einen Stand hat.

Die Einwohner der Stadt kaufen konzentriert und ohne viel Gerede ihre Waren oder lesen gerade in einer Zeitung. Andere prüfen den Platz auf Mängel – sind die Bänke noch in Ordnung, wie steht es um die Pflege des Parks, haben wir schon auf Ökostrom umgestellt?

Ähnlich sind auch die Gespräche mit neuen Besuchern. Diese werden zurückhaltend begrüßt. Man hat einfach keine Zeit für so sinnloses Getue und Small Talk. Der Haushalt muss besorgt werden, Schularbeiten erledigt, Kinder versorgt. Zudem sind die Bewohner der Stadt eher schüchtern, vielleicht etwas ängstlich gegenüber Neuen eingestellt. Auf diesem Marktplatz gebärdet man sich so zurückhaltend, dass sich die Besucher vielleicht ganz alleine auf dem Platz wähnen.

Wahrscheinlich stehst du einfach nicht sehr gerne im Mittelpunkt, sondern beobachtest erst einmal aus der sicheren Entfernung. Das Gespräch beginnst du vorsichtig und fragst erst einmal zuvorkommend, was du dem Gast anbieten kannst, wie du ihm helfen kannst. Das könnte sehr schüchtern wirken und die Besucher werden nicht gerade in eine infernalische Unterhaltung mit dir gestürzt. Um deine Schüchternheit ein Stück weit zu überwinden, kannst du zunächst mit ein paar gezielten Fragen dein Gegenüber in den Fokus stellen, dann musst du nicht im Mittelpunkt sein. Lass deinen Besucher doch erzählen, wo er herkommt, was er so macht etc. Dann bist du aus dem Schneider und der andere erzählt fröhlich. Ein Vorteil dieser Strategie ist es, dass du auf diese Weise sehr sympathisch empfunden wirst, denn dein Gegenüber fühlt sich gesehen und geschätzt. Wenn du dich dann wohl genug fühlst, kannst du auch von dir erzählen.
▶ Dein Kommunikationsstil ist zurückhaltend.

Das 3. Haus beginnt in der Waage

Schön ist es auf diesem Marktplatz, es gibt sogar einen sehr gepflegten Park davor. Die Pflastersteine sind groß und glatt, ein Marmorbrunnen steht in der Mitte, Holzbänke säumen den Platz.

Rosenrabatten und duftende Büsche umgeben den Ort mit angenehmen Gerüchen.

Die Stände sind aus gutem Holz gebaut und man bietet vor allem Mode, Accessoires und Landschaftsbilder feil. Die Händler wirken wie Künstler und Designer – viele haben ihre Angebote selbst kreiert. Cafés im Freien runden diesen überaus elegant gestalteten Marktplatz ab.

Die Menschen auf dem Platz sind nach der neusten Mode

gekleidet und versunken in Gespräche über kulturelle Events in der Stadt.

Hier gibt man viel auf ein apartes Außenbild, man möchte gefallen und wählt einen kultivierten Kommunikationsstil.

Ein neuer Besucher wird gleich sehr freundlich empfangen und charmant mit in ein Gespräch begleitet. Den meisten Besuchern gefällt das sehr, denn der Gast wird hier gut behandelt, wird nach seinen Bedürfnissen gefragt, steht im Mittelpunkt.

Setzt ein Besucher hingegen mehr auf Individualität und Provokation, so ist er hier fehl am Platz. Grobe Menschen mit schlechten Manieren sind hier nicht erwünscht.

Du bist wahrscheinlich wahnsinnig gut darin, Konversation zu betreiben und charmant dein Gegenüber zu umschmeicheln. Du lächelst viel, schäkerst und kannst die guten Seiten deiner Bekanntschaften schnell hervorheben.

Vielleicht könnte es dir aber auf Dauer anstrengend werden, dich immer so um deine Gesprächspartner zu bemühen und den Schein immer aufrechtzuerhalten. Wenn du tiefere und ehrlichere Gespräche suchst, dann braucht es von deiner Seite auch den Mut zur Offenheit. Die negative Seite deiner gepflegten Gesprächsführung ist nämlich die Oberflächlichkeit.

▶ Dein Kommunikationsstil ist charmant.

Das 3. Haus beginnt im Skorpion

Dieser Marktplatz ist groß und dennoch überschaubar. Große Pflasterplatten sind hier verlegt, es gibt einige Marktstände, die das Nötigste des täglichen Bedarfs anbieten, aber keine Luxusgegenstände oder Kunstobjekte.

Dieser Platz hat viele Augen, die man nicht sieht. Er ist von Kameras überwacht und Security mischt sich unters Volk. Denn in dieser Stadt ist man erst einmal misstrauisch neuen Menschen und Besuchern gegenüber. Besucher können hier nicht erwarten, gleich herzlich empfangen zu werden. Vielmehr müssen sie sich erst einmal selbst umsehen und orientieren, denn sie werden nicht gerade an die Hand genommen.

Es gibt ein paar sehr interessant aussehende Menschen, die vielleicht Magier, Hexen, Zauberkünstler oder Geheimagenten sein können. Sie haben eine intensive Aura. Kommt man mit ihnen ins Gespräch, so lässt es einen nicht mehr los.

Dein Verstand ist vermutlich sehr wach und du hast einige Kenntnisse über Bereiche, die dich faszinieren. Gibt es ein Gebiet, das dein Interesse weckt, dann kannst du dich in der Tiefe damit auseinandersetzen und wahre Erkenntnisse an das Tageslicht befördern.

Du hast vermutlich eine enorme Menschenkenntnis und spürst, wer dein Gegenüber ist. Dir wohnen eine gewisse Skepsis und Argwohn inne. Aber nicht jeder neue Mensch will dir Böses und ist manipulativ. Die dauerhafte Skepsis von dir vergrault vielleicht immer mal einen Besucher, was dir sicherlich auch leidtut.

Um dich mehr öffnen zu können, brauchst du viel Vertrauen. Du bist zurückhaltend, scannst erst einmal, wer da vor dir steht. Versuch es doch einmal mit ein paar gut gemeinten Floskeln, damit sich dein Gegenüber nicht allzu sehr auf sich allein gestellt und observiert fühlt. Biete ihm einen winzigen Smalltalk zum Wetter an. Das ist immerhin schon besser als durchdringendes Schweigen oder tief grabende Verhöre. Und so schlimm ist es auch nicht, für eine kurze Zeit etwas oberflächlich zu sein. Oder?
▶ Dein Kommunikationsstil ist observierend.

Immer herein mit euch bunten, spannenden, weitgereisten Menschen aus aller Welt – rufen die Marktschreier auf diesem Marktplatz. Diese Stadt ist offen und tolerant den unterschiedlichsten Menschen gegenüber und das spüren die Besucher auch sofort.

Mit vor Begeisterung strahlenden Augen werden sie auf dem Marktplatz gleich von einer bunten Gruppe umringt. Einladungen werden ausgesprochen, einige versuchen sich sofort in Fremdsprachen, falls der Besucher die hiesige Sprache nicht kennt. Alles kein Problem.

Die Stimmung ist aufgeheizt, aufgeregt und voller Spannung. Etwas soll passieren, ein Abenteuer beginnen, eine Party starten, ein spannendes Seminar besucht werden, was auch immer. In dieser wuseligen Stimmung gehen sensiblere Naturen schnell unter, sie werden förmlich von den hyperaktiven Menschen auf dem Marktplatz überrannt.

Immerhin gibt es auch den einen oder anderen Philosophen, der etwas ruhiger ist. Dafür will er dem neuen Besucher aber gleich von seiner Sicht über die Dinge der Welt berichten. Wer da noch nicht geflüchtet ist, kann vieles lernen.

Puh, mit deiner Energie kommt nicht jeder gleich zurecht. Das ist wie ein ICE, der durch ein Dorf rast. Du hast es scheinbar eilig, den neuen Besucher in allen Facetten kennenzulernen und auch dich zu zeigen. Das ist schön, das ist so fröhlich und so offen.

Aber ehrlich: Da fehlt es doch auch an Empathie, an der Fähigkeit, zu schauen, wem man da gegenübersteht.

Deine Wuseligkeit, deine Hyperaktivität und deine Begeisterung können daher auch vergraulend wirken, denn es gibt tatsächlich einige Menschen, die ruhig sind, introvertiert oder schüchtern. Wäre doch schade, wenn die alle schnell das Weite suchen. Du meinst es doch nur gut.

Einatmen und kurz innehalten. Nach jedem Satz. Und wenn

du eine Frage stellst: Warten, bis dein Gegenüber antwortet, nachfragt. Manch einer braucht eben länger als eine Sekunde dafür.

▶ Dein Kommunikationsstil ist begeisternd.

Das 3. Haus beginnt im Steinbock

Auf dem Marktplatz dieser Stadt geht es recht ernst und ruhig zu. Die Menschen sind entweder in tiefe Zweiergespräche vertieft, oder sie lesen in Büchern und denken nach. Geschnatter hört man hier nicht. Es werden wichtige und nützliche Informationen ausgetauscht, wobei der Wert der Information zählt und nicht die Verpackung, wie zum Beispiel die Rhetorik.

Kommunikation hat auch ihre Perfektion und hier ist man Meister darin. Die Besucher der Stadt werden nicht mit Smalltalk empfangen, sondern gehen eher in ein Bewerbungsgespräch mit den Bewohnern. Erst einmal müssen sie zeigen, dass sie es wert sind, sich länger mit ihnen zu beschäftigen. Man hat in dieser Stadt auch noch anderes zu tun und will sich mit oberflächlichem Schnickschnack wie netten Gesprächen nicht aufhalten lassen.

Hat man aber erst einmal ein Thema gefunden, so kann es eine ausdauernde und tiefe Unterhaltung mit viel Mehrwert werden.

Wissenserwerb ist eine Meisterschaft, die du gewinnen willst. Du strengst dich vermutlich sehr an, wenn es etwas Neues zu lernen gibt. Und du hast vor, richtig gut darin zu werden. In der Schule warst du vermutlich ein vorbildlicher, aber mitunter sehr ernster Schüler.

Du wirkst auf andere teilweise etwas steif und ungelenk in deiner Kommunikation. Versuche es doch eingangs mal mit einem Lächeln, das kann man üben und irgendwann wirkt es auch natürlich. Dann finden deine Besucher leichter den ersten Zugang zu Dir. Und wenn sie erst einmal anfangen zu erzählen, bist du aus dem Schneider.

Wer sagt denn, dass du die ganze Kommunikation bestreiten musst? Sage anfangs etwas Einladendes, stelle vielleicht eine Frage (kann man auch vorher üben) und lass sie dann reden. Bis du genug hast.

Vielleicht steckt in deinem Gegenüber ja eine Person, bei der es sich wirklich lohnt, sie näher kennenzulernen.

▶ Dein Kommunikationsstil ist sachlich.

Das 3. Haus beginnt im Wassermann

Auf diesem Marktplatz gibt es viel Platz für all die schrägen und lustigen Kreaturen, die hier aufeinander einreden, mit sich selbst sprechen, die laut singen oder leise denken. Verschiedene Sitzgelegenheiten aus modernster Architektur, Stehtische, interaktive Stationen laden zu interessanten Gesprächen jenseits des Mainstreams ein. Kleine Grüppchen von Wissenschaftlern und Künstlern sind in eifrige Unterhaltungen vertieft.

Auf einen Besucher wirkt diese Welt bunt, verrückt und vielleicht auch ein wenig skurril.

Man kann hier mit jedem schnell ins Gespräch kommen, aber das Gespräch kann alle möglichen Wendungen nehmen. Über Wissenschaft, Technologie, Zukünftiges, Gesellschaftsthemen oder auch alles, was Freiheit und Individualität betrifft.

Offen für neue verrückte Ideen und Gesprächsvorschläge sind hier alle, aber ein längeres Gespräch ist nicht angedacht.

Du hast eine blitzschnelle Auffassungsgabe und verarbeitest Informationen auf eine kreative Art und Weise. Dadurch kommst du teilweise zu anderen Ergebnissen als andere Menschen. Neue Denkweisen, theoretische Ansätze, eine neue Perspektive einnehmen – das liegt dir sehr. Wahrscheinlich engt es dich schnell ein, wenn jemand zu lange (mehr als 5 Minuten) auf dich einredet.

Auf andere wirkst du vielleicht etwas eigen, seltsam und manchmal wirr. Und vielleicht findet man dich auch zu unverbindlich.

Wenn du nähere Kontakte eingehen willst, dann gebe deinem Gegenüber Raum und Zeit, dich kennenzulernen. Wenn du aber eh genervt bist und wieder deine Ruhe haben willst, dann mach weiter so.

Dennoch bist du sehr sympathisch in deiner eigenen Art, dich auszudrücken. Und an neuen Kontakten wird es dir jedenfalls nicht mangeln.

▶ Dein Kommunikationsstil ist individualistisch.

Das 3. Haus beginnt in den Fischen

Wie aus einem Film wirkt dieser Marktplatz, nicht ganz real, nicht ganz von dieser Welt. Die Kulisse ist mit weichen Farbtönen versehen, kuschelige Sofas laden zum Verweilen ein, eine Bar gibt kostenlos Cocktails aus. Nicht wenige hier sind schon dementsprechend gut gelaunt bis beschwipst oder haben aus anderen Gründen sehr verträumte Augen.

Hier gibt es sogar Fabelwesen und Märchengestalten, die flanieren. Rotkäppchen schlendert über den Markt, den Wolf an der Leine. Feen und Elfen hocken elegisch auf den Blumenrabatten am Rand des Marktplatzes. Der Brunnen in der Mitte wird von einem lebendigen Neptun mit Wasser gespeist.

Es gibt eine Menge Künstler hier, die den neuen Besucher offen und liebevoll empfangen. Man spricht weniger miteinander, als dass man sich fühlt, man schwingt sich aufeinander ein. Daher kann es sein, dass es ruhiger hergeht als in anderen Städten, es kann auch sein, dass die Aufmerksamkeit nicht ganz da ist und ein Besucher auch schon mal übersehen wird. Aber es können sich auch herrliche, tiefe und liebevolle Gespräche entspinnen.

Du hast eine unglaubliche Gabe: die der Fantasie. Du brauchst nicht erst von außen angeregt zu werden – die Worte, die Bilder, die Gerüche kommen ganz von allein zu dir und bereichern deine Innenwelt.

Kein Wunder, dass du auf andere Menschen verträumt wirkst, vielleicht auch fahrig und unkonzentriert. Lade neue Menschen ein, mit dir zu musizieren, dann kannst du auf deine Art Kontakt knüpfen und dein Gegenüber ist sicherlich positiv überrascht.

Wenn das ulkig ist und einfach nicht geht, dann lerne zumindest ein paar Standardsätze auswendig, mit denen du ein Gespräch simulieren kannst. Wenn du dann nach einer Weile spürst, dass du hier eine liebende Seele gefunden hast, kannst du immer noch zu Musik und Tanz überleiten.

▶ Dein Kommunikationsstil ist kreativ-verträumt.

4. Haus – das Wohnviertel

Das 4. Haus entspricht in unserer Stadt dem Bereich des Wohnens, des Familienlebens, des Privaten. Hier ist unsere Sicherheitszone, die wir bemüht sind zu schützen. Dieses Viertel steht im Gegensatz zum 10. Haus, welches den öffentlichen Bereich darstellt, z. B. das Rathaus. Die Achse 4. Haus–10. Haus wird in der Astrologie auch IC–MC Achse genannt (Immun Coeli und Medium Coeli) des niedrigsten und höchsten Standes der Sonne zum Zeitpunkt der Geburt.

Diese Achse gibt Auskunft darüber, wie wir mit dem Privaten und dem Öffentlichen umgehen.

Im öffentlichen Bereich – also dem 10. Haus – tragen wir oftmals eine Maske, wir passen uns an und müssen uns verstellen, uns in die Gesellschaft einpassen. Das 4. Haus zeigt uns demgegenüber oft unser wahres Gesicht oder das, was wir brauchen, um uns wohl und sicher zu fühlen. Es zeigt unseren Umgang mit Gefühlen, mit Tiefe und unserer Herkunft. Der Bereich des Privaten hat auch mit Geheimnissen und Intimem zu tun, das wir vor anderen gerne verbergen möchten, da es nur uns gehört.

Im Wohnviertel möchten wir uns entspannen können, so sein, wie wir uns fühlen. Unverstellt, manchmal kindlich, locker, emotional.

Auf jeden Fall möchten wir unsere Dienstkleidung, unsere Anzüge und Kostüme hier ablegen können und uns ganz gemütlich in unseren Wohlfühlsachen zu Hause entspannen.

Wichtige Fragen, die man sich in Betracht des eigenen 4. Hauses stellen kann, sind: Was gibt mir Sicherheit und das Gefühl zuhause zu sein? Denke ich mit guten oder gemischten Gefühlen an meine Kindheit zurück? Fühle ich mich sicher und geborgen im Leben? Wie gehe ich mit meinen Gefühlen um? Wie ist meine emotionale Grundlinie, was bin ich für ein Gefühlstyp?

Betrachten wir unsere Astrostadt, dann betreten wir mit dem 4. Haus also das Wohnviertel, den Ort, wo sich die Seele der Stadt verbirgt, wo die Bewohner ihren Ursprung haben (Mond = Bewohner), wo viele Kinder und Frauen sind, wir Fotos unserer Familien anpinnen, wo unsere Kinderzimmer stehen. Aber auch der Ort, wo wir uns sicher fühlen möchten, wo wir unsere Gefühle zeigen möchten, Tagebuch schreiben, ohne Zensur.

Das 4. Haus ist sehr wichtig, denn vieles basiert auf der Programmierung der ersten Kindheitsjahre. Wenn das 4. Haus gut gestellt ist, dann ist das ein unterstützender Faktor im Leben.

Das 4. Haus beginnt im Widder

In dieser Stadt ist der Wohnbereich zunächst kaum als solcher zu erkennen. Er ist abenteuerlich gestaltet und gleicht eher einem Sportcamp oder einem Militärbootcamp, das Überlebenstrainings anbietet. Familien in dem Sinne gibt es nicht, eher geht es, zu wie im antiken Sparta: Die Jungen und Mädchen wuchsen dort getrennt von ihren Eltern auf, damit sie nicht verweichlichten. Sie wurden schon früh im Umgang mit Waffen trainiert und für den möglichen Krieg fit gemacht, Jungen wie Mädchen. Sie waren alle sportlich, mager und auf sich gestellt – Straßenkinder mit kampfwütigem Blick. In dieser Wohnsiedlung geht es also nicht um Gemütlichkeit, sondern ums Überleben: Gewohnt wird in Baumhäusern, Zelten oder in Wohnwagen. Man ist nach Altersgruppen unterteilt, treibt viel Sport und ist selten zu Hause. Wer zuhause ist, träumt nicht viel, sondern trainiert oder ist mit irgendeiner Aktivität beschäftigt.

Mit einem Feuerzeichen wie dem Widder im Bereich des Wohnens war deine Kindheit vielleicht von Konkurrenz, Wettkampf und Durchsetzungswillen geprägt. Entweder du musstest dich immer wieder durchsetzen, da man deine Bedürfnisse nicht gesehen hat, oder du hattest und hast generell eine große Freude daran, dich an anderen zu messen, sie im Kampf herauszufordern.

Deine Familie hat es vielleicht auch eher sportlich gesehen, dich als ein neues Mitglied einzugliedern. Vielleicht haben sie dich viel dir selbst überlassen, um deine Motivation, es alleine zu schaffen, zu aktivieren.

Dadurch fällt es dir mitunter schwer, deine Gefühle zu zeigen, denn du bist noch immer im Kampf- und Überlebensmodus. Gefühle zeigen ist etwas für Schwache, könntest du meinen.

Entspannung und Geduld scheinen dir schwerzufallen und deine Gefühle lebst du unvermittelt und plötzlich aus, oder verdrängst sie, so dass viel Frust und Ärger in dir stecken. Für dich ist das Leben ein Kampf des Überlebens und das macht dich häufig unentspannt.

Versuche deinen Blick mehr in Richtung ‚Wir' zu richten, dann siehst Du, dass du nicht allein bist mit deinen Empfindungen und Sorgen. Auch andere sind da, die dich unterstützen wollen. Versuche dein Lebensmotto zu erweitern auf: Zusammen sind wir stark.

▶ Zu Hause sein ist für dich Action.

Das 4. Haus beginnt im Stier

In der Astrostadt ist dieser Wohnbezirk äußerst behaglich und wohnlich. Man lebt in Einfamilienhäusern, hat große Gärten mit langen Holztischen darin, damit alle Familienmitglieder, aber auch

Freunde Platz finden. Hier fühlen sich Besucher gleich wohl, sie werden herzlich willkommen geheißen. Da holt man auch schon einmal das Familienalbum heraus und kocht zusammen leckere Eintöpfe aus dem saisonalen Gemüse des eigenen Gartens.

Die Häuser sind aus Stein, für die Ewigkeit gebaut, und werden seit Generationen von den Familien bewohnt. In dieser Stadt kennt man sich, die Familien teilen eine lange Historie. Es wurde untereinander geheiratet, die Bande zwischen den Stadtbewohnern sind entsprechend stark. Die Familie ist das Nonplusultra, man hält zusammen, verbringt viel Zeit miteinander und mag es, sich nah zu sein, zu kuscheln, sich emotional zu öffnen. Die sinnlichen Genüsse sind enorm wichtig, man speist, man trinkt, man genießt die Natur. Aber: Gefühle gelten, wie alles andere, als ein Besitz, der ungern geteilt wird. So gibt es viel Wärme und Nähe, aber die Tiefe des Empfindens ist eine private Angelegenheit. Es kann eine ganze Weile dauern, bis die Bewohner sich anderen emotional öffnen.

Du brauchst wahrscheinlich deinen regelmäßigen sinnlichen Genuss, um dich sicher, genährt und wohlzufühlen. Du liebst deine Kindheitserinnerungen und hängst sehr an deiner Familie. Aber vielleicht öffnest du den Blick nicht so recht auf dein eigenes Leben, auf das, was dich persönlich ausmacht. Denn du bist mehr als nur die Summe deiner Familie. Du bist etwas Eigenes, etwas Besonderes. Du hast vielleicht hohe Erwartungen an dein eigenes Fortkommen und lebst nach dem Prinzip: Entweder es gelingt vollkommen oder ich lasse es sein. Es gilt immer wieder auszutarieren: Nähe und Wärme der Familie bewahren und dennoch die Emanzipation zum Eigenen und Neuen wagen.

Mit dieser Häuserstellung hat man eine sehr gute Grundlage in seinem Leben, von der man lange zehren kann. Je nachdem, welche Planeten im 4. Haus sind (= Förderer oder Störer) wurde die Kindheit als eine sehr schöne, angenehme Zeit empfunden, an die man sich gerne zurückerinnert.

▶ Zu Hause sein ist für dich Gemütlichkeit.

Hier wohnt man eher in einer Bibliothek als in einer Wohnung oder in gläsernen Gebäuden (damit man nichts verpasst) oder großen Lofts.

Ruheräume gibt es nicht und die Schlafzimmer sind auch nur Hochbetten im Gemeinschaftsraum. Der PC läuft ohne Pause und es herrscht ein ewiges Gewusel und Austausch unter den Stadtbewohnern. Man fühlt sich in dieser Stadt sicher, wenn man viel weiß, wenn man Bescheid weiß, sich auskennt, die neuesten Geschichten schon gehört hat.

Diese Stadt lebt von ihren lebhaften, offenen Verbindungen, von der wechselseitigen Kommunikation, von einer großen, alles durchdringenden Vernetzung. Die Menschen, die hier leben, sind immer ‚an', wissen über alles Bescheid, informieren sich unablässig. Das ist vielleicht nicht sehr gemütlich, aber doch sehr interessant.

Und so sammeln die Bewohner eifrig und emsig alle Informationen, sortieren sie nach nützlich und unnütz, verbreiten die Infos weiter, schreiben, tippen, telefonieren, chatten, sprechen – und das alles auch gerne gleichzeitig. In dieser Stadt herrscht eine gewisse geistige Unruhe, denn der Verstand hat nie Pause.

Dein Wissen ist dein Lebenselixier. Du brauchst es, informiert zu sein und bist eine wahre Wissensbörse. Doch manchmal verlierst Du. Du weißt Bescheid, du kennst die wichtigsten Leute und Trends. Das gibt dir das Gefühl dazuzugehören. Aber deine Gefühle kennst du weniger und du neigst dazu, sie nicht zu fühlen, sondern analytisch auseinanderzunehmen. Die vielen Infos, die du sammelst, brauchen ein System, in das sie eingefügt werden. Nimm dir also manchmal die Zeit, den Kopf zu heben und in die Ferne zu schauen: Was machst du hier eigentlich und macht das auch Sinn? Wie fühlst du dich dabei? Die Getriebenheit und das Gefühl, nichts verpassen zu dürfen werden dadurch abgemildert. Gefühle passen nicht in diese Welt der schnellen und rationalen Informationen, denn sie brauchen lange, bis sie

verdaut und verstanden sind. Es braucht eine gewisse Oberflächlichkeit, um mit dem Wissensstrom mithalten zu können. Insofern sind IC-Zwillinge emotionale Flachwurzler – Gefühle haben hier keinen langen Bestand. Dabei sind Gefühle ein wichtiges Kommunikationsmittel, auch in ihnen verbergen sich Unmengen von Informationen.
▶ Zu Hause sein ist für dich Kommunikation.

Das 4. Haus beginnt im Krebs

In diesem Wohnviertel geht es sehr gefühlvoll zu. Die Bewohner leben wie in einem Dorf: Jeder kennt jeden, man weiß, wie man sich fühlt, es wird zusammen gefeiert und gelacht, aber auch getrauert und geweint.

Die Sicherheit der Stadt wird über die enge Bande der Bewohner hergestellt. Blutbande, Familienclans, Liebeleien stehen im Mittelpunkt.

Die eigenen Gefühle spielen die Hauptrolle, und jeder soll spüren, wie es einem persönlich gerade geht.

Dieses Wohnviertel ist angereichert mit vielen Plüschsofas (zum gemütlichen und langen Sitzen und um sich zu unterhalten), mit kleinen Parks für Verliebte und schnörkelig gebauten alten Häusern für die Familien.

Ein wenig erinnern die efeuumrankten alten Häuschen an Nester. Und jeder Strang der Pflanzen beinhaltet hier Erinnerungen, Erlebnisse, Gefühle, die für immer gespeichert sind.

Der Nestschutz ist in dieser Stadt ein Grundrecht, denn die größte Sicherheit wird hier empfunden, wenn man sich in seine Vergangenheit, seine Erinnerungen und Gefühle, in seine Familie und die Nestwärme zurückziehen kann.

Vermutlich bist du eher ein stark fühlender Mensch und kannst dich leicht mit anderen verbinden. Aber dir fällt die Abgrenzung manchmal schwer.

Stimmungen können dich förmlich überschwemmen. Du nimmst dir vieles zu Herzen, was gar nicht an dich gerichtet ist. So bist du manchmal eingeschnappt, verletzt, fühlst dich verraten, obwohl von außen keiner die Intention dazu hatte.

Um dich in diesem gefühlvollen Gewirr von Erinnerungen und aktuellen Gefühlen zurechtzufinden, brauchst du eine verlässliche äußere Struktur, klare Zeiten und Räume, innerhalb derer du dich bewegen kannst.

Wenn du die Sicherheit einer stringenten Tagesstruktur hast, kannst du dein Talent voll entfalten: die Kreativität, die Muse, das Schöpferische.

▶ Zuhause ist für dich Nähe.

Das 4. Haus beginnt im Löwen

Prächtige, eindrucksvolle und kunstvoll verzierte Villen mit großräumigen Parkanlagen sind hier den Einwohnern der Stadt vergönnt. Alte Eisentore, mit Gold verzierte Simse, Statuen und griechische Säulen verschönern diesen Wohnbezirk.

Regelmäßig wird hier verkündet, wer aktuell der beliebteste Einwohner ist, und es gibt lange, aufwendige Feiern, an denen sich alle beteiligen. Hier zeigt man, wer man ist und was man hat.

Die Bewohner dieser Stadt fühlen sich am wohlsten, wenn sie sicher wissen, was sie haben, dass genug Geld und Besitz vorhanden sind. Man feiert das Leben, den Luxus, den Reichtum und die Unabhängigkeit durch finanziellen Wohlstand.

Die Bewohner sind sehr schöpferisch und kreativ, man bastelt und erschafft gerne Schönes, Kunstvolles, Anspruchsvolles. Sie empfinden sich alles andere als gewöhnlich und dafür wollen sie auch bekannt sein.

Wenn man ihnen dementsprechend auch Lohn zollt, so sind sie herzlich, willkommen heißend und sehr wohlwollend Besuchern gegenüber.

Du hast scheinbar ein sehr reiches, großes Gefühlsleben, deine Seele ist groß und tief und du liebst es zu lieben und andere ebenso emporzuheben. Aber du brauchst auch im besonderen Maße das Gefühl, von anderen gesehen, bewundert und geliebt zu werden.

Du brauchst dein Publikum, oder zumindest ein paar nahe Freunde, die dich wirklich wertschätzen. Dann erst fühlst du dich sicher und geerdet und kannst mehr von deiner Kreativität und Schaffenskraft in die Welt bringen.

Versuche aber auch zu verstehen, dass du nicht der Nabel der Welt bist und auch andere Menschen besonders sind. Von daher sind alle auch wiederum gewöhnlich, denn wenn alle besonders sind, ist nichts Besonderes mehr daran. Finde deine Individualität, indem du dich mehr vom Lob der anderen unabhängig machst.

▶ Zu Hause sein ist für dich eine Pracht.

Das 4. Haus beginnt in der Jungfrau

In diesem Wohnviertel ist alles auf Sauberkeit, Ordnung und Nützlichkeit ausgerichtet. Deswegen gibt es hier keine Einfamilienhäuser, sondern nur Wohnblöcke. Denn erstens stellt man sich nicht gerne aus und zweitens schont es die Umwelt und Ressourcen, wenn man in die Höhe baut und sich die sanitären Anlagen teilt. Nüchternheit und Ordnung herrschen hier und die Bewohner sind eher zurückhaltend und wollen sich nützlich machen. Ganz besonders wichtig ist es, dem Chaos die Stirn zu bieten und die Kontrolle über Alltagsprozesse zu behalten.

Die eigenen Gefühle spielen keine Rolle, denn man will sich nicht mit Unnützem aufhalten und schon gar nicht eine Szene mit der eigenen Empfindsamkeit machen. Niemand möchte hier besondere Aufmerksamkeit erhalten.

Dafür gibt es ein emsiges Hin und Her, Arbeit wird allerorten verrichtet, man schont sich nicht.

Das Gefühl der Sicherheit und des Zuhauses wird darüber hergestellt, wie man sich nützlich machen kann, wie viel man arbeitet und wie gut man seine Arbeit verrichtet.

Es geht ein wenig zu wie in manchen asiatischen Ländern, wo es darum geht, so zu sein wie die anderen und um keinen Preis aufzufallen.

Du neigst wahrscheinlich dazu, dich für andere abzuarbeiten und deine eigenen Bedürfnisse hintenan zu stellen. Auch investierst du immens viel Zeit in die Eindämmung des Chaos um dich herum. Das ist aber selten gut möglich.

Dadurch verausgabst du dich schnell und bist irgendwann sehr erschöpft.

Versuche dich als einen Teil der Gemeinschaft zu sehen, der ebenso wie die anderen versorgt werden muss, damit alle Rädchen im Getriebe laufen.

Du erhöhst deine Nützlichkeit, wenn du gesund und ausgeschlafen bist. Vor allem aber: Lerne zu vertrauen, dass es größere Strukturen gibt, die auch dich tragen, wenn du nicht »arbeitest und tust«.

▶ Zu Hause sein ist für dich Sich-nützlich-machen.

Das 4. Haus beginnt in der Waage

Die Bewohner dieser Astrostadt legen viel Wert auf ihre äußere Erscheinung, auf ein gutes und charmantes Auftreten und auf sozialen Austausch. So ist dieses Wohnviertel ganz besonders gepflegt und hat viele öffentliche Anlagen, wie Parks und Cafés, in denen man sich ungezwungen begegnen kann.

Hier wird gerne und viel über Kunst und Kultur gesprochen, man unterhält sich respektvoll und vermeidet jeden Streit.

Das Wohnviertel gefällt dem Auge, aber es wohnt sich dort auch behaglich. In Mehrfamilienhäusern (aber keinen Mietskasernen) hat jeder Raum für sich und dennoch die Möglichkeit für Austausch mit den anderen. Sicherheit und Harmonie werden also vor allem über soziale Kontakte hergestellt.

Alle wollen harmonisch miteinander umgehen, aber sie haben auch eigene Ideen und Ziele, die lange in ihnen keimen. So gibt es das Problem in dieser Stadt, dass viel Rücksichtnahme herrscht, aber die eigenen Wünsche oft nicht so fokussiert angegangen werden. Dies ist so, weil man den sozialen Ausschluss fürchtet, wenn man egoistisch eigene Projekte verfolgt.

Du brauchst sicherlich Menschen um dich herum, damit du deine Gefühle wahrnehmen kannst. Du bist auch einfach nicht gerne alleine. Doch daraus entstehen Konflikte, denn du hast auch eigene Vorstellungen vom Leben, die nicht alle teilen. Du brauchst also das richtige Maß an Anpassungsbereitschaft und Eigenmotivation, damit du zufrieden bist. Die eigenen Wünsche müssen irgendwann verwirklicht werden, auch wenn es nicht jedem passt.

▶ Zu Hause sein ist für dich Harmonie.

Das 4. Haus beginnt im Skorpion

In diesem Wohnviertel sind die Jalousien meistens heruntergelassen, man lässt sich nicht gerne ins Wohnzimmer schauen. Die Bewohner sind sehr skeptisch Fremden gegenüber und haben einen dementsprechend prüfenden Blick. Man ist am liebsten nur unter sich, das heißt mit engsten Freunden oder der Familie zusammen. Soziale Kontakte sind eher anstrengend und müssen länger vorbereitet werden, wenn sie unvermeidlich sind (Geburtstage etc.). An den Fassaden der Einfamilienhäuser lässt sich wenig ablesen, sie können atemberaubend anziehend wirken, fast wie ein Märchenschloss, oder auch erschreckend gruselig, wie ein altes Hexenhaus.

Ein und dieselbe Fassade kann beide Wirkungen entfalten, das hängt vom Sonnenlicht, vom Wetter, vom Gemüt ab.

Die Türen sind eisenbeschlagen und mit vielen Schlössern und

Spionen versehen. Sicher ist sicher. In dieser Stadt steht die Sicherheit an oberster Stelle. Man ist besser immer auf der Hut und traut anderen die schlimmsten Intrigen zu. Da ist es besser, auf alles vorbereitet zu sein. So kennen sich die Stadtbewohner hier meistens sehr gut aus mit anderen Menschen, die sie lange studieren.

Gleichzeitig sind die Bewohner von hohen Zielen und Idealen getrieben; den höchsten Maßstab setzen sie an sich selbst an.

Sie haben die Fähigkeit, ihre Konzentration massiv zu bündeln und sehr schwere, langfristige Aufgaben mit viel Ausdauer zu erfüllen. In dieser Stadt denkt man insgeheim, dass man nur akzeptiert und geliebt wird, wenn man Spitzenleistungen vollbringt.

Du kennst wahrscheinlich diese sehr vorsichtige, ängstliche Seite in Dir, aber auch den hohen Erwartungsdruck an dich selbst, das Beste an Leistung zu erbringen. Das macht dich mitunter ein wenig unentspannt.

Versuche also – gemäß der Skorpion-Stier-Achse – dich mehr mit dem sinnlichen Leben zu verbinden und auch mal die Faulheit und Gemütlichkeit zu feiern.

Du kannst dann auch erfahren wie es ist, geliebt zu werden, wenn man einfach nur so ist, wie man ist, ohne etwas dafür leisten zu müssen.

▶ Zu Hause sein ist für dich tiefe emotionale Verbundenheit.

Das 4. Haus beginnt im Schützen

In dieser Stadt ist der Wohnbereich ein wahres Camp – viele verschiedene Ethnien, Altersgruppen und Gendertypen leben hier sporadisch oder für länger in den unterschiedlichsten Wohnbauten. Zelte, Baumhäuser, Wohnwagen, Häuser, Garagen, Jurten und was es sonst noch so gibt. Wichtig ist, dass hier allen Toleranz und Offenheit in ihren jeweiligen Lebensweisen entgegengebracht wird. Es gibt keine Forderung nach Gleichheit, sondern nach Integration des Verschiedenen. Wichtig für den sozialen Zusammenhalt sind regelmäßige spirituelle Feiern und Jahresfeste, die allen Religionen huldigen, niemanden ausschließen. Dieses Wohnviertel ist geprägt von einem vibrierenden Enthusiasmus, von dem Gefühl, dass gleich was ganz Großes startet, dass die Erkenntnis (über was auch immer) ganz nah ist, dass hier etwas wirklich Besonderes passiert.

Meistens passiert dann aber doch nicht so viel, die Bewohner schludern mit den Feiern herum und glänzen mit Abwesenheit, weil doch eben jeder mit sich selbst beschäftigt ist. Das erzeugt dann wieder ein Gefühl der Enttäuschung. Vieles wird hier angestrebt und ganz groß erträumt, aber es sind zu viele einzelne Stränge, die man in ihrer Diversität nicht richtig verfolgen kann. So können Ideen und Ideale auch im Sande verlaufen.

Das Gefühl der Sicherheit und des Zu-Hause-Seins wird in diesem Wohnviertel erzeugt, indem man nach den tiefen und spirituellen Antworten des Lebens sucht. Weisheit und Gläubigkeit sind hier die Werte, auf die es ankommt.

Kennst du das auch, die hohen Erwartungen an dein Leben und die Welt und dann die Enttäuschung danach? du hast so ein großes und optimistisches Herz, das ist wunderbar. Du kannst andere Menschen begeistern, mitreißen mit deiner emotionalen, spirituellen Art. Aber schau auch, dass du dich nicht verzettelst und auch aus deinem hohen Baumhaus auf die Wiese der Realität und einzelnen Informationen zurückkommst (entsprechend dem Zwillinge-Prinzip). Nur Gedankengebäude allein reichen nicht aus, wenn es an den konkreten Informationen fehlt, die es füllt. Und vergiss nicht: deine Weisheiten sind nicht die der anderen. Missionieren geht den anderen schnell auf den Geist. Versuche also den Gral des Lebens für dich alleine zu finden.

▶ Zu Hause sein ist für dich Toleranz.

Das 4. Haus beginnt im Steinbock

Die Häuser in dieser Wohnsiedlung sind für die Ewigkeit gebaut. Stein auf Stein, allen Stürmen des Lebens gegenüber gerüstet. Man baut hier auf die Erfahrung der Ahnen, der Familien und muss das Rad nicht neu erfinden. So gibt es ein paar Einfamilienhäuser, aber auch große Höfe, damit die Großfamilie Platz hat. Niemand steht hier im Mittelpunkt und jeder kennt seine Aufgaben innerhalb der Familie. Die Bewohner hier sind genügsam, sehr fleißig und können unter den kargsten Bedingungen gut klarkommen.

Dabei ist hier klar, dass man Großes und Dauerhaftes in die Welt setzen will, das aber auch von Vernunft und Effizienz geprägt ist. Es geht hier nicht darum, dem eigenen Ego ein Denkmal für die Ewigkeit zu setzen, sondern Dinge und Werte zu erschaffen, die die Zeit überdauern und wovon noch viele Nachkommen dieser Familien etwas haben. Sicherheit und das Zuhausegefühl werden also über das Arbeiten an langfristigen Projekten und Werten generiert. Dafür beißt man die Zähne zusammen und nimmt sein eigenes Wohlbefinden zurück. Genau hier aber liegt das Problem: Wer sich ständig selbst übersieht, da es Wichtigeres gibt, der wird mit der Zeit starr und unbeweglich, kann in den Wechselfällen des Lebens nicht vital mithalten. Man lebt hier nach der Uhr und fühlt sich häufig von äußeren Zwängen eingeschränkt, hat das Gefühl, zu wenig Zeit zu haben.

Dein Streben ist lobenswert und es lohnt sich, vor allem für nachkommende Menschen, da liegt viel Wertigkeit für dich drin. Aber schau doch auch mal, wie es dir geht, ob du dir selbst genug Aufmerksamkeit schenkst, was deine Gefühle dir zuflüstern. Denn du bist nicht nur ein Arbeitstier, sondern auch ein lebendiges und neugieriges Wesen, das an den Erfahrungen des Lebens weiterwachsen kann. Mach dich also wieder weicher, dann fühlt sich der knochenharte Alltag viel beschwingter an und du kannst Energie und Lebensmut auffüllen.

▶ Zu Hause sein sind für dich Regeln und Tradition.

Das 4. Haus beginnt im Wassermann

Wenn das 4. Haus im Wassermann beginnt, so sind die Bewohner wohl häufig nicht anwesend in ihrem Wohnviertel; sie lassen sich nämlich nicht gerne auf einen Ort festlegen, zu schnell fühlen sie sich eingeengt. Die Bewohner sind alles Unikate, keiner gleicht dem anderen. Das erzeugt auch einen Diversitätsdruck und macht unruhig. Solange man sich hier nicht vergleicht, läuft es ganz gut.

Die Wohnungen bezieht man zur Miete, man weiß ja nie, wo es einen sonst noch hinzieht, und Verbindlichkeiten jeder Art sollen vermieden werden.

Es gibt Mietskasernen, einfache Häuser, aber auch sehr extravagante Wohnungen hier, je nach dem aktuellen Befinden.

Ein wichtiges Kriterium ist es, anders zu sein als die Umgebung. Wenn alle Ökos sind, dann entscheidet man sich für einen Jetset-Lebensstil, wenn alle Singles sind, wünscht man sich eine Großfamilie.

Individualität wird häufig über eine Gegenteilhaltung erzeugt, was aber wenig mit eigenen Vorstellungen zu tun hat.

So unabhängig, wie die Bewohner dieser Stadt wirken, sind sie nämlich gar nicht. Sie sehnen sich nach Anerkennung und Bewunderung (= Löwe MC) und das bindet wiederum an die Gemeinschaft.

Die richtige Mischung aus Individualismus und Gemeinschaft zu finden ist daher eine wichtige Aufgabe.

Ein wohliges Zuhause-Gefühl und die nötige Sicherheit empfinden Menschen mit Wassermann im 4. Haus, wenn sie sich immer wieder frei entscheiden können, wie und wo sie leben, wenn sie ihre Freiheiten garantiert bekommen.

Du bist sehr eigen und darauf bedacht, das auch zu zeigen, also deine Unterschiedlichkeit zu anderen zu betonen. Gleichzeitig brauchst du aber das Gefühl, in der Gemeinschaft eine wichtige Rolle zu spielen.

Investiere in die Größe deines Herzens, sei großzügig zu anderen und sehe deine Rolle und deine Verantwortung in der

Gemeinschaft, dann spürst du auch deren Wärme und Nähe (= MC Löwe).

▶ Zu Hause sein ist für dich Freiheit.

Das 4. Haus beginnt in den Fischen

Hier kommt Festivalcharakter auf – von einem Wohnviertel im klassischen Sinn kann hier gar nicht die Rede sein. Bevölkert von Künstlern, Freaks, Träumern und Poeten, sind hier feinstoffliche Schwingungen im Raum, die sich ungern in feste, stabile Materie umwandeln lassen.

Zelte, Jurten, Schlafsäcke, Heubetten sind hier eine gute Alternative. Das Wohnen ist an sich nicht so bedeutsam, man möchte viel mehr mit allen anderen Bewohnern hier verbunden sein, der Sehnsucht nach Nähe nachgeben, sich mit Mensch, Kosmos und Natur verbinden.

So betet, meditiert und dichtet man hier viel, man singt zusammen spirituelle Lieder, Chants, instrumentalisiert auf Hangs, Glocken, Harfen oder selbst gebauten Instrumenten. Alles hier ist Schall und Duft von Kräutern, die man hier allerorten verräuchert.

Klar, es hängen auch immer mal ein paar Menschen rum, die nicht so ganz von dieser Welt sind, die zu tief in ihr Glas gesehen haben oder ganz andere Drogen intus haben. Das ist hier eben so und daran stört sich auch keiner.

Die Zeit steht hier still, Raum ist auch nur eine Zuschreibung von außen und jeder lebt und meditiert hier vor sich hin. Im Herzen aber sind sie alle sehr verbunden.

Sicherheit und Zuhause-Sein wird hier über das Verschwimmen der Grenzen zu den anderen Bewohnern erlebt. Körpergrenzen sollen überwunden werden, sicher ist, wer eine gute Anbindung nach oben hat, wer in Kontakt mit seinen Schutzengeln ist.

Da gibt es einen Anteil in Dir, der einfach nur träumen und schwelgen will, ein Quell der Kreativität und Liebe. Du kannst in der Zeit versinken und unendlich tief in dich selbst eintauchen, besser: in ein kosmisches Über-Selbst.

Was dir vielleicht schwerfällt, ist, im Alltag klarzukommen, dich gegen das ständig einbrechende Chaos zu wehren, Ordnung zu schaffen. Da ist so viel Verwirrung und Unklarheit, das dir den Blick vernebelt. Mit den richtigen Mitteln der Ordnung kannst du aber eine gute äußere Struktur erschaffen, die dich trägt und dir die Möglichkeit gibt, ab und zu ganz in deiner Traumwelt zu versinken.

▶ Zu Hause sein ist für dich eine geträumte Verbundenheit.

5. Haus – das Vergnügungsviertel

In jeder guten Stadt gibt es Orte, an denen man sich vergnügen kann, wo die Zeit stillsteht, wo Kunst und Kultur zum Verweilen auffordern, wo Partys, Vernissagen, Straßenfeste und Festivals die Einwohner zum zwanglosen Beisammensein einladen.

Das 5. Haus im Horoskop steht für das Löwe-Prinzip: für Feiern, gute Laune, Pracht, Liebe, Kinder und Kreativität. In der Astrostadt wird das 5. Haus zum Vergnügungsviertel. Es ist der Ort, wo man zeigt, was man kann, was die Begabungen sind: Auf einer großen Bühne werden die Talente der Öffentlichkeit dargeboten, auf die man stolz ist. Im Vergnügungsviertel der Stadt ist für alles gesorgt: Es gibt haufenweise Spielplätze, Bühnen, Theater, Kinos, Ausstellungen, Lokale, Bars, Partyräume, Discos und Clubs.

Je nach Verwaltung der Stadt und nach Ausrichtung dieses Viertels sind sie unterschiedlich angelegt in den Horoskopstädten.

Wie ist dein Vergnügungsviertel gebaut? Ist es ein Ort, an dem du einfach Spaß haben kannst, wo Flirts und Spiele Platz haben, wo es eben nicht um den Ernst des Lebens geht, sondern um die Feier des Lebens selbst?

Kannst du dort auftanken? Oder beschränkst du dich selbst? Anhand des Tierkreiszeichens an der Häuserspitze des 5. Hauses kann man erkennen, wie es um das leichte Leben und die pure Lebensfreude in der Astrostadt bestellt ist.

Das 5. Haus beginnt im Widder

Hier geht richtig was – in dieser Stadt steht das Vergnügen ganz oben auf der Tagesordnung, vor allem das sportliche. Es gibt hier einige Wettkampfarenen, Bühnen, Sportgeräte und Kletterwände.

Man misst sich gerne im Wettkampf mit anderen, hat eine angeborene Siegeslust und ist sehr ehrgeizig.

Talente und Können werden gerne und offenherzig zur Schau gestellt. Dabei geht es nicht darum anzugeben, sondern einfach nur um die Lust, zu zeigen, was man hat.

Ja, es könnte darum gehen, das Revier zu markieren. Wer mehr kann, der ist auch mehr in dieser Stadt. Bescheidenheit ist hier fehl am Platz, denn man stürzt sich von einem Wettkampf in den anderen, von einem Vergnügen ins nächste, rast auf der Achterbahn die steilsten Strecken abwärts, flirtet »bis der Arzt kommt« und geht nachts dann noch ab auf die Piste: feiern, flirten, fliegen. Hier wird gefeiert ohne Ende.

> Du liebst es vermutlich wild und laut zu sein, richtig auf den Putz zu hauen, um deine Lebensfreude zu zeigen. Vielleicht ist dir auch etwas Kindliches zu eigen, denn du schaust dich nicht viel um, sondern lebst deine Freude einfach aus. Ohne Rücksicht auf Verluste.
>
> Das kommt selbstverständlich nicht immer gut an. Sollte es dir auch um die Anerkennung durch andere gehen, musst du also ein wenig mehr Sensibilität an den Tag legen und dich umsehen, was die anderen so machen. Sonst wirst du ein Solitär und tanzt vielleicht allein auf deinen superkrassen Action-Events.
>
> ▶ Vergnügen bedeutet für dich Abenteuer und Action.

Das 5. Haus beginnt im Stier

In dieser Stadt bedeutet das Feiern die Wertschätzung der Natur. So stehen im Vergnügungsviertel viele Bäume, es sind wunderschöne Blumenbeete angelegt und überall laden Restaurants mit schön geschmückten Tischen zum Verweilen ein.

Hier geht man die Lust zu Leben mit viel Ruhe an, viel Sinnlichkeit und Genuss. Nach einem ausführlichen Fünfgängemenü, gerne mit regionalen Speisen, gibt man sich dem kulturellen Genuss hin – nicht selten Musik von Bands, die gleich direkt ins Restaurant kommen – da hat man nicht so lange Wege. Und es ist gemütlicher.

Flirten läuft am besten über gemeinschaftliche volkstümliche Polonäsen und Schunkeln. Das Oktoberfest wäre ein passender Ort für dieses Stier-Vergnügungsviertel. Lange Bierbänke, viel Bier, gemütliches Beisammensein, angenehm volksnahe Musik.

Mit einem 5. Haus im Stier gehörst du vermutlich zur gemütlichen Sorte Mensch. Du brauchst Ruhe, um deinen Akku aufzuladen. Deine Lebensenergie speist du am besten mit sinnlichem Genuss, Naturnähe und dem Zusammensein mit anderen.

Auf schnelle laute Partys hast du weniger Lust, auch nicht auf Tinder und Co. Lieber gehst du die vertrauten Wege des Amüsements, die auch schon deine Eltern kannten. Vielleicht wirkt dein kultureller Geschmack daher etwas reaktionär oder anachronistisch, das sollte dich aber nicht stören. Auch alte Dinge werden in Zukunft wieder vollkommen modern sein. Und Abwarten ist ja deine Stärke.

▶Vergnügen sind für dich gemütliche Mahlzeiten.

Das 5. Haus beginnt in den Zwillingen

Viele Bühnen, offene Cafés, Bars und Straßenmusik machen das Viertel lebendig, laut und schnell.

Hier geht so einiges im Vergnügungsviertel: Lesungen, Buchvorstellungen, Kurse. Genossen und geliebt wird hier die hohe Kunst des Wissens, daher stellt man sich auf der großen Bühne vor allem mit seinen intellektuellen Künsten dar: ein Buch, ein Gedicht, eine Vorlesung. Mit Schlauheit und Rhetorik kann man in dieser Stadt punkten.

Auf Partys liebt man dementsprechend auch die Gespräche über etwas aktuell Wichtiges, man liebt das Debattieren (einfach um des Spaßes Willen, nicht, weil man recht haben will) und den Wissenstransfer auf allen Gebieten.

Ein Flirt beinhaltet daher immer auch Fachwissen zu einem beliebigen Spezialthema. Kindern wird nicht die Rutschbahn oder die Schaukel angeboten, sondern eine Weiterbildungsmaßnahme, ein neues Musikinstrument zum Lernen oder eben ein Debattierclub.

Wenn du dein 5. Haus in den Zwillingen hast, dann brillierst du gerne über dein Wissen, du stellst zur Schau, was du alles schon weißt und wen du alles so kennst. So wie die 5.-Haus-Widder sich gerne sportlich duellieren, so tust du es mit Worten und Wissen. Es macht dir vermutlich viel Spaß, gegen andere ein Wissensquiz zu spielen. Gewinnen ist dabei Nebensache. Vergnügen ist das Hin und Her von Wissen und das schnelle Knüpfen von neuen Kontakten.

►Vergnügen bedeutet für Dich, informiert zu sein.

Das 5. Haus beginnt im Krebs

Vergnügen ist in dieser Stadt wahrscheinlich ein großes, gemütliches Gruppenkuscheln. Daher gibt es überall Sofas auf den Plätzen, Parkbänke, Rosenhecken und lauschige Parkwiesen für frisch verliebte Paare.

Man nimmt sich hier Zeit, um sich im Herzen zu begegnen. Die Bühne wird dazu genutzt, um die Bande mit der Familie und den engsten Freunden zu präsentieren, vielleicht in einem gemeinsam gesungenen Lied. Ausgestellt sind überall Bilder und Fotos, die von der Liebe zeugen. Man erfreut sich hier einfach am gemeinsamen

Ursprung, an einer gemeinsamen Vergangenheit. Kreativität wird mit Liebe verknüpft und man feiert gerne mit nahen Menschen Feste, welche die Familienbande stärken.

Aber Kreativität, Musik und Kunst werden in dieser Stadt besonders stark hoch gehalten: Um tief in sich eintauchen zu können braucht es also auch Räume der Ruhe, der Einkehr. Die kreativen Einfälle werden dann wiederum in dem Vergnügungsviertel ausgestellt, um auch andere daran teilhaben zu lassen.

Mit einem 5. Haus im Krebs liebst du die Liebe um ihrer selbst willen, vielleicht bist du auch immer tief in jemanden verliebt, brauchst das Gefühl dieser unabdingbaren Nähe und Verbundenheit.

Deine wahre Stärke liegt in deiner Fähigkeit, dich sehr tief mit anderen Menschen und Dingen zu verbinden, du empfindest die Welt sehr intensiv. Das ist auch der Quell deiner Kreativität. Wenn dir das Leben also manchmal zu wenig Nähe bietet, dann versuche dich mehr im Gebiet der Kunst, der Musik, des Schreibens zu entfalten, es wird dir wahrscheinlich guttun.

▶ Vergnügen bedeutet für dich Kuscheln mit Freunden.

Das 5. Haus beginnt im Löwen

O là là, hier steigt die Party mit allem, was man dazu braucht: Musik, lustige Leute, große Tanzflächen, dazu Wein und Wodka und Chips und einen Haufen Singles. Hier bleibt kein Wässerchen trübe, hier wird gefeiert bis zum Morgen.

Der Löwe weiß besonders gut, wie man so deftig feiert, dass es in die Memoiren eingeht. Daher gibt es hier überall Möglichkeiten für Partys, aber auch Flipperhallen, Pferdewetten, riesige Vergnügungsparks und Festivals auf den Straßen.

Da wird gelacht, getanzt, geflirtet und zwischendrin springen und hopsen die Kinder vor Vergnügen. Kurz: Es ist die reinste Lebensfeier, die hier zu sehen ist.

Du weißt, wie man zu feiern hat, wie man den schnöden Alltag ausschließen und vergessen kann. Und du weißt auch, wie du andere mit deinem Charme und deiner Brillanz um den Finger wickeln kannst.

Solange du andere an deiner Lebenslust und Feierlaune teilhaben lassen kannst, läuft der Laden super. Aber du brauchst sie eben, die anderen Leute, denn alleine feiern macht keinen Spaß. Daher pass auf, dass du nicht zu viel angibst, denn mit Angebern umgibt man sich nicht gerne.

▶ Vergnügen bedeutet für dich, Partys ohne Ende zu feiern.

Das 5. Haus beginnt in der Jungfrau

Vergnügen ist in dieser Stadt eine sehr unauffällige Art und Weise, sich Gutes zu tun. Vielleicht sitzen hier viele Menschen in kleinen Cafés und lesen. Auch freut man sich auf die abendliche Darstellung eines klassischen Theaterstückes von der örtlichen Theatergruppe.

Die große Bühne auf dem Platz bleibt meistens leer, hier gibt es nur hin und wieder Gesetzesvertreter, die die neuesten Änderungen durchgeben. Ansonsten ist dieses Vergnügungsviertel vor allem eines: ruhig, unscheinbar.

Vielleicht gibt es einen Streichelzoo, mindestens aber gehen viele Menschen mit ihren Haustieren spazieren, denn das ist höchste Freude für sie.

Man genießt hier das stille kleine Glück der Alltagsfreuden: puzzeln, malen, lesen, Kreuzworträtsel lösen, gesunde Snacks naschen.

Wenn dein 5. Haus in der Jungfrau beginnt, dann bist du wahrscheinlich kein »Partyanimal«, eher genau das Gegenteil. Du liebst es, wenn es ruhig zugeht, wenn die Menschen um dich herum gute Benimmregeln kennen, wenn es zu gepflegten Unterhaltungen kommt.

Lass dich von anderen nicht zu wilden Partys überreden, wenn du es einfach nicht magst. Das kleine Glück, die leisen Feiern, das sind deine Stärken, da fühlst du dich wohl.

▶ Vergnügen bedeutet für Dich, dass alles perfekt organisiert ist.

Das 5. Haus beginnt in der Waage

Das Vergnügungsviertel dieser Stadt widmet sich vor allem den kulturellen Lüsten: Ausstellungen, Kinos, Cafés und Bars, Clubs, Theater, Mode-Boutiquen, aber auch Museen und Konzerthäuser. Vielleicht wie ein kleines Wien, mit gediegener, feiner Kunst.

Überall stehen nette Holzbänke, Blumenbeete sind sehr ordentlich und schön arrangiert, alles wirkt hier gepflegt und sehr einladend.

Die Menschen hier unterhalten sich alle, niemand ist allein unterwegs. Dabei werden beim Flirten alle Register gezogen und Charme versprüht. »Es lebe die Kunst, vive l'art!« Wird hier überall gerufen.

Man weiß hier, was zum kulturellen Kanon gehört, und gibt viel dafür, in den meist besprochenen und wichtigsten Theaterstücken, Konzerten und Ausstellungen gewesen zu sein. Daher haben einige von den Menschen hier sicherlich Abos für die verschiedenen Kulturstätten.

Auf der großen Bühne wird gezeigt, was man kann: Klassische Gedichte, aber auch moderne Lyrik finden hier neben Musik von Bands und Singer- Songwritern Gehör.

Kunst, Kreativität, Musik, das alles ist dir sehr wichtig, hier spürst du sehr stark deine Begabungen. Zeige, was du kannst, teile deine Kunst mit anderen, denn die Interaktion mit anderen Menschen ist dir wesentlich. Versuche nur nicht zu sehr anzugeben und halte deine Eitelkeit in Grenzen.

Du hast eine natürliche Begabung, das Leben auf leichte Art zu genießen – sei dir dessen bewusst und gebe das Licht in deinem Herzen mit Liebe auch an andere ab.

Es kann vorkommen, dass dein Kunst- und Kulturgeschmack sich zuweilen sehr am Mainstream orientiert oder andere ihn oberflächlich finden.

Das mag daran liegen, dass du dich sehr gerne am Geschmack der Zeit orientierst und mit deinem kulturellen Genuss auch nicht anecken willst. Deinen eigenen Stil zu finden, kann daher sehr wichtig für deine Identität sein.

▶ Vergnügen bedeutet für dich Kulturgenuss.

Das 5. Haus beginnt im Skorpion

Vergnügen ist nicht unbedingt das, was man in dieser Stadt im Vergnügungsviertel bekommt. Ganz im Gegenteil: Hier gibt man alles, um der oder die Beste im Bereich Kunst, Kultur, Kindererziehung und Liebe zu sein. Man sieht das Feiern als eine ernst zu nehmende Aufgabe, Leichtigkeit liegt einem hier fern.

Und so sieht es in diesem Viertel auch eher ernst aus: Museen, große seriöse Kunsthandlungen, Kunstbüros zum Handeln, Ausstellungswettbewerbe, Kunst-Unis. Man spürt den Leistungsdruck und überall wird versiert eingeübt, der Stil verbessert, gekämpft mit allen Mitteln. Mit guter Kunst lässt sich eine Stange Geld machen, das weiß man hier.

Und auch die Liebe wird nicht leicht genommen – sie sollte entweder sexuell sehr intensiv oder gleich die große Liebe des Lebens sein.

Mit der gleichen Intensität widmet man sich den Kindern: Sie werden mit allen gebotenen Mitteln zu perfekten Individuen erzogen. Nichts unterliegt hier dem Zufall, eher steckt harte, ausdauernde Arbeit dahinter.

Das hier ist eigentlich der Ort in deiner Astrostadt, wo du kindlich genießen kannst, was du bist und kannst. Und genau das fällt dir schwer. Du bist kein oberflächlicher Mensch und du kannst daher auch Kunst, Kultur, Liebe nicht konsumieren und austauschen, wie es andere tun. Bei dir haben die Entscheidungen Gewicht und jahrelange Konsequenzen.

Damit du mit deinen hohen Ansprüchen an dich selbst nicht frustriert wirst, brauchst du das Vertrauen in höhere Mächte.

Dinge, die du nicht selbst beeinflussen kannst, sind Teil der kosmischen Ordnung. Die Kraft der Liebe könnte dir dabei helfen, selbst kreativ zu arbeiten, dann kannst du spielerisch lernen, mehr loszulassen und zu entspannen.

▶ Vergnügen bedeutet für Dich, Höchstleistung zu erbringen.

Das 5. Haus beginnt im Schützen

In dieser Stadt weiß man, wie man das Leben in vollen Zügen genießen und feiern kann – hier liebt man Festivals, Straßenfeste, Jahrmärkte und Musikparaden aller Art.

Die Menschen hier integrieren sämtliche Musikstile, Tanzrichtungen und Musikinstrumente zu einem kulturell holistischen Weltmusikfest.

Die Klänge der Neuen Welt wehen durch die Gassen: Glockenspiele, selbst gebaute Windinstrumente Hangs und Schamanentrommeln.

Muezzin intonieren von hohen Türmen das stündliche Gebet, aber auch Kirchenglocken läuten dazu.

Die Menschen sind feierfreudig und wollen auch flirtend viele Eroberungen machen. Kunst und Kultur werden hier grundsätzlich zur Erweiterung des Ichs genutzt, zur Hilfe auf der Suche nach dem persönlichen Gral, nach dem Sinn des Lebens oder einfach der Weltenformel. Daher sind die Ausstellungen, Filme, Musik und Bühnendarbietungen hier von einer hohen philosophischen Untermauerung.

Du weißt, wie man feiert und du liebst das Leben. Was soll dem schon hinzuzufügen sein? Vielleicht am ehesten noch, dass du die anderen nicht vergisst, wenn du mal wieder auf der Opium-

Wolke-sieben die herrliche Existenz allen Lebens feierst. Und ja, manchmal ist das Leben vielleicht zu sehr ein Spiel für dich und du vergisst deine Verpflichtungen. Aber dir steht dafür auch das Glück zur Seite, um dir immer wieder aus der Patsche zu helfen.

Kunst inspiriert dich wahrscheinlich sehr, überall findest du Andeutungen und Verlinkungen zu anderen bedeutsamen Dingen im Leben.

Stimmig verbinden sich in dir die Kreativität, Kultur und Philosophie.

▶ Vergnügen bedeutet für Dich, Weltmusikfestivals zu besuchen.

Das 5. Haus beginnt im Steinbock

Feiern? Party? Ja, da geht mal woanders suchen. In dieser Stadt steht das Vergnügungsviertel fast leer. Es gibt eine große Bühne, die aber vor allem für politische Kundgebungen genutzt wird. Der Platz selbst ist sauber, groß und aus gleichmäßigen Steinfliesen. Es gibt ein Museum für die Antike bis zur Gegenwart, ein Theater und ein Kino.

Alte Eichen säumen den Platz, ein paar Bänke geben den Älteren die Möglichkeit, auszuruhen.

Die Menschen hier sind seltsam ernst. Sie gehen zwar ins Kino, dort schauen sie aber politisch relevante Dokus und Reportagen.

Ausstellungen zeigen traditionelle Fotografien, im Theater trägt man stundenlang Faust vor und auf Partys unterhält man sich im getragenen Ton über die Verpflichtungen und Rechte der Bürger im Staat.

Insgesamt sind die Menschen hier recht steif und ernst, auch die Kinder laufen hier schon in Kleidung von Erwachsenen herum und machen nicht viel Lärm.

Ja, das Leben einfach so zu genießen und gar noch zu feiern, das fällt dir sicherlich nicht so leicht. Du bist sehr konkret und praxisnah mit alldem, was du kannst. Deine Begabungen und Talente im kreativen Bereich richten sich wahrscheinlich stark auf ihre Nützlichkeit und Nachhaltigkeit. Spontanen Eingebungen und Trends folgst du eher nicht so gerne.

Vielleicht hat man dich schon Spaßbremse genannt, und das ist gemein. Es muss eben auch solche Menschen geben, die im Gewusel des Feierns den Überblick behalten, auf andere aufpassen und sich an ihre Verpflichtungen erinnern.

▶ Vergnügen bedeutet für Dich, ins Museum zu gehen.

Das 5. Haus beginnt im Wassermann

Dieses Viertel weist einige gute Clubs, Szenerestaurants und Bars auf, die zum nächtlichen Ausschwärmen einladen. An den Straßenecken spielen versierte Jazzmusiker, es finden auch kleine spontane Jamsessions statt.

Die Party steigt aber erst nach Mitternacht, denn diese hochgradig individualistischen Menschen hier haben vorher noch dies und jenes zu tun und erscheinen einfach nie eher.

Man will sich bewusst seine Zeit frei halten und sich auf keinen Fall für irgendetwas verpflichten, und sei es eine Party.

Beim Flirten ist es ähnlich: Es wird geneckt und geschmeichelt, geredet, gelacht. Aber so richtig dingfest wird es nicht. Sobald es ernst wird, könnte der Flirtpartner wieder abdrehen.

Dafür aber haben wir es in dieser Stadt mit einer ausnehmend futuristischen und modernen Kulturszene zu tun. Da hier jeder so möglichst frei sein Ding macht, gleicht hier kein Bild, kein Foto, keine Installation der anderen.

Vielmehr dient die Kunst hier dazu, sich mit dem Thema der Andersartigkeit auseinanderzusetzen, denn viele fühlen sich hier fremd, wie von einem anderen Stern. Freigeister, Provokateure, Clowns – das Vergnügungsviertel dieser Stadt gleicht einem Zirkus, einer Zusammenballung von Menschen mit unterschiedlichsten Seinsarten.

Partys und Kunst sehen hier aus, wie Szenen aus dem Raumschiff Enterprise, und die Liebespartner sind flüchtig und auswechselbar.

Mit dem Wassermann im 5. Haus hast du etwas sehr Unverbindliches. Du willst laut herausschreien, wie frei, wie einzigartig du bist. Allein schon den Akt der kompromisslosen Existenz nennst du Kunst. Warum auch nicht? Das Leben selbst ist ein schöpferischer Akt. Du bist innovativ und nicht käuflich.

Es kann nur sein, dass deine fordernde Unabhängigkeit dich irgendwann allein dastehen lässt, da andere Menschen Verbindlichkeit sehr schätzen.

Du brauchst also eine vernünftige Balance zwischen deinem exzentrischen Selbstausdruck und dem Mitspielen zu den allgemein bekannten Regeln.

▶ Vergnügen bedeutet für Dich, das ganz besondere Event zu erleben.

Das 5. Haus beginnt in den Fischen

Es gibt eine große Bühne, auf der unablässig geschauspielert wird, Tag und Nacht. Und es gibt unzählige Nebenbühnen, wo zeitgleich diverse Theaterstücke, Harfenmusik und Pantomime aufgeführt werden. Hier beginnt eine Zone von gar überirdischer Kunst. Vor allem Musik und Tanz gibt es hier an allen Ecken. Die Künstler und Künstlerinnen selbst wirken in sich versunken zu sein, als würden sie die Show gar nicht wirklich darbieten, sondern nur für sich selbst gestalten. Sie scheinen träumend, abwesend, vielleicht auch berauscht zu sein.

Gerüche und Farben spielen hier auch eine große Rolle, man wandert als Zuschauer durch Nebel aus buntem Rauch, Traumfänger hängen in den Ästen, daneben Windspiele. Alles sieht sehr filigran und liebevoll handgemacht aus; an den Kunststücken und Musikszenen wurde vermutlich lange gearbeitet. Oder geträumt. Das kann man nicht so direkt sagen.

Viele hier scheinen Personen nachzuahmen, zu schauspielern. Es ist nie ganz klar, wer hier echt ist und wer jemanden mimt.

Du hast vermutlich eine große Gabe zur Kreativität: du bist vielleicht feinfühlig und kannst Dinge aus der Anderswelt in das Hier und Jetzt übersetzen.

Gleichzeitig fehlt dir der Bezug zum Hier und Jetzt und du bist oft etwas desorientiert. Daher passiert es dir womöglich oft, dass du andere Menschen in ihrer Lebensführung nachahmst, dass du dich voll und ganz verliebst und alles für den anderen tun möchtest (nur um den eigenen Entscheidungen zu entfliehen).

Mache dir dein starkes Sehnen nach dem anderen Menschen bewusst und versuche dich da ein wenig zu zügeln und dein Leben selbst in die Hand zu nehmen. Die Kunst, die Musik, der Tanz als Ausdruck deiner manchmal entrückten Gefühle sind ein guter Katalysator.

▶Vergnügen bedeutet für Dich, dich weg zu träumen.

6. Haus – das Gesundheitszentrum

In unserer Astrostadt dürfen auch zentrale Orte der Regeneration und Gesundheitspflege nicht fehlen. In jeder größeren Stadt gibt es ein Krankenhaus und ÄrztInnen. Gesundheit, Hygiene und Arbeitsroutinen sind Themen des 6. Hauses im Horoskop. In der Astrostadt bezeichne ich diesen Ort als das Gesundheitszentrum.

Hier gibt es alle möglichen Praxen für Physiotherapie, Ergotherapie, Logopädie, HNO und Allgemeinmedizin, Kinderärzte, aber auch Ernährungsberatung und Coaches für die optimale Alltagsplanung. In diesem Viertel wird vor allem eines getan: gepflegt, gedient, gearbeitet.

Niemand hält sich hier versehentlich auf, sondern man geht seinen täglichen Aufgaben nach. Sei es auf der Arbeit, oder zu Hause bei der Haushaltsführung.

Die Stimmung in diesem Bezirk ist auf das Wesentliche, Nützliche und Gesunde komprimiert – man spürt, dass es hier nicht um Zerstreuung geht, sondern um Fokus, Perfektion, Arbeit und Dienst im Sinne aller.

Wie ist dein 6. Haus aufgebaut? In welchem Tierkreiszeichen beginnt es? Gibt es Planeten in diesem Bereich?

Über das 6. Haus lernen wir uns in unseren täglichen Routinen und Abläufen kennen, wir lernen, welche Strukturen wir immer wieder unbewusst aufbauen, damit wir uns im Alltag und beim Arbeiten wohl fühlen.

Hier zeigt sich, wie gepflegt wir sind, wie sorgsam wir mit unserem Körper, unserer Gesundheit umgehen und welche Haltung wir Arbeit gegenüber haben.

Das 6. Haus beginnt im Widder

In dieser Stadt spielt Gesundheit nur eine marginale Rolle, denn man ist selbstverständlich grundsätzlich fit, gesund und zollt dem Körper nicht unnötig Aufmerksamkeit. Wenn, dann nur, um mit ihm die sportlichsten Erfolge zu erringen.

Das Gesundheitszentrum bietet daher eine Sportärztin, eine Fitnessberatung mit Personaltrainer, viele Fitnessgeräte und eine Ernährungsberatung für Extremsportler.

Gesundheit? War nie mein Thema, möchte man mit einem 6. Haus im Widder sagen. Wenn, dann geht es hier um Optimierung und das Erreichen von höchster körperlicher Fitness.

> Du achtest vermutlich nur wenig auf die Bedürfnisse deines Körpers und auf Signale der Erschöpfung. Vielmehr siehst du ihn eher als etwas an, dass dir nützlich ist, um deine sportlichen und beruflichen Ziele zu erreichen.
>
> Das geht in jungen Jahren bekanntlich oft gut, denn die Körper sind noch frisch und unverbraucht. Wenn du älter wirst und noch lange Freude an deinem beweglichen und schmerzfreien

Körper haben willst, solltest du vielleicht doch mal einen ärztlichen Check-up machen und in dich hinein spüren, wo du vielleicht deine Grenzen erreicht hast und dich schonen müsstest und dein Körper mehr Achtsamkeit braucht.

► Gesundheit bedeutet für dich sportliche Fitness.

Das 6. Haus beginnt im Stier

Dieses Gesundheitszentrum ist von wunderschönen alten Bäumen umgeben. Die Gebäude sind alt, aber sehr gepflegt. Hierhin kommt man gerne, um sich mit seinem Arzt, seiner Ärztin, die man schon von Jugend an kennt, entspannt zu unterhalten. Es gibt keinen Anlass zu übermäßiger Sorge, denn die Leute kommen regelmäßig hierher, einfach auch aus Gewohnheit und weil es schön hier ist.

Zur Vorsorge lässt man sich gerne massieren, geht in die Sauna oder macht längere Spaziergänge.Nach dem Arztbesuch geht man in die Cafeteria und gönnt sich einen Eisbecher. Einzig das Schlemmen, die Zuckersucht, könnte hin und wieder ein Thema sein.

Ansonsten kümmert man sich hier rührend um seine körperlichen Bedürfnisse.

Du gehst vermutlich regelmäßig zu deinen Ärzten und hast eine innige Beziehung zu deinem Körper, deinem Essverhalten, deiner Hygiene. dein Körper ist deine Arche und dementsprechend pflegst und schätzt du ihn und gehst achtsam mit ihm um.

Dein Arbeitsmodus ist gemütlich, denn auch dort möchtest du dich nicht über Gebühr verausgaben. Du hast wahrscheinlich eine sehr natürliche Einstellung deinen körperlichen Bedürfnissen gegenüber, auch wenn du nicht unbedingt verrückt nach Sport bist (außer dein Mars steht in einem Feuerzeichen).

Nur zu viel des Schlemmens, des Zuckers könnte deine Achillesverse sein.

► Gesundheit bedeutet für dich naturnahe entspannte Anwendungen.

Das 6. Haus beginnt in den Zwillingen

Hier geht es vergnügt und lebendig zu. Anstelle eines normalen Krankenhauses ist die Krankenkasse selbst vertreten, die sich vor allem um eine reibungslose Kommunikation mit den Patienten kümmert. In dieser Stadt ist man bestens informiert, was das Gesundheitswesen im Allgemeinen und die körperlich-gesundheitlichen Standards im Speziellen betrifft.

Eigens zum Arzt gehen die Stadtbewohner aber nur, um sich krankschreiben zu lassen oder um sich mal nett zu unterhalten. Ernsthafte körperliche Gebrechen sind entweder selten oder einfach kein Thema. Die Bewohner fühlen sich grundsätzlich auf eine jugendliche Art fit und nehmen die üblichen Krankheiten auf die leichte Schulter.

Du bist gut informiert und hast deine ärztlichen Routinen gerne schnell erledigt. Dabei bist du vielleicht etwas oberflächlich.

Wenn, dann hast du Probleme mit der Stimme, der Atmung, den Bronchien oder Halsschmerzen. Sehr viel größere Probleme hast du wahrscheinlich nicht. Das Gesundheitszentrum ist für dich ein netter Ort zum Austausch. Vielleicht hörst du aber hin und wieder genauer hin, was dein Körper dir mitteilen möchte, nur um schwerere Krankheiten vorzubeugen.

▶ Gesundheit bedeutet für dich die Kenntnis deiner körperlichen Daten.

Das 6. Haus beginnt im Krebs

Dieses Gesundheitsviertel wird von Ammen betrieben, von Nonnen, Krankenschwestern und alten, rüstigen Frauen, die sich in der Heilkunde und mit Kräutern auskennen. Daher ist es hier wie in einem gemütlichen alten bäuerlichen Wohnzimmer. Die Warteräume der Arztpraxen sind kuschelig, es erklingt sanfte Musik aus den Lautsprechern und in den Behandlungsräumen spricht man bedächtig.

Die Bewohner kommen oft hierher, manchmal zu oft, denn sie sind nicht sehr belastbar, vielleicht sogar etwas wehleidig. Das möchten sie gleich mit Gesundheitsexperten teilen, denn sie neigen zu Hypochondrie, wenn sie zu lange über mögliche Symptome grübeln.

Du spürst deinen Körper und deinen Gesundheitszustand sicherlich sehr genau und du vertraust vermutlich auf die Hilfe der Ärzte. Das ist gut, so wirst du deinen Körper vor vielen Gebrechen schützen können.

Deine Fürsorge kann aber auch übertrieben sein und dann liegst du allen mit deinen hypothetischen Krankheiten dem Arzt im Ohr. Versuche eine distanziertere Haltung zu deinem Gesundheitszustand zu etablieren. Wichtig ist für Dich, dass du auch selbst Verantwortung für Körper, Gesundheit und Ernährung übernimmst und nicht mit allen Kleinigkeiten Unterstützung suchst. Selbstfürsorge ist wichtiger für dich als die Abgabe der Verantwortung.

▶ Gesundheit bedeutet für Dich, gut umsorgt zu sein.

Das 6. Haus beginnt im Löwen

Dieses Gesundheitszentrum ist gar prächtig ausgestattet – alte Villen sind umfunktioniert zu Arztpraxen, Krankenhaus und Geburtsstation. Eine riesige Parkanlage mit Goldfischteich im Zentrum, Baumalleen, Rosensträuchern und gepflegten Beeten macht dem königlichen Garten von Schloss Sanssouci Konkurrenz.

Hier wird das Beste an Ärzteschaft und Gesundheitsexperten aufgefahren: Die berühmtesten Ärztinnen und Ärzte des Landes arbeiten hier. Auch an der Innenarchitektur wird nicht gespart: Dies zeigen hohe Räume, Parkettfußböden, Türgriffe und Armaturen aus Gold und Wartezimmer mit Minibar.

Die Bewohner gehen hier zum Arzt, weil sie sich zeigen wollen, weil sie sich in guten Händen wissen und dieses Gefühl lieben, dass man fürstlich versorgt wird.

Gesund zu sein ist ein Luxus, den du für dich selbstverständlich verlangst. Du bist es dir wert, dich fürstlich im Sinne der Gesundheit versorgen und betreuen zu lassen.

Du hältst mehr auf den guten Namen deines Arztes als auf die tatsächlichen Beschwerden deines Körpers. Du gehst zum Arzt, zu den Untersuchungen, weil du womöglich eine teure Krankenversicherung bezahlst und dir das Beste leisten möchtest im Gesundheitssektor.

Da musst du nur aufpassen, dass du dich nicht verstrahlen lässt von alle dem Getue. Und höre gut auf die Zeichen deines Körpers, wenn er wirklich einmal Hilfe braucht.

▶ Gesundheit bedeutet für Dich, beim Chefarzt behandelt zu werden.

Das 6. Haus beginnt in der Jungfrau

Das ist das typischste und ordentlichste Gesundheitszentrum im ganzen Land – in dieser Stadt ist im Gesundheitszentrum alles auf Nutzen und Dienstbarkeit ausgerichtet. Arztpraxen und Krankenhaus sind zweckdienlich und ohne Firlefanz.

Es gibt viele Gesundheitshäuser mit etlichen Arztpraxen, Logopäden und Physiotherapeuten, Drogerien und Apotheken. Die Gesundheitsexperten laufen emsig zwischen ihren Räumen hin und her und verschwenden keine Zeit.

Die Wartezimmer sind dezent gestaltet und meist überfüllt, denn in dieser Stadt legt man viel Wert auf eine regelmäßige Untersuchung, auf Expertenmeinungen, auf Ernährungsberatung und auf Gesundheitsroutinen überhaupt.

Es wird nicht viel geredet, denn die Arztaufenthalte gehören zu den täglichen Verpflichtungen und werden dementsprechend ›abgearbeitet‹. In dieser Stadt kommt man nicht zum Vergnügen zum Arzt, sondern, weil man ernstlich besorgt um seine aktuelle und zukünftige Gesundheit ist.

Mit einer so akkuraten Einstellung zu Körper, Hygiene und Gesundheit bist du wahrscheinlich topfit und kerngesund. Nur, dass du dem selber nicht über den Weg traust. Dir fehlt ein grundlegendes Vertrauen in deinen Körper und deine Fitness, daher konsultierst du so viele Experten.

Dein Leben könnte entspannter sein, wenn du weniger Perfektion von dir und deinen Vitalwerten erwarten würdest. Versuche es einmal mit Entspannungstechniken aus dem östlichen Raum: Meditation, Massagen, Öle und entspannende Musik. Bei dir ist es wichtig, dass das Vertrauen in die sich selbst regulierende Gesundheit aktiviert wird, entsprechend dem Fische-Prinzip.

▶ Gesundheit bedeutet für dich engmaschige Arztbetreuung.

Das 6. Haus beginnt in der Waage

So ein schönes Gesundheitszentrum! Okay, wenn man genauer hinschaut, dann ist es eine Wellness-Oase, wo es an nichts fehlt: Jasminsträucher, Palmen, Sandstrand, Massageliegen, hübsche Menschen, die hier wohl arbeiten. Und natürlich das Beauty-Center, wo man sich auf verschiedenste Weise verschönern lassen kann.

Kein Wunder, dass es hier recht belebt zugeht, denn hier hält man sich gerne auf und checkt seine Vitalwerte, gönnt sich eine Massage, steigert seine Attraktivität und schwatzt mit einem Experten.

Die einzelnen Gebäude bestechen durch architektonischen Charme und ein weitläufiger Park lädt zu entspannten Joggingrunden in aktueller Läufermode ein.

In den Arztpraxen sieht es aus wie in einem Architekturbüro: Die Sitzgelegenheiten sind zeitgenössisch und dennoch sehr bequem, alles atmet den Hauch des Schönen und des Goldenen Schnitts.

Gesundheit ist für dich vielleicht nachrangig, denn die äußere Erscheinung, deine Attraktivität, geht vermutlich vor. Das ist schön für dich und deine Betrachter, aber geh dennoch regelmäßig auch zu Ärzten, die dein Inneres betrachten – zu viel des schönen Scheins kann sich nämlich später rächen. Du findest sicherlich einen Arzt, eine Ärztin, die auch deinen ästhetischen Vorgaben entspricht.

Und gib nicht zu viel deiner gesundheitlichen Verantwortung in die Hände anderer: Entsprechend dem gegenüberliegenden Widder-Prinzips darfst du auch selbst spüren und entscheiden, was du für deine Gesundheit aktiv tun kannst. Zum Beispiel Sport treiben.

▶ Gesundheit bedeutet für dich körperliche Schönheit.

Das 6. Haus beginnt im Skorpion

Hier geht man auf Nummer sicher. Das Gesundheitszentrum gleicht einem Hochsicherheitsanwesen, wo kommende Patienten und Patientinnen schon am Eingang auf Fieber und ansteckende Ausschläge gescannt werden. Niemand soll hier noch andere infizieren. Die Menschen hier sehen sich ängstlich um, vermuten hinter jeder Ecke den nächsten tödlichen Virus. Entspannt geht hier keiner mit seinem Körper um. Es heißt: Leben oder Tod, ganz oder gar nicht. Gesundheit wird hier nicht auf die leichte Schulter genommen, vielmehr misstraut man gesunden und vitalen Phasen und wartet auf die nächste Hiobsbotschaft.

Mit dieser Position des 6. Hauses kannst du einfach nicht so entspannt mit deinen körperlichen Prozessen und Krankheiten umgehen. Eher schwebt die Angst über Dir, dass du etwas übersiehst, wenn du nicht regelmäßig zu deinem Hausarzt gehst.

Mit so viel Anspannung tust du deinem Körper nichts Gutes, eher verkrampft er sich, ist stressanfällig. Versuche eine distanziertere Haltung zu deiner Gesundheit zu etablieren, lass die Finger von Doctor Google (Du machst dich nur wahnsinnig mit den Symptomen) und versuche einfache Erkältungen auch mal von allein ausheilen zu lassen. Du wirst sehen, so schnell stirbst du nicht. Was du integrieren kannst, ist die Kraft der Natur: Gehe öfter mal spazieren und lasse dich von der enormen Kraft des fließenden Wassers energetisieren.

► Gesundheit bedeutet für dich Kontrolle des Körpers.

Das 6. Haus beginnt im Schützen

Hier wird der Kranke mit Weihrauch und Salbei gereinigt, bevor er den heiligen Kreis des Gesundheitstempels betritt. Denn hier gibt es kein Krankenhaus, sondern spirituelle Orte der Reinigung, einen Tempel der Gesundheit und viele Altäre, auf denen man diversen Gottheiten seine Aufwartung machen kann.

Gesundheit ist der Spiegel der geistigen Ausrichtung, könnte man hier als Motto lesen – kläre die Angelegenheiten deiner Seele und dein Körper wird dir folgen. Der Glaube an die Selbstheilungskräfte und alternative Medizin ist hier sehr hoch, daher gibt es Schamanen, Hypno-Therapeuten, Klangschalenmassage, Geistheilung, Besprechungen, Channelings und vieles andere.

Du bist vielen voraus in deinem Umgang mit der Geist-Körper-Seele-Einheit. Und sicherlich spürst du schon früh, wenn etwas im Argen ist bei Dir. Daher bist du vermutlich eher fit und gesund, denn deine körperliche Gesundheit überlässt du nicht der Schulmedizin, aber auch nicht dem Zufall. Manchmal fällt es dir aber vielleicht schwer zu unterscheiden, welche der alternativen Möglichkeiten für dich passend ist, oder du fällst auf einen Scharlatan herein, der nur Geld machen will. Trotz dieser Schwachstellen bleibst du aber bei deinem Glauben und bist auch bereit, deine Überzeugung lautstark publik zu machen. Für dich ist es wichtig, genau zu unterscheiden, kritisch zu sein und nicht nur deiner Begeisterung Glauben zu schenken. Integriert werden muss das analytische Geschick der Zwillinge.

► Gesundheit ist für dich ein holistisches Herangehen.

Das 6. Haus beginnt im Steinbock

Solide gebaut sind hier die ehrwürdigen alten Häuser des Gesundheitsparks. An den Schildern stehen Namen von hochdotierten Ärzten und Ärztinnen, hier ist man definitiv in guten Händen und alles basiert auf den Maßstäben der Vernunft. Dennoch ist es hier ein wenig lieblos, keine gemütlichen Bänke laden zum Verweilen ein und die hochrangige Ärzteschaft kann einem Angst einjagen, vor lauter Ehrwürdigkeit.

Es ist kaum verwunderlich, dass hier nur wenige Leute zu sehen sind. Und die haben konkrete, benennbare und schwere Symptome, wofür sie patentierte Medizin und Expertenrat benötigen. Die meisten Menschen hier sind alt. Die Arbeitsmoral in dieser Stadt ist so hoch, dass sich mittelalte und junge Menschen selten hier blicken lassen, es sind doch nur Zipperlein, die sie mal plagen, da legt man sich doch nicht auf die faule Haut oder belastet gar die Krankenkasse.

Du gönnst dir kaum eine Auszeit, sogar dann nicht, wenn es dir körperlich schlecht geht. Deine Maßstäbe sind überirdisch. Dies deshalb, weil du Arbeit vor Gesundheit setzt und nicht zimperlich bist. Damit wirst du sicherlich auch lange gut fahren. Bis dein Fahrgestell – dein Körper – irgendwann nicht mehr kann. Wie jedes Auto braucht auch dein Körper einen regelmäßigen TÜV und liebevolle Pflege. Dann hält er auch länger. Und du kannst dich länger nützlich machen. Vielleicht kannst du mit dieser Sichtweise etwas anfangen. Wäre ja schade, wenn du wegen deiner Pflichtversessenheit deine Gesundheit frühzeitig ruinieren würdest.

Um gesund zu bleiben, brauchst du eine mitfühlendere Haltung deinem Körper gegenüber. Integriert werden muss daher das kümmernde Prinzip des Krebses.

▶ Gesundheit bedeutet für dich, problemlos zu funktionieren.

Dieses Gesundheitszentrum ist eher ein Cyberpark, eine Ansammlung von Hackern und Nerds, die mit ihren Algorithmen die Gesundheit von morgen bestimmen. Das Individuum wird selten einzeln behandelt, das wird hier als hinterwäldlerisch betrachtet. Man nutzt die neuesten Methoden des Systemischen Modells, baut auf KI und behandelt ganze Cluster von Krankheiten, also eine Familie in sich oder die Schulklasse. Krankheit ist eben auch nur eine Information, der nachgegangen wird. Insofern sind hier kaum klassische Ärzte zu sehen, dafür aber Bildschirme, Apps und Roboter, die Vitalwerte scannen und Biofeedbacks geben.

Mit deiner Einstellung zu Gesundheit und Krankheit bist du allen voraus, da macht dir niemand etwas vor. Weder willst du dich in alten Arztpraxen einstauben lassen und Zeit vertrödeln, noch glaubst du an Hokuspokus von Homöopathie und Handauflegen. Für dich zählt nur ultramoderne Medizin, die in Kombination mit KI angewandt wird. Du hast auch nichts gegen Exoskelette und andere künstliche Hilfen. Solange dem Menschen gedient ist, warum nicht? Es kann allerdings sein, dass es in deinem Umfeld noch nicht wirklich praktizierende Ärzte oder Expertinnen gibt, die dein Denken teilen. Da wirst du vielleicht übergangsweise ein paar Kompromisse eingehen müssen. Oder ganz darauf verzichten. Manchmal bist du vielleicht schon etwas abgehoben und hast den Kontakt zu deinem Körper verlassen – gemäß dem Löwe-Prinzip brauchst du auch die Sinnlichkeit und Lebenslust, um dich mit deinem Körper auch auf der real existierenden Ebene auseinanderzusetzen.

▶ Gesundheit bedeutet für dich, neueste Technologien zu integrieren.

In dieser Stadt geht man sehr einfühlsam mit Kranken und Alten um – das Gesundheitszentrum umfasst daher eine Geriatrie, eine Psychiatrie und viele homöopathische Heilpraxen. Sämtliche alternative Ansätze finden sich hier. Therapiert wird auf Wiesen, am Bach, am Ufer eines Sees oder inmitten des Waldes. Richtige feste Häuser gibt es kaum, vieles wird in der Natur behandelt, Bäume werden umarmt, Moose gestreichelt oder mit Bienen gesummt.

Die Menschen hier sind hochgradig sensibel und kommen schon bei kleinsten Symptomen. Doch auf klassische Medizin wird verzichtet, auch bei schwereren Verläufen. Zu stark ist die Angst, aus dem System von Medizin und Therapie nicht mehr herauszufinden. Viele Stadtbewohner sind aber so fit in ihrem Körperwissen, dass sie sich bei kleineren Krankheiten mit Tees und anderen Hausmitteln selbst helfen.

Du brauchst mehr Ruhe und Rückzug als andere, da du deinen Körper gut selbst kurieren kannst. Da kannst du durchaus auf dein Bauchgefühl, deine Intuition hören. Antibiotika nimmst du eh nicht, das ist alles viel zu stark. So gehst du zu Homöopathen, wenn du selbst nicht weiterweißt, lässt deine Chakren checken, machst Yoga, um fit zu bleiben, und ernährst dich vermutlich vegetarisch, vegan oder nach anderen Diäten, da du auch einige Unverträglichkeiten hast.

Um nicht ganz abzuheben, brauchst du die Vernunft der Jungfrau. Integriert werden muss also das gegenüberliegende Prinzip der vernunftbasierten Routinen.

▶ Gesundheit bedeutet für dich ein inniges Körperfühl-Wissen.

7. Haus – der Café- und Bar-Bezirk

Nun kommen wir in den gesellschaftlichen Teil unserer Astrostadt, wir öffnen uns anderen gegenüber, zeigen uns, kommunizieren und werden Teil einer Gemeinschaft.

Während die ersten Bezirke der Astrostadt die eigene Identität betreffen, geht es nun um die Synthese mit den anderen.

Mit dem 7. Haus verlassen wir den Bereich, in dem die eigene Persönlichkeit im Mittelpunkt steht und treffen bewusst auf andere Menschen. Die schönste, intensivste und daher auch schwierigste Art, sich mit anderen zu verbinden ist sicherlich die Liebe.

Das 7. Haus steht in der Astrologie für Beziehungen, Partnerschaften, aber auch alle anderen mit denen wir in einem Verhältnis stehen. Im Beruf sind das die Kunden, Klienten oder Patienten, im angestellten Job ist es vielleicht ein Kontrahent.

Es ist ein Spiegel, den wir dankenswerterweise von anderen vorgehalten bekommen. Daher sagt man auch, dass im 7. Haus Eigenschaften zu sehen sind, die wir an andere delegieren, weil wir sie an uns selbst nicht wahrnehmen wollen. Vielleicht, weil sie uns unangenehm sind oder weil wir nicht glauben können, dass das wirklich in uns steckt.

Eine gute, anschauliche Arena der Begegnung sind daher die öffentlichen Räume: Cafés, Bars, Restaurants, Mode-Boutiquen, Parks. In unserer Astrostadt nehme ich die Cafés als Ort der Begegnung, aber du kannst da auch andere Orte ausprobieren, die für dich besser passen.

Die Integration des Aszendenten (als Gegenüber des 7. Hauses) gibt uns noch mehr Informationen über das Aussehen des Bezirkes.

Das 7. Haus beginnt im Widder

Die Cafés dieses Viertels sind elegant und dennoch aufregend. Sie sind stilvoll und zeitgemäß und nicht anachronistisch. Man will zeigen, dass man sich auskennt, und wählt instinktiv die coolen Orte, da wo was los ist, wenn man sich verabredet. Ganz wie das Stadttor im angenehm charmanten Waage-Stil, so sollen auch die Begegnungsstätten eine besonders schöne Aura haben.

Inhaltlich geht es hier aber in Begegnungen oft um ein feuriges Aufeinanderstoßen. Einfach nur ruhig sitzen und sich unterhalten ist zu langweilig. Da müssen sprudelige, fetzige und aufregende Themen her. Das muss knistern und knacken zwischen den Kandidaten, da wird geflirtet ohne Pause. Und im Subtext steht: Wer ist stärker, wer kann sich hier durchsetzen, wer erobert das Herz?

Du bist sehr charmant und kannst dein Gegenüber gut einwickeln (= AC Waage), aber wahrscheinlich bist du eher ungeduldig in Begegnungen und fällst gerne mit der Tür ins Haus, damit das Feuerwerk der Kommunikation endlich losgeht. Es gibt sicherlich Leute, die das mögen und die da mitgehen. Dann kannst du getrost weiter durch die Themen fetzen, kannst provozieren und flirten und einfach nichts anbrennen lassen.

Die introvertierten und sensiblen Menschen fühlen sich von dir aber womöglich überfahren und sagen dann gar nichts mehr. Es ist deine Entscheidung: Wenn du auch diese Menschen für dich einnehmen willst, musst du einen Gang runterschalten. Häufig ist es aber auch so, dass man sehr energiereiche und latent aggressive Menschen anzieht, wenn man das selbst nicht lebt. Allein schon mit der Bewusstmachung dessen kannst du diesen Prozess nun umkehren und die Energie selbst ausstrahlen.

▶ In der Liebe suchst du Aufregung.

Das 7. Haus beginnt im Stier

Die Café-Szene hier ist nach außen hin undurchschaubar – einige Cafés und Bars wirken geschlossen, andere blinken mit erotischen Lichtern und ziehen so ihr Publikum an. Drinnen kann man sich dann so richtig gemütlich der Völlerei hingeben, aber immer mit achtsamen Augen darauf, wer denn als Nächstes den Raum betritt.

Entspannen kann man sich hier am besten, wenn man gleich zu zweit ankommt. Daher gibt es viele Sofas, gemütliche Sessel, und viele Tische sind hier mit Paaren besetzt, die schon lange miteinander liiert sind. Das gibt die nötige Sicherheit, sich nicht vor aller Augen zeigen zu müssen in der Nacktheit des Privaten.

Vermutlich bist du eher argwöhnisch und traust nicht jedem über den Weg (= AC Skorpion). Bei deinen Partnern gehst du daher gerne auf Nummer sicher, magst es gemütlich und vertraut. Wer sich mit dir verabredet, kann sicher sein, dass du auch da bist, egal ob dir das Leben vorher dazwischengekommen ist oder nicht. Du bist sehr verlässlich.

Wenn die Bindung erst einmal sicher ist, dann kannst du dich entspannen. An anderen Leuten magst du das Gutbürgerliche, Gemütliche und Traditionelle. Es kann sein, dass du das an dir selbst nicht findest, aber eigentlich bist auch du so – ein Freund von angenehmen Gewohnheiten.

▶ In der Liebe suchst du Geborgenheit.

Das 7. Haus beginnt in den Zwillingen

Hier geht es munter zu. Unzählige Cafés, Restaurants, Buchläden, Kioske, Restaurants, Bänke und Parks laden zu Verabredungen und spontanen Dates ein. Man ist hier sehr neugierig auf die Menschen und trifft sich daher mehrmals die Woche mit anderen, wechselnden Personen. Denn mit nur einer Person wird es schnell langweilig. So kann es sein, dass der Smalltalk sehr präsent ist. Menschen aus allen Ländern der Welt bereichern die Akustik mit mannigfaltigen Sprachen. Das ist elektrisierend und spannend. Genau so etwas schätzt man hier.

Du bist sehr wach und offen. Kein Mensch ist dir von vorneherein blöd, du bist prinzipiell tolerant und neugierig auf andere Ansichten (= AC Schütze). Und du liebst das Spiel des Flirtens sehr.

Falls du aber eine langfristige und verbindliche Partnerschaft wünschst, so musst du dir vergegenwärtigen, dass du eigentlich nicht der Typ dafür bist. Entweder du lebst die serielle Monogamie oder du bringst in deine Partnerschaft so viel Bewegung, dass dir einfach nicht langweilig wird.
▶ In der Liebe suchst du intellektuelle Anregung.

Das 7. Haus beginnt im Krebs

Gemütlich und alt sind die Straßen, an deren Rändern sich altmodische und bürgerliche Cafés und Restaurants säumen. Viele Blumenrabatten verschönern die gepflasterten Straßen und viele Kinder rennen und springen durch die Gassen.

In den Cafés laden Sessel und Sofas zum Kuscheln ein. Viele Familien treffen sich hier in den Nachmittagsstunden, aber auch verliebte Pärchen flanieren umher.

Gerade wenn es draußen ungemütlich ist, kann man sich hier sehr gut zurückziehen und sich seinen Liebsten widmen.

Auch wenn du nach außen oft so kontrolliert erscheinst (= AC Steinbock), bist du ein hoch romantischer Mensch. Mit deinen Liebsten ist dir nach Kuscheln und Nähe. Du brauchst Geborgenheit und Sicherheit, eine klare und lang haltende Beziehungsform. Du bist kein Typ für One-Night-Stands. Es kann aber sein, dass du dir diese vermeintliche Schwäche noch nicht zugestehst, dass du so tust, als wären nur die anderen an festen Strukturen interessiert – und nicht Du. Dann bist du noch in der Projektion. Sicherlich tun dir Menschen gut, die ebenfalls das Familiäre und Gemütliche, das Traditionelle und Sinnliche zu schätzen wissen.
▶ In der Liebe suchst du die Nähe.

Das 7. Haus beginnt im Löwen

Die Cafés hier sind besonders – entweder vom Stil der Zeit weit voraus, futuristisch, oder einfach anders nobel, gediegen, teuer. Das Viertel ist ganz neu angelegt worden, mit vielen Parkbuchten und Spielstraßen, Straßenbrunnen und anderen Errungenschaften der modernen Gemeinschaftspolitik.

Man trifft sich in der Mittagspause zum Date und spricht gerne über das, was man hat. Da wird nicht gespart am eigenen Lob, doch auch das Gegenüber wird gerne in seinen schönen Seiten gesehen.

Die Paare loben sich gegenseitig und erfreuen sich an ihrem prachtvollen Auftritt.

Nach außen hin bist du ein freier Typ. Unkonventionell, ungebunden, frei und ein bisschen extrovertiert (= AC Wassermann). Doch auf deine Beziehung lässt du nichts kommen. Sie ist dein Luxus, deine Augenweide, hier willst du stolz sein dürfen. Deine Partnerin/Dein Partner ist sicherlich nicht irgendwer, denn du hältst was auf Dich. Das Gleichgewicht muss hergestellt sein – entweder feierst du dich selbst und bist stolz auf das, was du tust, oder du brauchst ein Gegenüber, das all diese Eigenschaften in sich trägt. Wundere dich also nicht darüber, wenn du dazu neigst, dich in besonders prächtige und großherzige Menschen zu verlieben.

▶ In der Liebe suchst du das Auserlesene.

Das 7. Haus beginnt in der Jungfrau

In diesem Viertel ist man vorsichtig: im Umgang mit anderen, in der Selbstdarstellung, in der Auswahl der Partner. Es gibt zwar Cafés und Restaurants, aber sie werden aus Kostengründen wenig besucht. Und wenn, dann geht man Fairtrade und Bio schlemmen und unterhält sich über die Arbeit. So kann es durchaus auch eine Cafeteria sein, in der man sich trifft. Ist eben praktischer und ganz in der

Nähe der Arbeit. Nur muss diese auch sauber sein und nicht heruntergekommen.

Mit dem Verlieben lässt man sich bei solch einer Verabredung eher Zeit. Man muss sich erst spüren, sich auf den Zahn fühlen, bevor man sich einlässt. Die zarte Zurückhaltung ist aber untermalt von Blümchendekor und zartrosa Tapeten – diese feine Mischung aus Bio und Romantik ist für die Auswahl der Cafés verantwortlich.

> Da du eher schüchtern bist, dauert es vermutlich länger, bis du in einer Beziehung landest (= AC Fische). Wenn du aber dort angekommen bist, dann bleibst du auch. Denn alles andere ist wieder zu aufregend, zu anstrengend und neue Leute müssen genau beobachtet werden. Du achtest sehr auf Details beim anderen und so gefällt dir auch nicht jeder. Falls dir deine Beziehung aber nicht guttut, bleibst du vermutlich länger an dieser hängen als nötig. Versammle deine ganze Kraft auf eine Trennung, wenn dein Herz goodbye sagt. Denn Sicherheit gibt es nicht zwangsläufig in schlechten, aber lang anhaltenden Beziehungen.
> ▶ In der Liebe suchst du Zweckdienlichkeit.

Das 7. Haus beginnt in der Waage

In dieser Stadt liebt man das unverbindliche Treffen, hat häufig Dates, auch mit sehr unterschiedlichen Menschen. Man flirtet vergnüglich, mal wird mehr daraus, mal weniger.

Es geht um harmonische Gespräche und so sucht man sich auch die Cafés aus. Gemütlich, passende und moderne Farben, gepflegte, zeitgemäße Sitzmöbel.

Man trifft sich, isst was, erzählt von sich, macht Komplimente und achtet darauf, was der andere so macht. Vielleicht werden mit der Zeit Mimik und Gestik nahezu synchron, das fällt aber den wenigsten hier auf. Angenehme Musik strömt aus edlen Lautsprechern, kreative Bilder zieren die Wände, man trinkt Soja Latte mit Spirulina.

Mit dem 7. Haus in der Waage bist du bei deinem Gegenüber auf Harmonie und Frieden aus. Eigentlich kämpfst du sehr gut und gerne und bist es gewohnt, dich durchzusetzen (= AC Widder). Aber in der Partnerwahl magst du es fair, edel und nichthierarchisch.

Du hörst vielleicht im Gespräch nicht so richtig zu, denn das Aussehen ist weitaus interessanter. Du scannst die ganze Café-Umgebung und bemerkst den neuesten Trend, den du dir sofort auch kaufen willst. Wenn du aber Interesse an einer tiefgründigen und langanhaltenden Partnerschaft hast, dann musst du dich mehr auf dein Gegenüber fokusieren. Und du brauchst mehr inhaltliches Interesse. Ansonsten sind Partner nur Dekostücke in deinem wilden Leben.

▶ In der Liebe suchst du einen stilvollen Umgang.

Das 7. Haus beginnt im Skorpion

Ein Café ist nicht der richtige Ort, um sich in dieser Stadt zu treffen. Vielmehr sucht man nach Sonnenuntergang die richtig uralten Bars auf. Spelunken, ausgebaute Keller, ehemalige Bunker, düstere und magische Orte.

Orte, wo sich echte Menschen mit echten Krisenerfahrungen begegnen. Wo aber auch Menschen allein am Tresen ihr Bier trinken. Welt abwesend, mit verhärmtem Gesicht. In einer rauchigen, abgedunkelten Ecke lässt sich fantastisch Wein trinken und ein tiefer Blick in die Augen des Gegenübers werfen. Sich hinein versenken. Natürlich wird das Gegenüber gleichzeitig bis ins Detail gescannt. Hier wird nichts dem Zufall überlassen.

Das ist eine brisante Mischung. Mit dem 7. Haus im Skorpion liebst du krasse, intensive und teilweise riskante sexuelle Begegnungen. Klar, du bist auch der Typ für eine lebenslange Partnerschaft durch alle Höhen und Tiefen hindurch. Aber du kannst auch richtig sinnlich und erotisch sein, willst dein Gegenüber verführen, verrückt nach dir machen. Vermutlich bist du kein Hallodri und wechselst deine Partnerin/deinen Partner nicht häufig. Es geht dir um tiefste Verbindung und die braucht eben Zeit (= AC Stier). Oder extreme Momente. Du lebst Partnerschaft immer ganz oder gar nicht. Achte bei deiner Partnerwahl also darauf, dass es dein Gegenüber genauso ernst meint wie auch Du.

▶ In der Liebe suchst du erotische Exzesse.

Das 7. Haus beginnt im Schützen

Ein Café säumt das nächste, eines ist bunter als das andere. Sämtliche kulturellen Richtungen finden sich kulinarisch in diesem Viertel. Es geht bunt und laut zu und der Duft von Zimt liegt in der Luft. Man trifft sich in einer mongolischen Teestube, in der Cafeteria der Uni, in einem türkischen Hamm für ein Honiggebäck oder am Hauptbahnhof im hippen Café, wo alle Welt durch die Gegend wuselt.

Gespräche werden hier in vielen Sprachen und mit Händen und Füßen geführt. Die Menschen lächeln, sind offen und sehr neugierig auf die jeweils andere Lebensgeschichte. Man liebt den schnellen, heißen Flirt, aber am liebsten vertieft man sich in philosophische Gespräche bis zum Morgengrauen. Doch am nächsten Tag geht schon der Flieger und den Frühstückskaffee trinkt man allein.

Dein Leben gleicht einem Bahnhof – die Leute kommen und gehen. Weil du einfach nie genug von ihnen bekommen kannst. Du bist neugierig, offen und lebenshungrig (= AC Zwillinge). Klar, dass dir eine ›normale‹ Dauerbeziehung nicht reicht. Du brauchst etwas ganz Besonderes in der Liebe, dann bist du auch geneigt zu bleiben. An die Liebe hast du hohe Erwartungen, dein Gegenüber soll dich immer überraschen können und argumentativ mit dir mithalten können.

Grundsolide und bürgerliche Beziehungsstile liegen dir eher nicht. Solange du dich nicht deswegen grämst, ist alles bestens.

Nur weiter so. Solltest du doch einmal richtig in einem Hafen ankommen wollen, eine Familie gründen, dauerhafte Strukturen aufbauen, dann am besten mit einem Menschen aus einem anderen Land, einer anderen Kultur. Da wird dir eine ganze Weile nicht langweilig werden.

▶ In der Liebe suchst du die edle Erhöhung.

Das 7. Haus beginnt im Steinbock

In dieser Stadt gibt es im Café-Bezirk vor allem Traditionsgeschäfte aus Familienhand und viele rustikale Restaurants. Die Menschen daten hier nicht, sie verabreden sich zu einem Mittag oder Abendessen. Da kann man sicher sein, dass das Treffen länger dauert, und es hat auch etwas Gediegenes, lang Bewährtes.

Cafés bieten daher nicht nur den schnellen Snack an, sondern haben fast immer auch eine Mittagskarte. Die Stühle und Sessel sind aus gutem, festem Holz, die Tische wackeln nicht, die Abstände zu anderen Tischen sind groß, damit jeder seine Privatsphäre hat.

In dieser Stadt meint man es von der ersten Minute an ernst. Lange genug hat man sich aus der Ferne angehimmelt. Man kennt seinen Schwarm schon länger, weiß vieles über ihn/sie. Und will es nun verbindlich in eine Beziehung überführen.

Du meinst es ernst, wenn es um die Liebe geht. Flirten fällt dir vermutlich schwer, du kannst sehr schüchtern sein (= AC Krebs). Es kann dauern, bis du dich zu einem Treffen mit deinem Schwarm entschließt. Schließlich geht es um deine Zukunft. Du bist sehr romantisch veranlagt und suchst nach einem Gegenüber, das dir viel Sicherheit und Struktur geben kann. Auch schätzt du traditionelle Muster in Beziehungen. Du willst das Rad nicht neu erfinden.

All die Menschen, die es nur auf eine leichte Konversation abgesehen haben, fallen durch dein Raster. Solltest du zu lange Single sein, dann lockere doch auch mal deine Dating-Regeln. Es

gibt sicherlich viele Menschen, die Interesse an dir haben, wenn du nicht zu seriös wirkst. Denn das kann auch abschreckend sein.
▶ In der Liebe suchst du Verbindlichkeit.

Das 7. Haus beginnt im Wassermann

Dieser Café-Bezirk ist hypermodern. Smarte Technik erleichtert den Bestellvorgang, die Kellner wirken wie beste Freunde. Alles geht zackig und ohne emotionales Drumherum. Viel Glas, viel Beton, aber auch urbane Gärten auf Dächern und an den Innenwänden lassen ein futuristisches Flair entstehen. Dates werden zunächst per Dating App vereinbart und dann hier abgewickelt. Man ist offen und sagt seinem Gegenüber, was man sich wünscht. Probleme mit dem Selbstbewusstsein hat hier niemand. Entweder es passt oder man verabschiedet sich nonchalant. Da ist niemand böse drüber, immerhin kann man die Zeit besser nutzen, als ewig mit einem nicht passenden potenziellen Partner im Smalltalk zu versacken.

Den Mittelpunkt nimmst du gerne ein, denn du weißt, was du hast und was du kannst (= AC Löwe). Für alte Beziehungsstrukturen bist du zu modern. Etwas Neues muss her, das ganz genau zu deinen individuellen Ansprüchen passt. Das können Polyamorie sein, queere Bindungen, asexuelle Partnerschaften. Nur dieses klassische »Mutter-Vater-Kind-Ding« ist vermutlich nicht so Deins. Du bist bereit, für deine Freiheit so einiges an Sicherheit in der Beziehung zu opfern. Nur nicht die Offenheit zwischen den Partnern. Es sollte kein Hintenrum geben, keine Betrügereien. Du spielst gerne mit offenen Karten, was dein Liebes- und Freiheitsbedürfnis angeht. Es kann sein, dass das manch einen abschreckt. Aber das nur am Rande. Du findest ja immer wieder neue Leute, die bereit sind, diesen aufregenden Weg mit dir zu beschreiten.
▶ In der Liebe suchst du Einzigartigkeit.

Wo sind die Cafés in dieser Stadt? Manchmal sind sie im Nebel verschwunden. Öffnen nur nach den Gezeiten des Meeres oder zur Traumzeit. Sind verwunschen, unscheinbar und von Rosen und Efeu umrankt. Es sind eher kleine Cafés, mit gusseisernen wackligen Ziertischen. Blumentapete, Veilchenduft, Harfenmusik. Hier ist alles so romantisch, es sieht aus wie eine Filmkulisse. Wenn Flut ist. Bei Ebbe gibt es hier nichts zu sehen. Die Cafés wie aus einer vagen Traumerinnerung. Daher treffen sich die Menschen hier auch eher selten. Es muss so vieles außen herum passen. Nähe wird nicht so ohne Weiteres verschenkt.

Der erste Kuss wird hier von Geigenmusik umrahmt. Und die Umstehenden haben Tränen in den Augen. Eine Filmszene? Wahrscheinlich. In dieser Stadt ist es schwer, das Wahre vom Fiktionalen zu unterscheiden.

Du sehnst Dich. Du willst lieben, du willst verschmelzen. Mit deiner großen Liebe. Und da bist du sehr streng. Denn fast alle fallen durch dein Raster: u groß, zu klein, zu jung, zu alt, zu dies, zu das (= AC Jungfrau gegenüber). Es ist schwer, dich zu überzeugen, denn du siehst jede noch so kleine Schwachstelle.

Wenn du Glück hast, dann triffst du schon früh auf deinen idealen Geliebten und du bist bereit, dich ein Leben lang zu binden. Wenn es nicht so gut läuft, kann es sein, dass du sehr lange Single bleibst. Und das ist schade. Wie kannst du dich öffnen? Wie deine hohen Ansprüche der Realität anpassen? Vielleicht musst du ein Stück weit akzeptieren, dass die Geigen nicht spielen werden, wenn du ihn oder sie triffst. dein Gegenüber ist genauso menschlich und fehlerhaft wie Du. An dieser Schraube könntest du drehen, wenn du Zweisamkeit wünschst.

▶ In der Liebe suchst du die Verschmelzung in Liebe.

8. Haus – die Unterwelt

Das 8. Haus steht in der Astrologie für die Transformation, für Krisen und Umbrüche, für den Übergang von Leben zu Tod, für riskante Unternehmungen, für fixe Vorstellungen und krude Sichtweisen (Schwarz-Weiß-Denken) und für geheime Machenschaften. Aber eben auch für die Ehe, für verbindliche Verträge zwischen Menschen, für die Wertvorstellungen der Vielen, der Gesellschaft (im Gegensatz zu den persönlichen Wertvorstellungen, die sich im 2. Haus zeigen).

Nachdem wir uns beim Rundgang durch die Astrostadt schön in einem Café entspannt, geflirtet und uns verliebt haben, vielleicht die Zweisamkeit mit unserem Partner genossen haben – geht es nun ab in die Unterwelt.

Wir erreichen die Katakomben der Stadt, die alten Weinkeller unter dem Schloss, die Kanalisation mit all ihrem Unrat und den Dunkeltieren. Wir betreten die Zone der Nacht, der Magie, der Macht.

Das, was überirdisch so schick daherkommt, was sich so reibungslos anfühlt, die gelingenden Beziehungen und Abläufe, das wird hier unten, in den Hallen der wahren Macht, geschmiedet.

In unserer Astrostadt läuft eben alles nur deswegen reibungslos, weil es die Kanalisation im Untergrund gibt, wo alle Zivilisationsabfälle abgeführt werden. Weil gestorben wird, weil Krisen durchlitten werden. Und weil es Geheimnisse gibt, die besser gehütet werden, als sie vor den Augen aller auszubreiten.

In einer lichtdurchfluteten Welt, die von Schönheit und Optimierung regiert wird, sind die Themen des 8. Hauses die, welche tabuisiert werden.

Das 8. Haus beginnt im Widder

Wer sich hier auf einen Besuch einlässt, muss eine Menge Mut mitbringen. Besuchern dieser Stadt wird im hiesigen Underground so einiges abverlangt. Da gibt es Hahnenkämpfe, Fight Clubs, Wetten auf riskante Sportmanöver wie Extremklettern, extreme Touren, Drahtseilakte, Untergrundsafaris.

Es geht um das testosteronreiche Austesten der eigenen Grenzen. Wie weit kann ich gehen, ohne dabei draufzuzugehen? Wie belastbar sind mein Körper und meine Seele? Die Luft ist voller Schweiß- und Blutgeruch. Es geht wild her und Rücksicht nimmt hier keiner.

Du lebst vermutlich gefährlich und du liebst es gefährlich. Alles andere macht dir das Leben grau und austauschbar. Wer sich mit dir einlässt, sollte das wissen, denn du nimmst eher nicht gerne Rücksicht auf Menschen, die ängstlich sind. Oder die dich bemuttern wollen.

Du musst echt aufpassen, welche Risiken du eingehst, denn es wird solche geben, deren Konsequenzen dein Leben nachhaltig verändern können. Du brauchst das Prickeln, den Adrenalinrausch, das ist klar. Aber versuche doch noch durch ein paar mehr Level des echten Lebens zu kommen. Denn sieben Leben hast du nicht.

▶ Was dich innerlich wandelt: Risiken und Abenteuer.

Das 8. Haus beginnt im Stier

In dieser Stadt handelt es sich beim Untergrund um gut gefüllte Weinkeller, Lagerräume, Kornkammern. Hier sorgt man sich um die Bewohner der Stadt, indem man für schwierige Zeiten vorsorgt. Ein Erdbeben, Kriege, Seuchen, Ernteausfälle, Dürren – das kann die Bewohner dieser Stadt nicht umhauen. Denn sie haben gut gehamstert. Und das macht zufrieden. Dem Tod und dem Unheil sehen sie daher mit sattem und bereitem Blick in die Augen. Sie rechnen damit, nicht ewig zu leben, und sie haben es sich zeitlebens gut gehen lassen.

Du weißt sehr gut Bescheid, wie der Hase läuft im Leben und bist für allen Unbill gewappnet. Einzig deine Sturheit könnte dir manchmal auf die Füße fallen. Denn das Schwarz-Weiß-Denken des 8. Hauses trifft auf die Beharrlichkeit des Stieres. Solltest du dich nicht so wohl in deinem Leben fühlen, so ist wohl einiges in Gang zu setzen, bis du eine Veränderung vornimmst. Denn du beharrst sogar auf deinem Leiden.

▶Was dich innerlich wandelt: Genuss und Sinnlichkeit.

Das 8. Haus beginnt in den Zwillingen

Wer hätte das gedacht? Logisch – die Katakomben dieser Stadt sind die geheimen Serverfarmen, die das Wissen transportieren, transferieren, welches oberflächlich nicht zugänglich ist. Geheime Kameras überwachen die Bewohner. Es gibt Akten über nahezu jeden hier. Bei Telefonaten wird mitgehört, Handynachrichten werden regelmäßig mitgelesen. Das gilt alles nur dem Wohle der Stadt. Informationen sind die Geheimwaffen hier und es gibt einen 1A Spionagedienst, der sich mit Agent 007 messen kann. Die Mitarbeiter sind Nerds, sie rennen hektisch herum, sammeln Neuigkeiten, Nachrichten, Infos, News und speisen diese schnell in die Cloud ein. Genauso gibt es hier eine Unterweltsbibliothek mit allen Horrorschockern in Buchform, als Filme, mit gruseligsten Reality-Formaten über grausame Verbrechen. Ist alles interessant, wird archiviert.

Das Gruselige findest du spannend und informativ und scheinst so gar keine Angst zu haben. Da gehst du analytisch ran. Andere fürchten deine Coolness im Umgang mit »spooky news« und beneiden dich darum. Du bist da ganz gefasst. Vielleicht wärst du als Kriminalkommissar sehr glücklich. Oder in der Pathologie. Die Nähe zum Tod beflügelt deinen Geist, da willst du einfach vieles drüber wissen.

Aber tu anderen den Gefallen und schone sie. Sicherlich hast

du deine Clique, mit der du das teilen kannst. Die anderen aber halte da raus, sie sind vielleicht nicht so hart im Nehmen wie Du.
▶ Was dich innerlich wandelt: echtes Wissen.

Das 8. Haus beginnt im Krebs

Die ganze Familie sitzt hier verborgen in den Bars der nächtlichen Stadt, trifft sich in den Weinkellern unter dem Wohnhaus und beratschlagt, was zu tun ist, um die Familie durch Krankheit, Krise und Armut zu bringen. Hier wird nichts dem Zufall überlassen und man hält sehr stark zusammen.

Die Frauen haben hier das Sagen und verteilen im Krisenfall die Aufgaben. Der geheime Rat der Stadt besteht aus den ältesten Frauen der alteingesessenen Familien. Sie beratschlagen wie die Nornen über das Geschick der Stadt. Die Unterkellerung der Stadt beinhaltet auch regelrechte Bunker, die dazu geeignet sind, ganze Familien aufzunehmen, im Falle eines Krieges.

An deine psychische Weiterentwicklung gehst du hochgradig emotional heran. Wandlungen und Krisen, Krankheiten und Todesfälle können dich sehr mitnehmen und tief verändern. Du gehst innerlich immer stark mit, wenn das Schicksal das Rad dreht. Es fällt dir vermutlich leicht, dich diesem Schicksal zu ergeben, denn du bist schlau und kämpfst nicht gegen das Unabwendbare. Du hast einen zielsicheren Instinkt, lerne ihm zu vertrauen, dann kommst du gut durch das Auf und Ab der Gezeiten.
▶ Was dich innerlich wandelt: deine Gefühle.

Das 8. Haus beginnt im Löwen

Die Reichen und Mächtigen treffen sich im Untergrund dieser Stadt. Es gibt geheim gehaltene Rituale, denn die Elite möchte hier unter sich sein und das gemeine Gesindel ausschließen. So gibt es totgeglaubte Tempelritter und Davidsbündler, Rosenkreuzer und Bruderschaften aller Art hier.

In prunkvollen alten Schlosskellern, die von Fackeln beleuchtet sind, gibt es üppige Festmahle und Initiationsrituale. Die Gefährten verhandeln über Gold, Geld, Macht und eheliche Verbindungen. Sie haben die Fäden in der Hand, aber in der Stadt weiß man das nicht.

Dabei geht es recht munter zu und man ist den Genüssen – den sinnlichen und sexuellen – nicht abgeneigt. Das Schicksal zu bewältigen, mit Krisen umzugehen wird hier ritterlich betrachtet und sorgt normalerweise nicht für Dramen.

Die Verbindung von Ruhm und dem Haus der Krisen und Macht kann dich zu einer einflussreichen, aber auch gefährlichen Person machen. Du bist gerne die Herrscherin in diesem Bereich, wo es nichts zu herrschen gibt. Denn das Universum, die Natur allein bestimmen über Leben und Tod. Das mag dich manchmal frustrieren. Wenn du diese Gegebenheit aber annimmst, kannst du im Rahmen der naturgegebenen Grenzen sicherlich immer noch Großes erreichen. Hüte dich aber vor men schenverachtenden Gruppierungen – es fällt alles auf dich zurück.

▶Was dich innerlich wandelt: deine Kreativität.

Das 8. Haus beginnt in der Jungfrau

Das Geheimnis, das in dieser Stadt gehütet wird, ist die Verletzlichkeit der Gemeinde, die Zartheit der einzelnen Mitglieder. Die geheimen Orte des Untergrunds haben nichts Glamouröses, wie beim Löwen. Es sind schlicht die Lazarette, wo die verwundeten Bürger und Bewohnerinnen gesund gepflegt werden. Warum eigentlich unterirdisch? Was muss hier denn versteckt werden? Offenbar will diese Stadt ihre natürliche Vulnerabilität nicht zeigen.

Man legt hier viel Wert auf die Seele, das Emotionale, das persönliche Befinden. Diese sanfte Seite macht angreifbar, und das wird durch die Verlegung der Krankenlager in den Untergrund versteckt.

Um es allen recht zu machen und in größtmöglicher Sicherheit zu verbleiben, neigt man in dieser Stadt auch dazu, sein Fähnchen nach dem Wind zu hängen und sich an die hiesige Norm anzupassen. Man fällt besser nicht auf, vielleicht bleibt man dann auch unter dem Radar des Schreckens.

Du bist feinfühlig und fühlst dich stark, wenn du deine Gefühle zeigen kannst. Deine Verletzungen, deine körperlichen Versehrtheiten aber zeigst du niemandem. Der Schein der Unabhängigkeit muss gewahrt werden. Vor allem, wenn du einen Wassermann-Aszendenten hast.

Dein Geheimnis ist aber auch deine Pflichtversessenheit, dein Arbeitswille, dein braver Gehorsam, deine Ausrichtung am Wohl der Gemeinschaft. Wenn du dich im Laufe deines Lebens stärker fühlst, dann kannst du mit eben diesen Werten eine sehr hohe Stellung in der Gemeinschaft einnehmen. Es ist nichts, weswegen du dich schämen musst. Im Gegenteil. Deine Weichheit ist deine Stärke.

▶ Was dich innerlich wandelt: analytisches Denken.

Das 8. Haus beginnt in der Waage

Was finden wohl die Archäologen bei Grabungen in dieser Stadt? Na Kunstschätze, Ausstellungsräume, Probesäle. Kunst und Schönheit liegen hier verdeckt unter der Oberfläche. Sie sind Mittel, um Macht zu erlangen. Dies gelingt oft mit der Diplomatie. So werden die Diplomaten aus anderen Städten gerne in diesen fein hergerichteten, stilvollen Underground eingeladen. Hier finden die besten Partys statt, hier wird verkuppelt und geliebt. Doch immer mit einem Hauch von Angst, von Verborgen-sein-Wollen. Das Wertvolle und Schöne dieser Stadt ist nicht für viele sichtbar. Es wird nur zu besonderen Anlässen offenbart. So wirkt diese Stadt manchmal sehr eingeschüchtert, vor allem mit einem Stadttor in den Fischen.

Ein erlesener Geschmack ist dir zu eigen und du bist tief in deiner ästhetischen Auswahl. Oberflächlichkeit wird dir niemand vorwerfen. Du bist vielleicht auch eine heimliche Schönheit, ein Mensch, der seine wahre schöne und begehrliche Seite nur den Menschen zeigt, die sehr nah mit ihm verbunden sind, gemäß dem 8. Haus als dem Haus der Ehe. So wirkst du auf Außenstehende entweder unnahbar (AC Wassermann) oder schüchtern (AC Fische). Deine Macht ist die Macht der Diplomatie. Du bist stark im Aushandeln von verbindlichen Regeln und Dogmen. Das wird dir im Laufe deines Lebens das nötige Selbstbewusstsein geben.
▶ Was dich innerlich wandelt: deine Partnerschaft.

Das 8. Haus beginnt im Skorpion

Lets talk about sex. In dieser Stadt liebt man es, sich intensiv mit den gängigen Tabuthemen des Landes auseinanderzusetzen. Das Leben ist vital, wenn es in seinen Säften lodern kann. Und so gibt es selbstverständlich rot beleuchtete Vergnügungsbereiche, die keines Undergrounds bedürfen. Es ist die Zurschaustellung von Sex, hippen Beerdigungsinstituten, Börsen und Kriminalkommissaren, die genüsslich nach Leichen suchen. Im Kino dieses Rotlichtmilieus spielen sie Horrorschocker, die von den Bewohnern als erfrischend empfunden werden, aber auch Sozialdramen und hoch analytische Psycho-Dokumentationen. Man setzt sich hier gerne mit dem Ursprung auseinander, mit dem Leben und Tod, mit dem Risiko der Grenzüberschreitung, mit orgasmischen Höhen und tieftraurigen Krisen.

Okay, du bist manchmal krass, du bist intensiv und dich schockt so leicht nichts. Und du bist immer stärker geworden durch diese intensiven Berührungen mit dem Unbill des Lebens. Krisen? Kennst Du. Dramen? Hast Du. Intensiven Sex, tiefe Nähe und bedingungslose Liebe? Brauchst Du. Je älter du es schaffst zu werden, desto höher sind deine Chancen, wirklich sehr alt zu werden, da du seelisch gegerbt bist und auch physisch so einiges ertragen kannst. In jungen Jahren kann es dennoch oftmals grenzwertig zugegangen sein. Bei Jugendlichen muss man durchaus ein Auge darauf haben: Sex, Drugs und Gangs können schreckliche Untiefen annehmen.

►Was dich innerlich wandelt: deine Sexualität.

Das 8. Haus beginnt im Schützen

Das, was die Stadt mit Tiefe versehen will, sind die Weite der Welt, die Philosophie, die verschiedenen Kulturen rund um den Globus. Der Underground dieser Stadt, das sind Hostels, wo sich Traveller über ihre verschiedenen Reisen austauschen. Gedankengut fluktuiert, genauso exotische Räuchereien, Musikinstrumente, Weisheiten. Hier wird über das wirklich Wahre debattiert, die Wahrhaftigkeit der Welt, wozu es sich lohnt zu leben und zu streben.

Mit einer ungewohnten Ernsthaftigkeit werden hier Weltreligionen und philosophische Ansichten gegeneinander abgewogen, ins Feld geführt. Der Stärkere gewinnt. Dogmatismus trifft auf Toleranz, was zu Wahrheitspfadfindern führt, die sich in ihrer Suche nicht schonen, bis sie fündig werden. Man nimmt hier alles sehr genau. Und am Ende des Abends steht Osho auf und verkündet seine Ansichten. Seine Wahrheit.

Mit dir zu diskutieren führt häufig nicht zu einem fairen Abwägen von Argumenten. Du bist überzeugt und lässt dich nicht überzeugen. Daher ist es schwer, mit dir Meinungen auszutauschen, ein schlichtes Gespräch über Inhalte zu führen. Du weißt es immer besser. Und du lässt auf gar keinen Fall belehren. Du hast deine Prinzipien und du hältst sie bedingungslos ein. Wenn du dich mit einer Person verbunden hast, dann kann diese auch ein Leben lang auf dich zählen. Auch wenn sie Mist baut. Denn du bist tief im Kern sehr loyal.

Deine Unnachgiebigkeit und Prinzipientreue kann dir aber auch so einiges vermasseln, denn im Leben zählt oft auch die Fähigkeit, sich elegant an neue Umstände anzupassen. Versuche deinen eigenen Dogmatismus kritisch zu hinterfragen, um dich so tolerant zu machen, wie du es vorgibst zu sein.

▶ Was dich innerlich wandelt: Reisen.

Das 8. Haus beginnt im Steinbock

Der Sitz der Parteien? Der Gesetzesmacher? Liegt in dieser Stadt gut verborgen im Untergrund. Das sind geheime Parteiräume, Machtzentralen, wo die Fäden in der Hand gehalten werden. So bekommt Politik hier etwas Anrüchiges, Intransparentes. Man hat etwas zu verbergen. Auch wenn die Denke dahinter ist, dass man es den Bewohnern schlichtweg ersparen will, sich mit den Gesetzen und Geboten der Stadt auseinanderzusetzen. So ist die Hierarchie hier eindeutig: Es gibt die Mächtigen und Wissenden und es gibt die Schäfchen, die folgen. In dieser Stadt gibt es eine subtile, da unsichtbare Macht, die sehr ausdauernd und erfolgssüchtig ist.

Da gibt es eine sehr machtvolle Seite in Dir, die dich dazu befähigt, andere anzuleiten. Vielleicht schöpfst du auch Kraft und Einfluss daraus, dass man dich häufig unterschätzt. Du magst milde wirken, nett und zugänglich. Doch im Kern hast du Biss und Ausdauer und hast Blut daran geleckt, die Macht in den Händen zu halten. Im Gegenzug bist du auch bereit, dich mit deiner Macht für deine dir untergebenen Schäfchen einzusetzen. Unter Einbringung aller deiner verfügbaren Kräfte. dich zeichnet ein hohes Pflichtbewusstsein aus. Und auch, wenn du unfassbare Risiken eingehst, so wägst du sie dennoch vorher gründlich ab.

Denn du bist ein analytischer Mensch und lässt dich nicht nur von deinem Bauchgefühl leiten.

▶ Was dich innerlich wandelt: das Loslassen von Gesetzen.

Das 8. Haus beginnt im Wassermann

Vive la revolution! In dieser Stadt wird ständig ein Komplott vorbereitet. Im Untergrund wird das hiesige politisch-gesellschaftliche Modell regelmäßig infrage gestellt und mögliche Boykotts werden beratschlagt. Es wird fair diskutiert. Es sind Clubs, Sportvereine, Saunas, in denen man sich für Umbruchfantasien trifft. Hier entsteht das neue Utopia, hier sind schnelle Köpfe am Werk, hier wird mit den neuesten Methoden des Denkens, Recherchierens und Vernetzens gearbeitet. An der Zukunftsfrage. Die Freiheit für das individuelle Dasein soll gesetzlich und gemeinschaftstauglich verankert werden.

Dein Umgang mit dem Tod, mit Krisen und Transformation ist ein ungewöhnlicher, ein schneller, ein revolutionärer. Auch im Tod sollte man frei sein und jede Beerdigungsstrategie wählen können, die zur Verfügung steht. Sex ist ein Mittel, um sich zu befreien, aber nicht der Mittelpunkt deines Lebens. Deine Dogmen sind gerahmt von Begriffen des modernen, des utopisch Idealen, der Kreativität und Individualität. »Jeder und jede ist zu seiner Freiheit verpflichtet«, könnte ein solches Dogma lauten. Die Auslegung der gesellschaftlichen Normen ist für dich ein Spiel, das du gerne reformierst. dein gesundes Selbstbewusstsein weist dir darin den Weg.

▶ Was dich innerlich wandelt: dein Umgang mit Krisen: offen sein für Neues.

Magisch mystisch ist diese Stadt. Aus den Gullis und Kanalisationsdeckeln wabern Weihrauch und andere Räuchereien. Im Untergrund dieser Stadt befindet sich nichts Geringeres als eine neue Welt. Das Land der Märchen und Mysterien. Ein Paralleluniversum der Liebe. Hier ist alles möglich. Jedwede Fantasie wird hier lebendig und führt ein eigenes Leben. Für die Bewohner der Stadt ist es völlig normal, auch in den Straßen Elfen, Feen und anderen mythischen Wesen zu begegnen. Man kennt sich. So haben die Einwohner der Stadt auch etwas verträumt Romantisches an sich, da ihre Untermieter seelenhaft anwesend sind.

Du hast vermutlich einen recht intuitiven und dennoch sehr guten Instinkt im Umgang mit dem Geld von anderen. Sagenhaft. dein eigenes Geld weißt du bestens und sicher anzulegen. Mit den Dogmen der Stadt setzt du dich auch aus dem Bauch heraus auseinander. Du willst das, was du erfährt, in eine höhere Ebene transformieren. Je nach Position deines Aszendenten willst du damit auch tatsächliche Macht über das Hier und Jetzt erreichen (AC Löwe), oder du hältst dich damit doch lieber im Hintergrund auf (AC Jungfrau).

▶ Was dich innerlich wandelt: Spiritualität.

9. Haus – das Gelehrtenviertel

Anhand des 9. Hauses im Horoskop erkennen wir, was wir gerne tun, um unseren Horizont zu erweitern: in philosophischer Hinsicht, indem wir uns mit höherer Bildung auseinandersetzen, oder indem wir reisen und die Welt kennenlernen.

Das von Jupiter beherrschte und dem Schützen zugeordnete 9. Haus markiert auf der Achse 3.-Haus/9.-Haus, oder auf der Zwillinge/Schütze-Achse die Themen Wissen, Theoriegebäude, Philosophie, Reisen, fremde Kulturen und Länder und höhere Bildung.

Es ist auch das Haus der Lehre und der Glaubensvermittlung. Mit einem stark besetzten 9. Haus möchte man der Welt gerne mitteilen, was man sich für Gedanken macht, und man möchte auch gerne damit überzeugen.

In unserer Astrostadt verwandelt sich das 9. Haus daher in ein Gelehrtenviertel. Hier stehen die Universitäten, die Museen, aber auch die Gerichte und ebenso die Reisebüros nebeneinander. Die architektonischen Stile sind stark gemischt. Viele Menschen aus allen Ländern der Welt tummeln sich hier.

Je nach Tierkreiszeichen, das hier regiert, werden in der Stadt die Erweiterung des Wissenshorizontes, das Reisen oder Glaube und Philosophie gelehrt, propagiert und nach außen getragen.

Dieses Viertel hat durchaus viel Edles an sich: Einige Leute laufen in Talaren herum, andere in Anzügen oder anderen feinen Gewändern. Es gibt Priester und Professoren, Richter und Philosophen. Was diese Menschen eint, ist die Haltung für etwas Höheres anstatt nur für sich selbst einzustehen und sich lediglich für sich zu engagieren.

Es ist der Ort in der Stadt, wo an der inneren Moral gefeilt wird, wo die eigene Biografie zur Heldenreise geschmiedet wird, wo Mythen manifestiert werden, um diese als stimmige Erzählung der Stadtgeschichte an Nachkommen weiterzugeben.

»Wer suchet, der findet«, ist das Motto dieses Bezirkes. Und so sucht man hier, jeder auf seine Art und Weise, nach der Weltenformel, nach dem Sinn des Lebens.

Das 9. Haus beginnt im Widder

Wird das Feuerhaus von einem Feuerzeichen geleitet, so muss das große Abenteuer her – und zwar die Weltreise. Daher dominieren in diesem Viertel die Reisebüros – auch wenn das etwas anachronistisch ist. Es gibt auch spezielle Bibliotheken für Bücher über die fremden Länder und Reiseführer. Mit viel Bildern und wenig Text.

Denn vor lauter Feuer hat der Reiselustige keine Zeit zum langen

Lesen. Sicherlich gibt es auch den ein oder anderen Outfitter-Laden, einen Globetrotter für die ganze Ausrüstung, falls es nach Nepal gehen sollte oder anderswo in den Bergen.

Wichtig ist es, dass man der Erste in irgendeiner Gegend ist, dass man wie ein Pionier die Landkarte erst farbig zeichnet. Natürlich ist das heutzutage sehr schwer, denn es gibt keine unentdeckten Orte mehr. Aber das schreckt den Abenteurer hier nicht ab.

> Du bist Feuer und Flamme, wahrscheinlich hältst du es nie lange an einem Wohnort aus, ohne längere und vor allem weitere Reisen zu unternehmen. Gib diesem Drang nach. Du bist ein Nomade im Herzen und so voller Neugier und Lebenslust, dass es einem leidtut, dich an einem Platz festsitzen zu sehen. Wie ein Tier im Zoo. Du musst frei sein, damit du deinem Drang nach Weite Raum geben kannst.
>
> Jemand wie du braucht das Reisen. Und wenn es nicht das Reisen ist, dann ist es die abenteuerliche Bildung, die dich reizt. Egal ob höhere Bildung oder Weltreise: Wichtig ist das Abenteuer dabei, dass du wagst Dinge zu unternehme, was sich andere nicht trauen. Nicht weil du besonders mutig bist. Sondern, weil du dein Risiko nicht abwägst und dich einfach reinschmeißt in das bunte Leben. Pass ein bisschen auf deinen Körper auf, dann wird das sicherlich ein buntes, reiches Leben.
>
> ▶ Wie du deinen Horizont erweiterst: durch Abenteuer.

Das 9. Haus beginnt im Stier

Beginnt das 9. Haus im Stier, so ist die Achse Stier/Skorpion aktiviert und verweist auf das Beharren auf dem, was man kennt. Dementsprechend sind hier weniger Reisebüros zu sehen, sondern eher Museen, wo Schätze und Reliquien aus anderen Ländern sicher verwahrt betrachtet werden können. An der Uni lernt man Landwirtschaft, Geologie, Wirtschaft, Ernährungswissenschaften. Man schätzt die alten, jahrhundertelang erprobt Methoden und entdeckt sie wieder.

Die Leute hier sind nicht ganz so edel unterwegs, eher mit praktischer Allwetterkleidung, falls es regnet oder man aufs Feld muss. Hier wird auch höhere Bildung angestrebt, aber mit viel Geduld und eher im Langzeitstudium.

Wenn du einmal ein Verständnis von etwas in dir hast, dann bleibst du häufig auch dabei. Andere schätzen an dir deine Loyalität dir selbst gegenüber. Doch stehst du dir manchmal selbst im Weg, wenn du auf Biegen und Brechen auf deinem Standpunkt beharrst, auch wenn deine Freunde anderer Ansicht sind. Oder wenn sich die Welt verändert hat. Es ist schwierig, im Wechsel der Zeit mitzuhalten, wenn man rigide an etwas festhält. Die Vor- und Nachteile wiegen einander auf. Für dich ist das Loslassen von festen Meinungen eine Übung, die dir viel Befreiung bringen kann. Und das geht am besten über das sinnliche Erfahren, über das Spüren von Tatsachen am eigenen Körper. dein Gespür, deine Sinne leiten dich zu neuen Erkenntnissen.
▶Wie du deinen Horizont erweiterst: durch Sinnlichkeit.

Das 9. Haus beginnt in den Zwillingen

Dies ist ein Gelehrtenviertel, das vor Bildungsangeboten nur so strotzt – gleich mehrere Universitäten bieten eine breite Bildung an. Bibliotheken, Museen, Forschungsgebäude, Planetarien, Labore. Für jeden Wissbegierigen ist hier etwas dabei.

Natürlich mit bestem WLAN und multilingual angelegt. Es gibt auch Reisebüros, aber man bevorzugt hier Städtetrips und Kurzreisen. Für eine Weltreise gibt es zu viel ablenkende andere Angebote. Und außerdem müsste man schon einen starken Fokus darauf haben und auch all die Vorbereitungsarbeit auf sich nehmen. Das eigene Land zu erobern, mit einem Philosophie-Schinken in der Hand, ist schon Horizonterweiterung genug.

In diesem Viertel wimmelt es nur so von jungen Studenten und Studentinnen, die sich lautstark und blitzschnell untereinander austauschen, und alle möglichen Informationen sirren nur so durch die Lüfte.

Wie ein nimmersatter Bücherwurm kannst du dich durch Bibliotheken fressen. dein Wissenshunger auf Neues ist riesig und nie endend. Und so purzeln die Informationen, neue Wissensgebiete, Sprachen, Anwendungen, News alle in dir durcheinander. Aber gleichzeitig willst du alles in eine Form gießen. Und das ist das, was dich antreibt. All dein Wissen in eine höhere Form zu gießen. Wenn du dabei nicht zu huschhusch zwillingemäßig vorgehst, kann das Vorhaben auch gelingen. Deine Wissensachse ist in einem guten Flow ausgerichtet, Wissenserwerb, Wissensweitergabe und Verarbeitung sind vermutlich wichtige Komponenten in deinem Leben – wenn auch noch persönliche Planeten im 9. oder 3. Haus stehen.

▶Wie du deinen Horizont erweiterst: durch Neugierde.

Das 9. Haus beginnt im Krebs

Die Erweiterung in dieser Stadt geschieht vorrangig über das Emotionale und Verbindende. Eine Vetternwirtschaft im Denken ist hier gängige Praxis. Priester, Richter und Gelehrten sind miteinander verwandt und verschwägert, man kennt sich und man schätzt die Bande der Familien, die einige Jahrhunderte zurückreichen. So kann es selbstverständlich sein, dass noch recht alte und harsche Familienregeln in den Dogmen der Geistigen existieren. An den Universitäten wird vor allem Geschichte, speziell Vaterlands- und Familiengeschichte gelehrt.

Die Geschichten, die hier als Stadtmythen kursieren, sind als eiserne Pfeiler gemeint, um die Gemeinschaft auch noch in den nächsten Jahrzehnten zu einen.

Verwandtschaft, Familie und die Liebsten sind zentral für dich in deiner Meinungsbildung. Das gibt unheimlich viel Stabilität.

Vermutlich bist du in dir auch sehr genordet, stabil und weißt sehr gut, wer du bist. Denn du kannst klar benennen, woher du kommst, aus welchen geistigen Wurzeln du entstammst (= 3. Haus Steinbock). dein Stammbaum ist dein philosophischer Reichtum, aber er zeigt auch das Ende deines geistigen Horizonts an. So kann es sein, dass du bei anderen als rigide giltst, dass es dir schwerfällt, dich auf neuere Zeiten und neuere Meinungen und Diskurse einzulassen.

Du brauchst also hin und wieder eine Distanz zu deiner Familie, damit du dich in der Welt gut zurechtfinden kannst und nicht als anachronistisch giltst. Durch die Ablösung von der Familie kann Neues zu dir kommen, vielleicht auch in Form der Liebe.
►Wie du deinen Horizont erweiterst: durch starke Gefühle.

Das 9. Haus beginnt im Löwen

Was ist in dieser Stadt der geistige Reichtum? Womit erweitert man hier seinen Horizont? Es ist die Kreativität, die Lebensfreude und die Kraft, aus sich selbst heraus Neues und Großes zu schöpfen. Die Universitäten sind durch eine große Unterstützergemeinde von Ehemaligen reich und können so die Forschung betreiben, die den Lehrenden als wichtig und relevant erscheint. Die Studierenden sind demnach verwöhnt in ihrem Wissenserwerb. Gastdozenten werden regelmäßig eingeladen, man macht Austauschsemester. Geld spielt bei den Unis keine Rolle. Auch die Richter, Priester und Philosophen dieser Stadt leben reich und gemütlich. Sie erfahren eine hohe Achtung seitens der Bevölkerung und sonnen sich im Ruhm. Bildung und Reisen sind hier mächtige Mittel, um an die Macht zu gelangen.

Bildung ist bei für dich eng an Macht gekoppelt. Du weißt, dass du lernen musst, dass du Weisheit brauchst, dass du fremde Länder bereisen musst, um so viel über die Welt zu wissen, dass du regieren kannst. Damit dein Wort, dein Urteil, deine Meinung überall gehört werden. Hier schwingt etwas Generöses mit. Pass daher auf, dass du deinen Hang zum Angeben durch Bildung gut im Zaum hältst. Sonst läufst du Gefahr, dass andere heimlich über dich lächeln, dass du dich mit deiner Bildung und mit deinen Reisen der Lächerlichkeit preisgibst. Die Welt liegt dir zu Füßen, wenn du wahrhaft kreativ bist.

▶ Wie du deinen Horizont erweiterst: durch vitale Schöpferkraft.

Das 9. Haus beginnt in der Jungfrau

Bescheiden ausgestattet ist dieses Gelehrtenviertel. Es gibt mehr Grundschulen und Gesamtschulen als Universitäten und prachtvolle Gerichte. Im Katalog des einzigen Reisebüros finden sich Reisetipps fürs Wandern, Angeln und Radfahren in einsamen und ruhigen Gebieten.

In den Unis lehrt man Medizin, Heilkunde, auch Homöopathie. Doch auch Bürokratie, Buchhaltung, Hauswirtschaft werden hier emsig von den fleißigen Studenten gelernt. Niemand prunkt hier mit seinen Bildungsabschlüssen. Vielmehr geht es darum, sich möglichst schnell für das Wohl der Gemeinschaft intellektuell stark zu machen und eine entsprechende Anstellung im Gesundheitssektor zu suchen. Hier wird schnell, effektiv und gründlich gepaukt – Extrarunden an der Uni sind verpönt.

Die Bildungsachse ist mit der Verbindung von Fische-Jungfrau auf Gemeinwohl und Nützlichkeit ausgerichtet. Du lernst etwas, weil du andere heilen willst, weil du mit deinem Einsatz Gutes für andere tun möchtest. Das Wissen fliegt dir irgendwie zu, du brauchst nicht doll zu lernen. Du kannst dich aber auch manchmal nicht so gut konzentrieren (= 3. Haus Fische). Das gleichen dann dein Fleiß und deine Stetigkeit aus, wenn es um die höhere Bildung geht. Du kannst auch sehr gut in Schulen arbeiten. Das Lehren, als nützliche Arbeit mit Kindern, passt zu Dir. Auch wenn du sehr bescheiden mit deiner Bildung umgehst, so erlangst du doch in den Jahren ein erhebliches Wissen. Deine Urteile und Meinungen beruhen auf Vernunft und Nächstenliebe.

▶ Wie du deinen Horizont erweiterst: durch Analyse.

Das 9. Haus beginnt in der Waage

Welterweiterung wird in dieser Stadt sehr charmant angegangen – man interessiert sich sehr für die Sitten und Gebräuche der anderen Kulturen und stellt daher viele Ausstellungsstücke, Kunstgegenstände, Raritäten aus anderen Ländern in übergreifenden Museen und Ausstellungsräumen aus. Man interessiert sich für die Kunst, die Kultur, den Stil der anderen. Häufig sind auch Diplomaten hier unterwegs, man sitzt in schönen, stilvollen Cafés und Restaurants und unterhält sich fließend in diversen Sprachen. In den Universitäten lernt man vorrangig Kunst, Kulturwissenschaften, Modedesign und Grafik. Die StudentInnen sind alle schick gekleidet und es geht mindestens genauso um den gekonnten Auftritt bei Referaten, wie um einen geschmackvollen Inhalt. Dafür aber ist man bei wissenschaftlicher Genauigkeit flexibler.

ModebloggerIn wäre sicherlich nicht allzu abwegig für Dich, oder aber Reisebegleitung bzw. Hoteltester. Wenn es nicht das konkrete Reisen ist, dann liegt dir vielleicht die Diplomatie, der Austausch mit Menschen aus der ganzen Welt. Du liebst es, dich mit ihrem fremden Charme und Stil zu inspirieren, dich dadurch selbst weiterzuentwickeln, neu zu entdecken. Vielleicht verliebst du dich auch in Menschen aus anderen Kulturen, denn das bringt deine innere Horizonterweiterung noch effektiver voran. Wichtig ist dir bei alldem, dass die Menschen harmonisch und stilvoll, mit gutem Benehmen mit dir kommunizieren, denn das ist deine Erwartungshaltung. Ansonsten wendest du dich vermutlich auch schnell wieder ab.

Du neigst allerdings wahrscheinlich auch zu einem recht

harschen, wilden und unbedachten Kommunikationsstil (Widder im 3. Haus). Hier braucht es immer wieder die Reflexion: Wie ich mich verhalte, so verhalten sich auch die anderen. Je mehr du dich respektvoll unterhältst, desto größer ist auch deine Chance von anderen den Respekt und die Höflichkeit zu erhalten.

▶ Wie du deinen Horizont erweiterst: durch Ästhetik und Stil.

Das 9. Haus beginnt im Skorpion

Mit einer großen Skepsis tritt man in dieser Stadt an die Erkundung der Welt heran. Die Universitäten sind schlicht und unscheinbar gebaut, fast als würden sie sich tarnen. Reisebüros findet man nirgendwo, denn gereist wird nicht so viel. Und die Gerichte sind dagegen große und beängstigende Gebäude – hier wird gleich klargemacht, wer hier das Sagen hat.

In den Universitäten werden vorrangig Psychologie, Management, Finanzwesen und Marketing gelehrt. Es geht vor allem um Kontrolle, um die perfekte Auslotung der Bedürfnisse und Wünsche der Leute. Die Studenten und Studentinnen stürzen sich mit großem Fleiß auf ihre Bücher und lernen, bis der Kopf qualmt. Nur, wer das Material bis in die Tiefe hinein ergründet, hat hier gute Chancen. Die Urteile der Richter sind harsch und streng. Wer sich in dieser Stadt nicht gemäß den Gesetzen verhält, seinen eigenen Weg geht, der wird mit aller Härte und Dominanz zurechtgewiesen. Regelmäßig werden den Bewohnern moralische Texte an öffentlichen Plätzen vorgetragen – die Schulung von Ethik und Moral wird hier sehr ernst genommen.

Die Erweiterung deines Horizontes ist so eine Sache. Du hast schon klare Vorstellungen vom Dasein auf der Erde und möchtest diese vielleicht mit diversen Argumenten manifestieren. dein Vortragsstil ist dementsprechend insistierend, teilweise sogar recht düster, wie die Warnungen der antiken Kassandra. Betrachtest du die Welt, dann siehst du eben viel Schreckliches und

Übles. Du siehst, wie schlecht die Menschen miteinander umgehen, und das möchtest du auch in deinen Reden ausdrücken, um Menschen moralisch wachzurütteln.

Klar, dass das bei den meisten nicht so gut ankommt. Deine Wahrheits- und Tiefensuche ist ein großer Gewinn, wenn du nicht moralisierend und bewertend auftrittst. Versuche also deine Forschung und deine Theorien in Bücher zu gießen oder nur an Menschen weiterzugeben, die dich darum bitten. Dann kannst du mit deinen Worten einen sehr großen Einfluss ausüben.

▶ Wie du deinen Horizont erweiterst: durch tiefe Verbindung.

Das 9. Haus beginnt im Schützen

Hier kommen Schütze und Schütze zusammen, die Häuserenergie ist dementsprechend feurig und weit reichend. Überall rufen Reisebüros zu neuen Weltreise-Zielen auf, haben Globetrotter-Angebote und Rabattkarten für Flüge und Züge, damit sich jeder eine weite Reise auch leisten kann.

Im Gelehrtenviertel geht es viel um Religion, Philosophie und Wahrheitsfindung. Daher stehen hier Moscheen neben Kirchen, Tempel neben Synagogen. Keine Religion wird hier ausgeschlossen, denn aus jeder Richtung und Denkweise ist etwas Gutes zu destillieren. Angeregt unterhalten sich Priester, Rabbis, Prediger, Suchende und Sinnierende. Hohe Ziele werden hier verfolgt und gemeinsam anvisiert. Die Universitäten strotzen nur so vor neugierigen und weltoffenen Studenten und Studentinnen, die wissbegierig neues Wissen aufsaugen und mit altem Wissen verknüpfen. Beliebte Studiengänge sind Vergleichende Kulturwissenschaften, Islamistik, Judaistik, Theologie, Indologie, Philosophie.

Es sind helle Köpfe, aber auch rasende Charaktere, die sich ungern an eine Uni binden. So reisen viele Studierende nur für ein Semester an, verbringen Erasmus-Jahre hier, sind auf Work and Travel zu Besuch.

Du bist vermutlich offen, neugierig, tolerant und liebst es, die Welt zu erkunden. Tu dies, halte dich da nicht zurück. Vor allem, wenn dein neuntes Haus betont ist, dann solltest du diese Lebensweise für dich ernst nehmen und auch umsetzen. Nur zu Hause bleiben, reizarm und uninformiert, das ist nichts für Dich. Wenn das Reisen nicht dein Ding ist, dann erweitere dein Wissen mit Studieren, Weiterbildungen. Du hast der Welt vermutlich auch etwas zu sagen, falls du nicht schüchtern bist. Hier kannst du die schriftliche Form oder die mündliche Form wählen – du bist vermutlich ein guter Lehrer, eine gute Lehrerin. Mit deiner Lehre verstehst du es, Menschen für deine Themen zu begeistern. Das gibt dir enorm viel Schwung und einen lebenslangen Wissenshunger.
▶ Wie du deinen Horizont erweiterst: durch Reisen und Bildung.

Das 9. Haus beginnt im Steinbock

Die höhere Bildung ist hier Staatssache und so sind die Universitäten, die Museen und Gerichte alle von Staatsseite organisiert und verwaltet. Das gibt dem Ganzen einen recht militärischen Touch, denn die Bildung ist eine bürgerliche Verpflichtung und wird nicht mit Neugierde, glänzenden Augen und Begeisterung angegangen, sondern mit der stoischen Trägheit und inneren Verpflichtung von Schülerinnen und Schülern. Da ist auch klar, dass keine esoterischen Fächer unterrichtet werden und auch sonst keine romantischen Studiengänge angeboten werden. Was zählt, ist der spätere Nutzen für die Gemeinschaft und so gibt es zur Auswahl: BWL, VWL, Jura, sämtliche mathematischen und naturwissenschaftlichen Fächer und Technik.

Die Universitätsgebäude sind dementsprechend groß und effektiv gebaut, sodass jede emsige Ameise ihren Platz hat. Keinen Platz finden in dem Gelehrtenviertel Reisebüros und fremde Kulturen. Mit solchem Schnickschnack will man sich in dieser Stadt nicht aufhalten lassen. Was zählt, sind Fakten und Arbeitskraft und ein beständiges Fortschreiten in der Ausbildung.

Deine Weiterbildung, deinen Beruf, vor allem deine Theorien über die Welt als Ganzes nimmst du vermutlich sehr ernst. Deine Lehrer sollen die besten sein und dich stark fordern, denn du willst deine Zeit nicht mit Schmusereien verschwenden. Du weißt vielleicht schon recht früh, wo du hinwillst, und kannst dich auch gut darauf fokussieren. Deine Stärke ist das analytische und ausdauernde Weiterlernen, auch deine Gedankengänge kannst du gut organisieren, so dass sie effektiv laufen. Schade wäre nur, wenn du die ganzen – in deinen Augen weichen Wissenschaften – in deinem System ausschließt: Philosophie, Kulturwissenschaften, Studien über andere Länder und Kulturen. Wenn du sie zu integrieren verstehst, kannst du im Urteil über andere flexibler sein, da du dich auch über andere Lebensgewohnheiten gebildet hast.

▶ Wie du deinen Horizont erweiterst: durch ausdauerndes Lernen.

Das 9. Haus beginnt im Wassermann

In dieser Stadt sind die Gelehrten Ingenieure und Wissenschaftler. Es wird alles über Technik in den Universitäten gelehrt. Überall gibt es Labore und Orte der Forschung. Computertechnik, Raumfahrtechnik, alle naturwissenschaftlichen Fächer, aber auch soziale Fächer wie Erziehungswissenschaften, Soziologie, Sozialwissenschaften. Neben den Unis stehen die Reisebüros, da gibt es keinen Widerspruch. Die Reisen sind vornehmlich wissenschaftlicher Natur, man reist zu Zielen, wo man forschen kann, sich in anderen Laboren der Welt weiterentwickeln kann, im internationalen Team neue Erkenntnisse erarbeiten kann.

Die Erweiterung des Horizontes ist eng an technologische Fortschritte geknüpft, an Technologie, an Daten, Vernetzung und an kollegiale Zusammenarbeit mit sehr individuellen Charakteren. Im Hintergrund wird auch immer die faire Gesellschaft mitgedacht, in der für alle gesorgt ist und jeder gleichberechtigt zu Wort kommen kann. Auf den Fahnen der Weiterbildung steht: Freiheit für alle, Gerechtigkeit und Gemeinschaft! Daher ist das Karrieredenken hier verpönt. Wer nur an sich selbst denkt, denkt zu kurz.

In dir steckt eine Forschernatur, aber eine sehr kreative. Du lässt dich nicht in Zwänge stecken, lässt dir von anderen nicht sagen, was und wie du zu lernen hast. Deine Neugierde auf Wissen ist dir wesenseigen, da muss dich niemand zu zwingen. Was du dann erkennst, willst du auch zeigen, gerne als wissenschaftliche Publikation. Du arbeitest schnell und sehr organisiert, bist aber weniger an der Tiefe der ernsthaften Beweise interessiert. Da gibt es sicher andere Leute, die das besser können. Das delegierst du gerne.

Auch wenn du manchmal etwas eigenbrötlerisch erscheinst, vor allem, wenn du arbeitest und forschst, so ist deine Arbeit, deine Forschung und deine Horizonterweiterung doch immer auf den Nutzen in der Gemeinschaft ausgerichtet.

▶ Wie du deinen Horizont erweiterst: durch revolutionäres Denken.

Das 9. Haus beginnt in den Fischen

Das Gelehrtenviertel in dieser Stadt ist nebulös und nicht so leicht zu finden. Was wird hier gelehrt? Und wo sind die Bildungsstätten? Stadtbesuchern ist nicht ganz klar, welche Leitlinien hier in Sachen Bildung gängig sind. Doch es gibt sie, die Universitäten und Reisebüros, nur eben etwas versteckt. Es sieht aus wie die zauberische Winkelgasse bei Harry Potter. Die Stadtbewohner lernen hier die Künste der Magie, der Zauberei, der Kräuterheilkunde. Dann ist auch die Kreativität sehr wichtig: Bildende Kunst, Töpferei, Grafik, Skulpturenbau werden nebst erzählerischem Talent, Filmästhetik, Regie, Schriftstellerei und anderen schönen Künsten gelehrt. In den Reisebüros bietet man Trips nach Indien, Thailand, China an. Zu Orten, an denen man meditieren, Yoga machen, sich seelisch weiterentwickeln kann.

Du bist ein emsiger Lerner (= 3. Haus in Jungfrau), aber die Theorien verschwimmen dann in deinem Kopf zu etwas ganz anderem, Neuen. Du gehst eben kreativ mit den Informationen um, die du erlernst. Deine innere Welt ist sehr reich und groß, du kannst bedenkenlos darin leben. Was dir aber mitunter schwerfällt, ist der Fokus, den du halten musst. Denn die Themen umschwirren Dich, sind mal hier mal da. Nicht immer greifbar, aber sehr inspirierend. Mehr noch als deinen Verstand willst du deine Seele weiterbilden, sie erweitern, empfänglicher machen, dich von der Welt berühren lassen. Wenn Kunst, Kreativität oder Spiritualität in deinem Leben maßgeblich von dir beruflich ausgeübt werden, ist das sicherlich sehr gut.

▶ Wie du deinen Horizont erweiterst: träumend.

10. Haus – das Regierungsviertel

Wo wir im 9. Haus so schön unseren Horizont durch weite Reisen und philosophische Lektüre erweitern, so gießen wir im 10. Haus diese neuen Erfahrungen, die innerlichen Überzeugungen über den Zusammenhalt der Welt in innere Überzeugungsmuster, in feste Gesetzestexte.

Wir meißeln unsere Theorien über das Soziale und Individuelle, über Politik und Wirtschaft, über Erziehung und Bindung in Stein und stellen diesen, für alle sichtbar, auf dem Rathausplatz oder auf dem Schlosshof auf.

In der Astrostadt wird das 10. Haus zum Regierungsviertel. Hier werden die Regeln erdacht und Gesetze geschmiedet, die die Gemeinschaft zusammenhalten sollen.

Die Arbeit rangiert an oberster Stelle und so finden sich in diesem Viertel vor allem Gebäude der öffentlichen und gemeinschaftlichen Arbeit.

Auf dem Schlosshof stehen die Statuen der berühmten Persönlichkeiten, die einst in der Stadt lebten, hier sind sie Mahnmal und

Ermunterung für nachfolgende Generationen, ebenfalls Großes zu leisten.

Im Regierungsviertel ist man über den eigenen Nutzen hinaus tätig. Es geht nicht um Gehalt und Eigentum, sondern darum, sich mit seiner Arbeit eine wichtige Rolle innerhalb der Gemeinschaft zu sichern.

Hier gehen Status, Karriere und Ehrenamt Hand in Hand im Namen einer gut funktionierenden Gemeinschaft.

Das 10. Haus beginnt im Widder

Regieren ist hier Chefsache, da wird nicht viel diskutiert. Die Ansagen kommen von oben und werden blitzschnell ausgeführt. Denn wer in der Stadt nicht gehorcht, dem blühen ebenso schnelle wie harsche Maßnahmen.

Das Regierungsviertel gleicht einem Pferdestall. Der König, die Regierung, ist mal wieder kurz vor einem Jagdausflug. Es herrscht große Betriebsamkeit und keiner will sich hier mit langen Erklärungen aufhalten. Will jemand aus dem Volk über das eine oder andere Gesetz diskutieren oder hat Klärungsbedarf, dann ist das seine Sache. Antworten wird man ihm entweder gar nicht oder in gewohnter Marschallmanier geben: einfach, laut, brüsk.

Du lässt dir nichts sagen, denn du bist der Boss. Ganz klar. Und du liebst es, klare, einfache Anweisungen zu geben. Niemand wird dich missverstehen. Denn du nutzt den vielfach getesteten Kommandoton der Armee. Warum auch nicht? Besser keine zweideutigen Reden halten. So weiß jeder, woran er bei dir ist. Im Privaten hingegen setzt du auf sanfte Töne und kannst Disharmonie in deiner Familie kaum ertragen (= IC in der Waage).

Bei deinem Tonfall musst du aufpassen, dass du es dir nicht mit zu vielen Menschen verscherzt. Denn nicht alle haben eine Untertanenmentalität.

▶ Dein höchstes Gemeinschaftsziel: aufs Risiko gehen.

Das 10. Haus beginnt im Stier

Auf diesem Schlossplatz sitzen die Königsfamilie und die höheren Beamten bei einem sinnlichen Schmaus zusammen und lassen sich in ihrer politischen Arbeit so gar nicht hetzen. Man trinkt genüsslich Wein, kostet von vielerlei Selbstgekochtem, Selbstgebackenem und freut sich am familiären Zusammensein.

Dringende Aufgaben werden schon auch erledigt, immerhin soll die Wirtschaft, sollen die Bauern nicht einschlafen. Aber alles zu seiner Zeit. Nach dem Nachtisch zum Beispiel. Gehetzt werden darf hier nicht, da werden die Herrschaften rasend vor Wut. Alles läuft hier in »slow motion«. Dafür setzt man umso mehr auf Tradition und Erbe. Denn so muss sich vieles gar nicht ändern. Ergo: weniger politische Arbeit ist zu erledigen.

Eile mit Weile ist dein Motto. Du hast die Ruhe weg, wenn es um deine Arbeit geht, um deine Position in der Gesellschaft. Mit den schnellen Wechseln der Zeit kommst du zwar nicht so gut zurecht, aber du hast längst beobachtet, dass es nichts Neues unter der Sonne gibt. Und so wartest du geduldig ab, bis deine Zeit wieder gekommen ist. Solange du gemütlich deiner Arbeit folgen kannst, ist auch alles in Butter. Du musst nur zusehen, dass du auch wirklich dein alleiniger Chef bleibst. Ansonsten ist es aus mit dem Müßiggang. Treibe dich selbst zur Selbstständigkeit an, dann bleibt dir das erspart.

▶Dein höchstes Gemeinschaftsziel: Sinnlichkeit in der Natur.

Das 10. Haus beginnt in den Zwillingen

Mit unglaublicher Schnelligkeit wird hier das Regierungsgeschäft abgeleistet. Der Schlosshof liegt voller Papier, Zeitungen, überall hacken Leute auf Laptops ein und zwischen den Stühlen entspinnen sich hektische Gespräche. Es gleicht einem Tag an der Börse, eine hektische Betriebsamkeit ist hier das Dauerbild. Geschlafen wird auch nachts nur ungern, man könnte ja regierungstechnisch etwas verpassen. Diese Regierung ist auf dem aktuellsten Stand: Genderfluide Sprache, neueste Ökorichtlinien, kostenlose Kommunikation für alle, das sind hier die selbstverständlichen Standards. Jeder sollte mit allen anderen zu jeder Zeit verbunden sein können, auf der informativen Ebene versteht sich. Man hastet und rast durch die Gassen, nur um alles Neue einzusammeln und in entsprechende Ansagen zu gießen.

Vielleicht bist du im Jobkontext rasend. Rasend schnell, aber auch unaufhaltsam. Da verpasst du die eine oder andere Sache, die sich unter der Oberfläche verbirgt. Das ist schade, denn eigentlich bist du doch so neugierig darauf. Deine Arbeit erledigst du mit links. Das ist super, das macht Spaß. Aber da entstehen auch dementsprechend viele Fehler in deiner Arbeit. Du bist etwas zu schnell und wenig gründlich. Zum Glück fällt es dir leicht, zu delegieren. Deine Stärke ist die Kommunikation, das Netzwerken, das Smallttalken mit Personen jeglicher Couleur. Dadurch hast du ein großes Team zur Verfügung, das dir die Aufgaben abnimmt, für die du dich nicht begeistern kannst, oder die eine lange und gründliche Bearbeitung verlangen.
▶ Dein höchstes Gemeinschaftsziel: Vernetzung.

Das 10. Haus beginnt im Krebs

Hier auf dem Schlossplatz gibt es Bänke, Sofas und grüne Wiesen, damit sich die Leute wohlfühlen und hinsetzen können. Den Bewohnern dieser Stadt wird hier zugehört, sie dürfen ihre Sorgen und Ängste hier loswerden.

Die Gesetze werden im Rahmen der königlichen Familie gemeinsam erarbeitet und mit allen Bewohnern abgestimmt. Das oberste Gebot ist, dass es allen miteinander gut geht. Es gibt eine regelrechte Gefühlspolitik und ›Emotions-Umgang‹ ist ein Unterrichtsfach an den öffentlichen Schulen. Hier werden Themen der

Seele sehr ernst genommen, denn in dieser Stadt weiß man, was ein emotionales Ungleichgewicht anrichten kann. Regierungsangelegenheiten werden nach Lust und Laune bearbeitet. Auch hier hört man auf sein Herz und lässt sich von anderen nichts sagen.

Du brauchst ein sicheres berufliches Umfeld, in dem du dich wie in einer Familie aufgehoben fühlst. Wenn du erst einmal ein solches Umfeld gefunden hast, dann bleibst du deiner Arbeit lange Zeit treu. Denn du magst keine schnellen Wechsel und jedes Mal neue Überlegungen, was du arbeiten könntest. Findest du allerdings keine Wärme und soziale Zugehörigkeit in deinem Beruf, dann nichts wie weg. Du brauchst das Fluide des Miteinanders, der Herzenswärme. Sie erst motivieren dich zu arbeiten und mit deinen Talenten die Gesellschaft zu bereichern.
▶ Dein höchstes Gemeinschaftsziel: Nähe und Verbundenheit.

Das 10. Haus beginnt im Löwen

Le roi, c'est moi. Das Königswappen ist vergoldet und in Übergröße auf dem Schlossplatz aufgestellt. Jeder in dieser Stadt soll dem König, der Königin Tribut zollen. Denn es ist Seine Königliche Hoheit selbst, die regiert. Dementsprechend ist das gesamte Umfeld vom Schloss inklusive Schlossplatz aus den feinsten und teuersten Materialien gefertigt. Es geht durchaus darum, Eindruck zu schinden und fremden Städten zu zeigen, wie der Hase läuft. Hier ist das Zentrum der Welt, mindestens. Und ebenso wird hier regiert. Von oben herab (weil keine höhere Instanz existiert) und mit sehr viel Großmut und Gelassenheit. Wie auch der Löwe seine Herrschaft nicht beweisen und verteidigen muss, da er das stärkste Tier der Savanne ist, so liegt es auch diesem Herrscher hier fern, sich abzumühen und dadurch Anerkennung zu gewinnen. Nein, allein das Verhalten schon spricht klare Worte. Der König selbst ist der Größte, unantastbar und großzügig wie auch herzlich.

So unverbindlich und unabhängig du dich auch in deiner Familie gegeben haben magst (= IC Wassermann), in Berufsangelegenheiten lässt du dir nicht reinreden. Du brauchst ein paar Angestellte, um dich richtig wohlzufühlen. Oder sehr gute Kollegen, die dir ein Chefgefühl geben. Denn du regierst für dein Leben gerne. Die Verantwortung übernehmen? Ist doch selbstverständlich! Das Große Ganze organisieren? Klar, kein Problem. Diverse Arbeiten delegieren? Deine schönste Aufgabe. Solange du in der Verfassung bist, andere anweisen zu können, selbst Chef zu sein, läuft alles in Butter. Darunter solltest du nicht gehen, wenn du dich wahrhaft frei und glücklich fühlen willst. So musst du wohl oder übel in deinen jungen Jahren ordentlich ranklotzen, damit du recht schnell einen Thron erklimmst und deine Konkurrenten abhängst.

▶ Dein höchstes Gemeinschaftsziel: die Herrschaft über sie.

Das 10. Haus beginnt in der Jungfrau

Das Regierungsviertel ist ganz nach seinen Anforderungen und dem Nutzen für die Gesellschaft erbaut – viele schlichte Regierungsgebäude, mit ebenso vielen unterschiedlichen Kammern für Politik, Rechtsprechung, Gesetze und andere politische und außenpolitische Aufgaben. Ein ganz exorbitant großer bürokratischer Apparat ist hier aufgebaut worden.

Die Regierenden selbst sind unauffällig gekleidet und im Beamtenstatus. Sie nehmen sich nicht wichtiger als andere, es gibt keine schwierigen Hierarchien, hier wird einfach nur emsig, perfektionistisch und zielorientiert gearbeitet.

Für dich ist es vermutlich sehr wichtig, dass du dich mit deiner Arbeit nützlich, sinnvoll und strukturiert in die Gesellschaft einbringen kannst. Egozentrisches Wirtschaften nur für dich selbst ist daher eher ungünstig für Dich. Das lehnst du vermutlich von vorneherein ab. Im Alleingang machst du auch ungern Dinge und du orientierst dich eher daran, wie andere arbeiten oder was für Vorgaben sie für sinnvoll erachten. Das, was du von zu Hause aus intuitiv erfahren hast an Umgangsnormen und Werten, möchtest du nun gerne in etwas Konkretes, Gesetzliches, Genormtes fließen lassen. Du liebst klare Strukturen und arbeitest gerne mit an einer erkennbaren gesellschaftlichen Ordnung. Auch in einem heilenden, pflegenden Beruf könntest du große Erfüllung finden.

▶ Dein höchstes Gemeinschaftsziel: geordnete Verhältnisse.

Das 10. Haus beginnt in der Waage

Formvollendet schwingt sich das Rathaus in den Himmel. Von Weitem schon darf die Schönheit dieses prachtvollen Baus bewundert werden. Es ist kein Protzbau und er ist nicht mit edelstem Marmor verziert, aber durch gute Architektur unter Berücksichtigung des Goldenen Schnitts und der aktuellen Trends ist er einfach sehr charmant gestaltet.

Auch die anderen Regierungsgebäude stehen dem in nichts nach – Ästhetik und Schönheit sind die prägenden Parameter. Gerichtssäle, Ämter, Regierungsanlagen, Besprechungsräume – hier ist alles nonchalant bequem und lädt zu längeren Disputen ein.

Hier wird viel verhandelt. Unter dem Deckmantel des guten Benehmens und der vollendeten Gastgeberschaft wird hart für Gerechtigkeit im Volk und auch außerhalb der eigenen Stadtmauern gekämpft. Ungerechtigkeit ist hier ein schlimmer Vorwurf, man arbeitet daher konzentriert und beharrlich an Gesetzen, die es allen Bürgern erlauben, gleichberechtigt, frei und fair miteinander leben zu können. Diese Debatten ziehen sich mitunter bis tief in die Nacht, damit auch alle Argumente und Gegenargumente ihren Raum bekommen haben.

Du brauchst eine Arbeit, eine berufliche oder ehrenamtliche Tätigkeit, die es dir ermöglicht, dich für Schwächere stark zu machen, deine Version von Gerechtigkeit publik zu machen. Du kannst es nicht ertragen, wenn es Benachteiligte gibt, wo das Land doch reich genug wäre, um alle gleichermaßen zu versorgen.

Vielleicht zieht es dich aber auch nicht so sehr zum Sozialen, sondern zur Ästhetik selbst: Dann wärst du gut darin, dich mit vielen Kunstwerken, Ausstellungen, Kulturveranstaltungen und den dazu gehörigen Künstlern zu umgeben.

In beiden Fällen geht es darum, dass du dein Geschick für Ausgleich, Balance und Harmonie anwenden kannst. Denn insgeheim leidest du sehr daran, wenn die Welt um dich herum im Ungleichgewicht scheint.

▶ Dein höchstes Gemeinschaftsziel: harmonisches Zusammenleben.

Das 10. Haus beginnt im Skorpion

Politik findet in dieser Stadt im Verborgenen statt. Da kann man lange nach dem Regierungsviertel suchen, man wird es – als Außenstehender – nicht finden. Die Gebäude, in denen Gesetze verfasst und Zukunft geschmiedet werden, unterstehen dem polizeilichen Schutz und sind »top secret«.

Man lässt sich nämlich nicht so gerne von anderen reinreden, wenn die zentralen Themen verhandelt werden. Regiert wird im Sinne einer Geheimgesellschaft, mit vielen uralten Ritualen und Initiationsriten, mit geheimen Symbolen und alten Sprachen.

Durch den Ausschluss der allgemeinen Bevölkerung kann im Verborgenen ein ehernes Schwert geschmiedet werden, das den Herrschenden mit einer dunklen Macht umgibt.

Transparenz wird hier nur ironisch verwendet und nur die Narren arbeiten mit solch einer ‚modernen' politischen Haltung. Gleiches gilt für öffentliche politische Debatten.

In dieser Stadt hält man sich an die ewig tradierten Herrschaftsnormen aus Generationen einer uralten Familie – »sicher ist sicher«

lautet hier die Devise. Und was damals die Stadt erfolgreich absichern konnte, ist heute noch ebenso gut im Gebrauch.

Du lässt dir wahrscheinlich nicht gerne ins Geschäft reinreden, denn du bist dir sicher, dass nur du ganz genau weißt, wie wichtige Entscheidungen getroffen werden. Dadurch hast du alles im Blick, was ein großer Vorteil ist. Und vielleicht bist du auch sehr erfolgreich mit deinen Zielen und hast viel Macht über dein Leben und das der anderen, denn du arbeitest beharrlich, konzentriert und analytisch. Der Nachteil liegt aber auf der Hand: wenn du deine Aufgaben nicht delegieren kannst, weil du anderen nicht so vertraust, dann hast du am Ende mehr Arbeit auf dem Tisch, als es sein müsste. Und irgendwann gibt es auch nicht mehr so viele Menschen, die sich herumkommandieren lassen wollen.

Übe dich in Vertrauen, dann kannst du noch besser vorankommen mit deinen Zielen. Dabei ist eine liebevolle Ansprache oftmals wirkungsvoller als ein herablassender Befehlston. Die Menschen, die dich mögen, helfen dir gerne. Wenn du es zulässt.

▶ Dein höchstes Gemeinschaftsziel: Kontrolle und Macht ausüben.

Das 10. Haus beginnt im Schützen

Regiert wird in dieser Stadt häufig per Zoomkonferenz. Erstens ist die Regierung häufig außer Landes und zweitens betreibt man in dieser Stadt eine intensive Außenpolitik, denn man sieht sich nicht als Enklave, sondern als Teil einer größeren Weltgemeinschaft.

Das Rathaus und der Rathausplatz sind offene Orte der Begegnung. Viele Pilger, Reisende, Suchende und Sinnierende treffen hier aufeinander und debattieren über ihr Leben. So wie einst die alten Griechen unter den Kolonnaden wandelten und das Weltgeschehen zu verstehen suchten – die Geburtsstunde der Philosophie.

Teilhabe und Transparenz werden hier sehr begrüßt und die

Bürger der Stadt werden zu einem lebhaften Austausch durch soziale Medien und Online-Petitionen angeregt.

Gemeinschaftlich soll nach dem wahren Sinn und Sein des Lebens geforscht werden, zusammen gestaltet man die Informationen zu Gesetzen um, die es allen ermöglichen, in einer möglichst fairen und freien Welt zu leben.

Mit absoluter Begeisterung gehst du an deine Aufgaben heran und du brauchst wichtige und zukunftsweisende Ziele, damit du motiviert bleibst zu arbeiten.

Eine stumpfsinnige Arbeit nur des Geldes wegen auszuüben, kannst du Die eher nicht vorstellen, das erzeugt sehr viel Gegenwehr in Dir. Suche dir also einen Beruf oder ein Ehrenamt, in dem du über deine Grenzen hinauswachsen kannst, in dem du die Welt zu einem besseren Ort machen kannst, zu einem Ort deiner Visionen und Ideale.

Routinen und Sinnlosigkeit sind nichts für Dich. dich ruft Höheres, das Ideale, am besten im Team mit anderen gleichgesinnten Idealisten.

▶ Dein höchstes Gemeinschaftsziel: der Sinn des Lebens.

Das 10. Haus beginnt im Steinbock

Zentnerschwer liegt hier die Verantwortung auf dem Regierungsviertel. Es ist ein altes Schloss, ein ebenso alter Schlossplatz und noch ältere Regierungsbeamten und Dienern, Vasallen, Abgeordneten, Ministern, Verantwortlichen. bevölkert

Hier läuft alles nach einer anderen Zeitrechnung. Regiert wird langsam, gründlich und streng. Man lässt sich nicht hetzen, schon gar nicht vom Volk und seinen ständig neuen Anforderungen. Das Bürgerliche Gesetzbuch ist ebenso wichtig wie das Heilige Wort, in beidem soll eine Ewigkeit manifestiert sein, die allen die Last von ständig neuen Entscheidungen abnimmt.

So läuft das Leben sehr geradlinig, langsam, im Trott der

Jahrhunderte vor sich hin. »Alles bleibt beim Alten« ist hier die Devise. Neues wird erst nach sehr langem Überlegen und vielen Debatten eingeführt. Und auch nur, wenn das Volk mit einer Revolte droht.

Du liebst das Traditionelle und die starke Verbindung mit deiner Familie. dein Baum steht schon seit Jahrhunderten. dein Geheimrezept für die Widrigkeiten und Stürme des Lebens: ausharren, abwarten, hart arbeiten, dranbleiben, weitermachen.

Du bist die Eiche unter den Bäumen – nicht zu brechen, hart, unendlich alt. Und damit kommst du auch weit. Durch deine Ausdauer, deine Konzentration und dein Arbeitsethos bringst du viele Ergebnisse, erfüllst dein Soll, bist sehr pflichtbewusst und belastbar.

Aber du siehst ja, wie neue Katastrophen neue Verhaltensweisen einfordern: Die Eichen und Buchen brechen bei stark veränderten klimatischen Bedingungen und geben anderen Pflanzen neuen Lebensraum. Wenn sich die Verhältnisse sehr stark ändern, wie es derzeit der Fall ist, dann brauchst auch du neue Werte und Anpassungsbereitschaft. Dir tut es gut, wenn du Teile deiner Arbeit lernst zu delegieren, damit du nicht unter der Last deines Schreibtisches zusammenbrichst wie ein alter Baum.

▶ Dein höchstes Gemeinschaftsziel: Verantwortung übernehmen.

Das 10. Haus beginnt im Wassermann

In dieser Stadt ist die Regierung wirklich sehr ausgefallen – regiert wird hier gerne extraterrestrisch, von einem anderen Planeten aus. Die Erde ist nur ein Planet unter vielen im Sonnensystem und seine Lebenszeit ist begrenzt. Man regiert hier im Luftpalast unter größter Transparenz für alle Mitbürger, denn verhandelt werden hier nicht nur der eigene Lebensraum, die eigenen Werte und der verfügbare Luxus, sondern auch schon die Ressourcen und Möglichkeiten der nachfolgenden Menschen.

Mit größter Weitsicht und Rationalität wird in dieser Stadt Zukunft gleichberechtigt zur Gegenwart in die politische Diskussion mit einbezogen. Abgestimmt wird demokratisch, online, per gleichberechtigter Teilhabe auch von Minderjährigen und Tieren.

Mit großem Eifer wird hier an einem tragfähigen Konzept für Utopia gebaut. Doch trotz dieser Verantwortung verflüchtigen sich die Regierenden häufig spontan, um eigene Pläne zu verfolgen. Sie sind nicht sehr diensteifrig und hinsichtlich ihrer Arbeitsmotivation ziemlich instabil.

Es gibt nicht viele, die ebenso weitsichtig wie du in die Zukunft schauen. dein Pflichtbewusstsein richtet sich weniger auf die Gegenwart, als vielmehr auf die zukünftigen Generationen. Du brauchst eine Arbeit, ein öffentliches Amt, in dem du ebendiese Möglichkeiten der Zukunft mitbeeinflussen kannst, wo du dich für eine freie und faire Gesellschaft einsetzen kannst. Es kann durchaus sein, dass du mit dem Gros der hiesigen Gesellschaft nichts anfangen kannst und du dir schon eine andere Gruppe als Bezugsgemeinschaft ausgesucht hast.

Wichtig ist nur, dass du dir und deinen Werten treu bleiben kannst, dass du nicht starren Systemen dienen musst, dass du so frei wie möglich in deiner Berufswelt bist. Auch deine Begabung zur Kommunikation sollten dir ein weites Netz der Möglichkeiten bieten. Routinen und starre Muster sind dir ein Graus.

▶Dein höchstes Gemeinschaftsziel: Utopia für alle.

Das 10. Haus beginnt in den Fischen

Dieser Palast ist nicht nur ein Luftschloss, sondern auch auf den Wolken gebaut. Hier ist der gesamte Regierungsbereich einfach sehr fern von der Erde und der Stadt. Hier wird auch nicht regiert, sondern geträumt, fantasiert, orakelt, visioniert. Vieles passiert im Geist, im Traum und so gibt es auch kein Gesetzbuch, keine Regierungsgebäude der Verwaltung und des Rechts.

Die Menschen dieser Stadt teilen sich intuitiv die Aufgaben und Pflichten, die es zum Überleben braucht. Das geht manchmal gut, manchmal aber ist es ein Treiben und Suchen, ein Nicht-Ankommen im Ziel. So kann es zu verwirrenden Momenten der Orientierungslosigkeit in der Stadt kommen, weil es keine klaren Ansagen von oben gibt, weil es kein ›von oben‹ überhaupt gibt, weil alle gleichermaßen die Verantwortung tragen. Was zu organisieren heikel ist. Nur in Phasen der Feste und Feiern, der gemeinsamen Meditationen und Visionsreisen kommen alle in einem Geist zusammen und bewegen Unglaubliches.

Du fühlst dich vielleicht beruflich sehr zur Spiritualität hingezogen, zumindest würde dir dies liegen. Das tagtägliche Versorgungsgeschäft liegt dir vermutlich nicht so. Auch nicht strenge Hierarchien am Arbeitsplatz, Konkurrenz und Lieblosigkeit. Vielleicht erfährst du dich selbst auch als Suchende, ohne klare Ziele und orientierst dich sicherheitshalber beruflich an anderen.

Du brauchst ganz freie, liebevolle und offene Strukturen, damit du im Flow handeln und denken kannst. Wenn du in diesem Flow bist, dann hast du großartige Ideen und bist auch hoch motiviert, diese umzusetzen.

Doch übe lieber keinen starken Druck auf dich selbst aus, denn du bist niemand, der bei Stress und Hektik gut arbeitet. Deine Stärke ist deine Empathie, deine Fürsorge für andere, deine Liebesbereitschaft. So würdest du vermutlich auch sehr gut in einem heilenden oder pflegenden Beruf zurechtkommen.

▶ Dein höchstes Gemeinschaftsziel: Liebe und Frieden.

11. Haus – die neuen Kommunen

Das 11. Haus steht in der astrologischen Analyse für den Zusammenhalt im Geiste. Daher steht es für Freundschaften, für Cliquen und Vereine, für Parteien, aber auch generell für Gleichgesinnte.

Es ist ein Gruppenhaus und steht weniger für das Eigene und Freiheitsliebende wie das Tierkreiszeichen Wassermann, dem das 11. Haus gemeinhin zugeordnet wird.

Über die Gesetze und Normen hinaus formieren sich hier Gruppierungen von Menschen, die an ähnliche Ziele glauben, die Ähnliches im Sinn haben.

Was wäre das für ein Ort in einer typischen Stadt? Ich übersetze es als die Neuen Kommunen. Das ist ein Bereich in der Stadt, wo sich Menschen zu einem bestimmten Thema vereinen.

Sie leben eine Vision einer neuen Form von Gemeinschaft, die geprägt ist von der Gleichheit der Geschlechter, von Fairness und Verantwortung für die Erde. Das kann ein Bauwagenplatz sein, eine Künstlerkolonie, aber auch ein Ärztezentrum; je nach Tierkreiszeichen an der Spitze des 11. Hauses.

Das 11. Haus beginnt im Widder

Wild, feurig und ohne Angst, wie sie nun mal ist, möchte sich diese Kommune am liebsten immer draußen aufhalten, in Bewegung sein, sich permanent neu formieren können. Es ist am ehesten ein Zeltlager, ein Übungscamp für riskante Sportarten wie Klettern und Motocross.

Die Menschen hier wirken bunt zusammengewürfelt und jeder sorgt für sich. Man braucht keine Rücksicht zu nehmen, denn die meisten sind hier fit und wollen das Abenteuer.

In diesem Bereich ist man offen für jeden Neuankömmling und stellt ihm oder ihr die nötigsten Ausrüstungsgegenstände. Dabei sein ist alles, auch wenn es einen recht hitzigen, aber konstruktiven Konkurrenzkampf untereinander gibt. Das Adrenalin wird so nur noch erhöht, und darum geht es mitunter in den Aktionen dieser Kommune.

Mit dieser Häuserstellung bist du wahrscheinlich ein recht lebenslustiger und sehr energetisierender Freund. Man lädt dich bestimmt gerne auf Festivals oder zu Abenteuerurlauben ein, denn dein Freundeskreis besteht hauptsächlich aus freiheitsliebenden, fitten Individualisten, denen schnell langweilig wird.

Für feste, nachhaltige Freundschaften bist du aber wahrscheinlich zu ungeduldig. Wenn jemand bei deinem Tempo nicht mitkommt, kannst du einfach schlecht warten. Schade, denn manchmal sind langjährige Freunde eine große Bereicherung.

▶Das brauchst du von Freunden: Aktion und Risikobereitschaft.

Das 11. Haus beginnt im Stier

Die Kommune besteht aus besten Freunden und Familienmitgliedern, die einfach sehr gerne viel Zeit miteinander verbringen. So gibt es in diesem Stadtbereich eine Menge schöner Sitzgelegenheiten, Outdoor-Sofas, Bänke und kuschelige grüne Wiesen zum Picknicken.

In dem Restaurant gibt es zahlreiche Stammtische, die schon lange existieren und die immer gleichen Teilnehmer anziehen.

Es gibt WG's auf umgebauten Bauernhöfen, man lebt hier in kleinen Gemeinschaften und zieht gemeinsam die Kinder groß.

Freundschaft und Familie sind große Werte in dieser Stadt und man kümmert sich viel umeinander. Neue Menschen kommen allerdings schwer in die eingeschweißten Clubs, Cliquen und Vereine hinein. Man muss sich schon sehr darum bemühen und einen langen Atem beweisen.

Du bist vermutlich ein sehr guter Freund, eine gute Freundin.

Du magst es, dich langfristig an Menschen zu binden und bist auch deinerseits dazu bereit, dich durch Verbindlichkeit an andere zu binden. Deine Freunde können sich auf dich verlassen. Du liebst es, sie zu bewirten und eine gute Gastgeberin zu sein.

Wenn du alte Meinungen und Glaubensmuster aber hinter dir lassen willst, wenn du persönliches Wachstum wünschst, dann solltest du auch hin und wieder neue Menschen an dich heranlassen und sie zu Freunden küren.

▶ Das brauchst du von Freunden: sinnliche, nahe Momente.

Das 11. Haus beginnt in den Zwillingen

Mit viel Eifer, Gerede und Geschäftigkeit wird hier hin und her gehuscht. Es gibt viele Menschen, die aufgeregt aufeinander einreden. Es ist wie eine dauerhafte Stehparty. Ständig kommen neue Menschen mit dazu, immer wieder stellt man neu vor, es wird einfach nie langweilig. Und zum Hinsetzen kommt man auch nicht. Daher verwundert es nicht, wenn es in diesem Stadtbereich keine Bänke und anderen Sitzgelegenheiten gibt. Es ist einfach zu wuselig.

Man liest sich gegenseitig auf den Tageszeitungen vor, hält lauthals Vorträge über Quantenphysik oder Kommunikationspsychologie und ist in sämtlichen sehr unterschiedlichen Vereinen registriert, wo man nach Belieben auftaucht.

Wahrscheinlich hast du einen recht großen, aber unverbindlichen Freundeskreis, sodass du jederzeit jemanden anrufen kannst, der dich auf die eine oder andere Veranstaltung begleitet. Hauptsache, es ist was los. Deine Freunde sind vielleicht sehr belesen, oder ihr mögt es generell, euch über die aktuellen Debatten der Weltpolitik eloquent auszutauschen. Nur an Verbindlichkeit mangelt es etwas. Solltest du das Verlangen nach festen Bindungen in dir spüren, müsstest du vielleicht weniger Leute deine Freunde nennen, die wenigen dann aber regelmäßiger und zuverlässiger treffen. Falls dir das nicht zu langweilig wird.

▶ Das brauchst du von Freunden: intellektuelle Anregungen.

Das 11. Haus beginnt im Krebs

Wer hier zusammenkommt, ist ganz klar: Es ist die eigene Familie. Beziehungsweise werden Freunde, die als solche bezeichnet werden, gerne als Wahlfamilie angesehen und dementsprechend behandelt in dieser Stadt. Man kommt in Einfamilienhäusern zusammen, trifft sich im Lieblingscafé am Stammtisch oder besucht sich gegenseitig zu Hause.

In diesem Bezirk werden fleißig Freundschaftsarmbänder gehäkelt und zur Wiedererkennung und unendlichen Verflechtung an die Wahlfamilie verteilt. Man liebt sich hier sehr und braucht gegenseitige Nähe und Unterstützung.

Deine Freunde sind auch dein Zuhause und so suchst du dir wahrscheinlich ganz genau aus, wer da an deiner Seite sein darf und wer nicht. Bei einer solchen unmittelbaren Nähe kann es immer mal zu Missverständnissen kommen, sodass du manchmal gekränkt bist, weil du etwas anders interpretierst, als es gemeint ist. Sei nicht traurig, das ist eben die Kehrseite der Medaille, wenn man sich so nah ist. Allerdings könnte dein Urteilsvermögen davon etwas eingeschränkt sein und du neigst vielleicht auch in beruflicher Hinsicht zum Klüngeln (Kooperieren nur mit Familienmitgliedern).

▶ Das brauchst du von Freunden: die Wahlverwandtschaft.

Das 11. Haus beginnt im Löwen

Hier steht in der Stadt das Königszelt. Ganz wie im alten Rom oder im Alten Griechenland findet sich hier der König, der Anführer, der Boss, um den sich alle anderen herum scharen. Außer dem prächtigen und ehrfurchtsvollen Königszelt gibt es kleinere, schlichte Zelte, die sich ellipsenförmig um das Zelt herumgruppieren.

Es gibt den einen, der sagt, wo es langgeht, und es gibt seine ergebene Gefolgschaft. Bei einem guten Tag und schönem Wetter ist der König äußerst gebefreudig und lässt seine Gefolgschaft mit gutem Wein und besten Speisen bewirten. Aber wehe, man folgt ihm nicht bedingungslos: Hier wird der König ungehalten und verbannt diesen Jemand aus seiner Gunst.

Du bist es offenbar gewohnt, dass man dich umschmeichelt und dir ein Stück weit hinterherläuft. Du besitzt die royale Geste, die es dir ermöglicht, eine klare Hierarchie zu erschaffen. Wenn du also Freunde hast, wovon schwer auszugehen ist, dann möchtest du gerne klare Verhältnisse schaffen und der Bestimmer sein. Dafür bist du ja auch sehr großzügig, herzlich, kümmerst dich um deine ‚Untergebenen' und organisierst die besten Feste und Veranstaltungen für sie. Wer sich unter deine Fittiche begibt, hat ausgesorgt. Nur sollte man deine Machtposition nicht anfechten, dann reagierst du mitunter sauer. Solltest du aber mal Lust auf Freundschaften auf Augenhöhe haben, dann müsstest du dein Königsgehabe ein Stück weit an den Nagel hängen. Ist bestimmt auch mal ganz erfrischend. Erkennt man deine naturgegebene Herrschaft nicht an, so wechselst du auch schon mal das Revier.
▶ Das brauchst du von Freunden: Anerkennung und Lob.

Das 11. Haus beginnt in der Jungfrau

Statt eines Ortes für Freundschaften findet man in diesem Stadtbereich der Neuen Kommunen etwas viel Nützlicheres: Ein Ärztezentrum mit weitreichenden Hilfsangeboten. Wer hier zusammentrifft, hat die gleiche Wertigkeit von Sinn und Nutzen für die Gemeinschaft in sich. Man möchte mit seinen Fähigkeiten dem Gemeinwohl dienen und tut sich in keiner Weise hervor. Hier sind alle gleich viel wert, die Hierarchien sind eingeebnet und nahezu verpönt. Man ist vorsichtig im Umgang miteinander und möchte sich nicht verletzen. Die sozialen Regeln sind sehr klar und man engagiert sich gemeinsam für die Müllbeseitigung und die Ordnung in der Stadt.

In Freundschaften könntest du sehr schüchtern sein, vielleicht traust du dich nicht, jemandem, den du magst, deine Freundschaft auch anzutragen. Da ist es dir lieber, dass du schon vorher weißt, womit du dich nützlich machen könntest. So ergeben sich vielleicht nebenbei Freundschaften, wo man zusammenarbeitet, zusammen ein Ehrenamt bekleidet oder in einem Verein ist. Du magst es nicht so, dich hervorzutun mit deinem Freundschaftswunsch, daher brauchst du manchmal zwei Anläufe. Wenn du erst einmal sichere Freundschaften hast, dann kümmerst du dich sehr pflichtbewusst um diese.

▶ Das brauchst du von Freunden: geordnete Verhältnisse.

Das 11. Haus beginnt in der Waage

In dieser Stadt wird das 11. Haus zur reinsten Künstlerkolonie. Man liebt und schätzt eben den goldenen Schnitt, unterhält sich sehr gerne über die neuesten Ausstellungen, lädt sich gegenseitig zu Vernissagen ein und kennt sich überhaupt gut aus mit den kulturellen Angeboten in dieser Stadt.

Freunde sind hier sehr wichtig, man macht sehr selten mal was alleine. Vielleicht verliebt man sich in dieser Stadt auch gerne mal in Gelegenheitsbekannte, in Ausgehfreunde, Ausstellungsbegleitungen. Es gibt einen charmanten und eloquenten Smalltalk an allen Ecken und man ist generell eher gut gekleidet als in zerrissenen Jeans unterwegs.

Du hast wahrscheinlich einen großen Freundeskreis, denn du bist nicht gerne alleine. Oder du sehnst dich nach vielen Menschen, mit denen du deine Freizeit verbringen kannst. Diese Sehnsucht macht dich manchmal aber erpressbar – um nicht ausgeschlossen zu werden, könntest du dazu neigen, dein Fähnchen nach dem Wind zu hängen, dich zu sehr an die anderen anzupassen. Das ist nett und liebenswürdig, auf Dauer aber auch langweilig und uninteressant. Bleibe bei deinen eigenen Interessen;

deine Freunde werden es zu schätzen wissen, wenn neue Meinungen und Impulse den Freundeskreis bereichern.

▶ Das brauchst du von Freunden: Begleitung und Austausch.

Das 11. Haus beginnt im Skorpion

Das ist eine Stadt, in der Freundschaften eher im kleinen Kreis ausgelebt werden. Und dann auf eine sehr intensive oder auch intime Art und Weise. So könnte es sich bei den Neuen Kommunen um einen Tantra-Tempel handeln oder um eine Geheimgesellschaft.

Wenige haben hier Zutritt. Und wer rein will, muss sich beweisen, muss seine Ernsthaftigkeit unter Beweis stellen. Halbe Sachen sind hier nicht erwünscht. Es geht darum, sich mit Haut und Haar auf diesen Bereich einzulassen. Das verstärkt dann das gegenseitige Vertrauen, das hier so wichtig ist. Fremden, Neuen steht man skeptisch gegenüber, es könnten ja Spione sein.

In dieser Stadt hat Freundschaft einen selten hohen Wert.

Du bist vielleicht in Freundschaftsdingen etwas schüchtern oder ängstlich. Da tut es dir gut, wenn du weißt, dass du deine wenigen, aber sehr guten Freunde hast. Und mehr brauchst du nicht. Es kann sein, dass du – um deine Freunde auch sicher zu wissen – recht kontrollierend und harsch wirken kannst, denn du willst sichergehen, dass dir alle zugetan sind und sich keine Oberflächlichkeiten einschleichen. So magst du vielleicht weniger die seichten Partys mit deinen Freunden, als eher ein intensives Ritual, das euch auf der kosmischen Ebene noch tiefer verbindet. Schau nur, dass du deinen Hang zur Macht nicht auf deine Freunde projizierst. Die wenigsten mögen es, wenn sie so kontrolliert werden.

▶ Das brauchst du von Freunden: hundertprozentige Verbundenheit.

Das 11. Haus beginnt im Schützen

Was für ein bunter, fantastischer und lauter Ort! In dieser Stadt feiert man die Freundschaft und das Bündnis zwischen Gleichgesinnten. Am liebsten abgerundet von spirituellen Ritualen und Zeremonien. So steht in dieser Neuen Kommune ein Buddhistischer Tempel oder ein anderer Ort der Spiritualität, wo man sich trifft.

Alle Neuen, Fremden sind willkommen und gelten als pure Bereicherung der Community. Hier leben Menschen aus vielen Kulturen zusammen und die Umgangssprache ist Englisch.

Man fragt neugierig nach den spirituellen Gewohnheiten, Reiseerlebnissen, nach tiefen Erkenntnissen und Praktiken der Wahrheitssuche. Räucherstäbchen lassen die Luft vielversprechend duften, hier wird viel geredet und man verbindet sich liebevoll.

Vermutlich kennt man dich als eine in Freundesangelegenheiten sehr offenen Person, die einen ausnehmend großen Freundes- und Bekanntenkreis hat. Dir wird vielleicht schnell langweilig, wenn du etwas allein machen musst, und so umgibst du dich mit buntem Volk, dass dich sehr bereichert.

Richtig tiefe Freundschaften aber könnten rar sein, denn du bist recht schnell im Kontakteknüpfen und vielleicht nicht sehr verbindlich, wenn es um regelmäßige Verabredungen geht. Es ist an Dir, deinen Freundeskreis genau zu betrachten: Bekannte, Freunde und beste Freunde sind verschiedene Kategorien und bedürfen unterschiedlicher Behandlung.

▶Das brauchst du von Freunden: Horizonterweiterung.

Das 11. Haus beginnt im Steinbock

Recht konform und streng geht es in dieser Stadt im Bereich der Freundschaften zu. Die Kommune, die hier entstanden ist, gleicht eher einer Zentrale für Parteien, Vereine oder andere ehrenamtliche Verbindungen, wo man höhere Ziele anvisiert, als nur das nette

Beisammensein bei Bier und Wein. Freundschaft und Nutzen für die Gesellschaft gehören hier eng zusammen, man nimmt sich gegenseitig ernst, man arbeitet vielleicht sogar zusammen.

Mit Spaß hat das alles weniger zu tun. Eher geht es um Verpflichtungen, die man miteinander eingeht, um ein kontrolliertes Beisammensein, eine sachliche Art des Umgangs.

Wahrscheinlich kannst du dich bei Freunden und Gleichgesinnten nicht so recht fallen lassen, weil es sich irgendwie immer wie ein Job, eine Verpflichtung anfühlt. Sicherlich gehst du sehr vertrauensvoll und verantwortlich mit deinen Freunden um. Nur kann es sein, dass die Wärme fehlt, dass es viel Struktur, aber wenig Offenheit und Leichtigkeit gibt.

Es kann auch sein, dass du eine enge Verschränkung von Freundschaft und Arbeit hast.

Du hast das Zeug zu einer großen Anführerin, aber vielleicht fühlst du dich trotz deiner hohen Position oft einsam und unberührt.

Wenn du dir das bewusst machst, kannst du vielleicht mit einigen aus deinem Freundeskreis diese Strenge und Kontrolliertheit durchbrechen, in dem du dich einfach zweckfrei mit ihnen triffst. Versuche es einfach einmal.

▶ Das brauchst du von Freunden: klare Strukturen.

Das 11. Haus beginnt im Wassermann

Hier finden wir in der Stadt eine lustige, bunte Wagenburg vor, eine Aussteigerkolonie, denn hier treffen Individualisten aufeinander, die selbst viel Raum für sich und ihre Lebensentwürfe brauchen.

Leben und leben lassen ist hier die Devise, und dementsprechend bunt geht es auch zu. Die Wohneinheiten sind alle einzigartig und es überwiegen die Singlehaushalte.

Draußen, vor den Wohnwagen, findet man sich locker zusammen, musiziert, philosophiert, diskutiert.

Alles ist ständig in Bewegung, neue Leute kommen hinzu, andere reisen gerade ab. Eine latente Aufbruchstimmung taucht alles in das Licht der Aufregung, der Unruhe.

Du bist vielleicht eine Revoluzzerin und planst mit deinen Freunden den nächsten Ausweg aus der kapitalistischen Sackgasse. Oder du interessierst dich mehr für die privaten Beschränkungen wie die Geschlechterpolarität. Egal – in deinem Freundeskreis wird vieles munter diskutiert und man erweitert sich gegenseitig den Horizont, schaut, welche Formen des Zusammenlebens noch denkbar sind.

So hast du sicherlich sehr viel Anregung durch deinen Freundeskreis, aber auf der anderen Seite eher wenig Nähe und Gebundenheit. Denn wirklich frei sein kann man nur, wenn man sich nicht anheftet. Auch nicht an Menschen. dein Freiheits- und dein Nähebedürfnis können aber auch konträr sein, und so musst du schauen, ob du dir nicht doch einen engen Freund, eine enge Freundin wünschst, um die du dich auch dementsprechend kümmern müsstest.

▶ Das brauchst du von Freunden: freie Verhältnisse.

Das 11. Haus beginnt in den Fischen

Ganz verwunschen geht es in dieser Stadt im Bereich der Neuen Kommunen zu. Freunde zu sein bedeutet weitaus mehr, als sich nur zu Kaffee und Wein zu treffen, zu tanzen, zu schnacken. Man geht hier gleich ganz tiefe, spirituelle Bindungen ein.

So ist es nicht überraschend, dass in dieser Stadt ein spirituelles Camp errichtet ist, in dem man sich trifft und zusammen meditiert, Rituale ausübt, sich die Tarotkarten legt.

Freundschaft ist mehr als sich nur mögen und Zeit miteinander verbringen. Die Seelenebene ist mit angesprochen und so schaut man sich oft tief in die Augen und erneuert regelmäßig durch tiefe Rituale den Bund der Seelengemeinschaft.

Du hast eine große Sehnsucht in Dir, die sich vor allem auf deine Freunde richtet. Mit ihnen erträumst du dir vielleicht eine tiefe Verbundenheit, welche die Raum-Zeit-Konstante überdauern kann. Wie bei allem, was mit den Fischen zu tun hat, ist es auch hier schwer, die Realität zu erkennen. So kann es immer wieder zu Enttäuschungen im Freundesbereich kommen, da du dir mehr erhoffst, als du wahrscheinlich bekommst.

Versuche eine etwas realistischere Haltung gegenüber deinen Freunden einzunehmen, erhoffe dir von ihnen weniger, dann kommt unterm Strich mehr für dich dabei herraus.

▶ Das brauchst du von Freunden: Liebe und Verschmelzung.

12. Haus – die geheime Welt

Wir alle haben größere oder kleinere Geheimnisse. Sie sind ein wichtiger Ort für uns, wo wir uns ungestört ausleben können, unsere Persönlichkeit ausprobieren, wo wir im Stillen wachsen können. Es ist das 12. Haus im Horoskop, das den Tierkreis beendet. Etwas findet seine Vervollkommnung und macht uns bereit, Neues zu beginnen. Das Neue wird markiert vom Aszendenten oder dem Übergang in das Zeichen Widder. Das Verborgene, das Geheime ist auch der Ort der Anderswelt, der Spiritualität, der Träume und Sehnsüchte. Rausch und Sucht, Realitätsflucht – all das findet man hier.

Was ist das für ein Ort in unserer Astrostadt? Es könnte sich um einen Turm handeln. Das entspräche der Märchenmetapher von etwas, das sich aus der Realität, dem Boden der Tatsachen enthebt und nur wenig Kontakt dazu hat (bspw. Rapunzel gefangen in einem Turm ohne Tür).

Es könnte auch ein Friedhof sein, oder ein Krankenhaus, ein Heim für Alte oder Waisen, oder auch ein Rummelplatz. Alles in allem ist es ein Ort, der irgendwie nicht zum Alltag dazugehört, der etwas Geheimes, Abgeschottetes, Verträumtes hat. So nenne ich diesen Bereich in der Astrostadt analog zu den ›Neuen Kommunen‹ von Haus 11 also die Geheime Welt.

Wichtig ist hier zu unterscheiden, ob das Tierkreiszeichen nur das 12. Haus anschneidet oder auch noch den Aszendenten. Wenn der Aszendent das gleiche Tierkreiszeichen hat wie das 12. Haus, dann zeigen wir uns mit diesen Eigenschaften meist deutlich. Nur im 12. Haus stehende Tierkreiszeichen hingegen lassen ihre Prägungen oft im Geheimen.

Natürlich gilt das auch für alle anderen Häuser. Nur beim 12. Haus ist es besonders wichtig zu unterscheiden, da die Planeten und Tierkreiszeichen, die im 12. Haus sind, oftmals nicht direkt ausgelebt werden können.

Das 12. Haus ist eben der Ort des Unbewussten, ein Raum, in dem im Dunklen Gefühle, Heimlichkeiten, Taten geschehen können. Schauen wir nun, wie dies bei den einzelnen Tierkreiszeichen aussehen kann.

Das 12. Haus beginnt im Widder

Ist das Abenteuer (= Widder) im Bereich des Heimlichen anwesend, so könnte es sich um ein heimliches Casino handeln, oder um einen Fight Club, der ziemlich gut versteckt ist. Hier gibt es wilde Kämpfe und große Eroberungen, von denen aber sonst in der Stadt keiner groß Notiz nimmt und zwar deshalb, diese heroischen Taten so gut versteckt sind.

Die Wut, die Kraft und die Verteidigungskräfte der Stadt werden alle an diesem geheimen Ort geschürt – nur bringt das der wirklichen Verteidigung der Stadt recht wenig, wenn es supergut ausgebildete Kämpfer gibt, die ihre Kräfte nur in heimlichen Fights ausleben.

Sie trainieren nicht für die Abwehr der Stadt, die längst verloren scheint. Sie sind ausgerichtet auf eine neue Eroberung, die aber noch fern scheint. Daher brauchen sie ein großes Vertrauen, damit ihr Mut und ihre Mühen sich auch lohnen.

Dein Mut, deine Vitalität steht scheinbar unter Verschluss und du erlebst diese nur in Meditationen oder im Alleinsein. Andere erleben dich daher wahrscheinlich als weniger mutig und etwas gedeckelt (es sein denn, dein Aszendent steht im Widder, dann: volle Kraft voraus). Die vitalen Kräfte sind bei dir an einem geheimen Ort gelagert und du brauchst Zeit, Muße und Raum, um diese Kräfte dort zu aktivieren.

Vielleicht hast du wilde, mutige Träume von echten Abenteuern. Vielleicht sehnst du dich aber auch danach, in einer anderen Welt Fuß zu fassen. Das kann zu einer sehr starken Avatar-Persönlichkeit im Online-Gaming führen.

Im Hier und Jetzt fehlt es dir wahrscheinlich etwas an Biss, denn du kannst nicht so gut für dich und deine Belange kämpfen. In der Anderswelt aber wird deine Kraft und Lebenspower umso größer strahlen können. Wenn du den Mut hast, dich dort zu betätigen.

▶ In Stille und Abgeschiedenheit bist Du: wild und kämpferisch.

Das 12. Haus beginnt im Stier

Die Sinnlichkeit und Langsamkeit der Stadt ist ausgelagert. Ein Weinkeller ist hier denkbar, oder geheime, wundervolle Gärten. Im Verborgenen wird hier geschlemmt und geschmust, wird getrunken und die Zeit vergessen. Hier frönt man dem Laissez-faire.

Vielleicht manifestiert sich das als Dunkelrestaurant? Als unterirdischer Vorratsspeicher? Die Bürger dieser Stadt sind vielleicht sehr auf Zack, denn die alltägliche Gemütlichkeit finden sie nur in der Abgeschiedenheit, im Verborgenen.

Und so rasen und hasten sie durch die Stadt, ohne die Möglichkeit, wirklich zur Ruhe zu kommen.

Hast du einen geheimen Kühlschrank, eine versteckte Naschecke nur für Dich? Liebst du es zu schlemmen, wenn du ganz alleine bist und alle Zeit der Welt hast? Um wirklich runterzukommen vom Stress des Alltags, musst du dich vermutlich immer wieder zurückziehen. Denn nur im Verborgenen kannst du deine Kräfte wieder so richtig auftanken. Wenn es keine geheimen Schlemmereien sind, dann könnten dir auch einsame Spaziergänge guttun. Oder die Betrachtung aller deiner Besitztümer. Vielleicht hast du ja eine heimliche Sammlung, die du vor den neugierigen Augen deiner Mitmenschen verbergen willst? Bei dir sind das Heimliche und der Genuss ein Team. Für Muße und zur »Entschlackung« des Stresses brauchst du also viel Zeit für Dich.

▶ In Stille und Abgeschiedenheit bist Du: sinnlich und entspannt.

Das 12. Haus beginnt in den Zwillingen

Ganz klar, in dieser Stadt stehen eine geheime Serverfarm und natürlich auch Bibliotheken voll mit Geheimwissen, die nicht jedem zugänglich sind.

Nach außen gibt man sich vielleicht nicht besonders kommunikativ bzw. kann sich nicht so gut ausdrücken (außer der Aszendent liegt in den Zwillingen) – eher möchte man in dieser Stadt ganz im Verborgenen die großen Werke studieren, möchte Alchemie und Hypnosetechniken erlernen, lernt Zaubersprüche auswendig. Einige auserwählte Stadtbewohner treffen sich hier regelmäßig zu Zauberkämpfen; Harry Potter ist hier ein großer Held.

Ansonsten erscheint das Intellektuelle und Schnelle ausgelagert und ist den Stadtbewohnern nicht zugänglich.

Du bist vielleicht eine richtige Leseratte und liebst es, dich in Büchern und Bibliotheken zu verlieren. Vielleicht ist dir aber die Technik des Lesens zu anstrengend und du verlierst dich lieber in der Welt des *Second Life* im Internet, oder du träumst dich in die Weiten der Akasha-Chronik, dem Weltengedächtnis.

In allen Fällen aber kannst du dich wahrscheinlich nicht so

sehr mit deiner Belesenheit und deinem Wissen zeigen, es könnte ein regelrechter Mangel an kommunikativen Fähigkeiten bei dir vorhanden sein. Für AC-Zwillinge gilt das freilich nicht.

Bei dir hängen Abgeschiedenheit und Wissen zusammen oder du interessierst dich einfach brennend für die Anderswelt und wie sie genau funktioniert.

▶ In Stille und Abgeschiedenheit bist Du: schlau und neugierig.

Das 12. Haus beginnt im Krebs

In dieser Stadt gibt es vielleicht eine geheime Familie, eine Zweitfamilie, Halbgeschwister, Mehrfachheiraten und überhaupt sehr unübersichtliche geheime Verbindungen von Liebenden. Es ist eine Zweitwohnung am Rande der Stadt, ein geheimes Loft für die geheime Verwandtschaft. Man trifft sich hier im Dunkeln, sodass es keiner merkt, man liebt sich mit großer Innigkeit, verbringt schöne, romantische Momente miteinander und trennt sich beim Morgengrauen. Vielleicht ist es auch ein Turmzimmer, in dem eine heimliche Liebschaft sehnsüchtig auf ihr Gegenüber wartet.

Hältst du vielleicht deine Gefühle stark unter Verschluss? Oder bist du immer mal wieder in Menschen verliebt, an die du nicht herankommst (verheiratete, tote oder uninteressierte Personen, Stars)? Vielleicht ist es keine Affaire, sondern einfach nur deine innere Haltung, dass du deine Gefühle nicht gerne mit anderen teilst, dass du sie versteckst, sie ganz für dich allein behalten möchtest. Du neigst daher vielleicht sehr zum Schwärmen, zur Romantik und zur Sehnsucht.

Bei dir gehören das Heimliche und die großen Gefühle zusammen.

▶ In Stille und Abgeschiedenheit bist Du: von Liebe erfüllt.

Die ganze Pracht der Stadt steht einsam und abseits in einem alten, aristokratischen Bau, die Schätze und Abenteuer sind hier in Vitrinen ausgestellt – die Stadtbewohner können die Größe und Macht der Stadt aus den letzten Jahrhunderten hier bewundern und sich fragen, warum von dieser Pracht nur so wenig ins Jetzt herübergerettet wurde.

Büsten, goldene Becher, kunstvolle Porträts und stilvolle Echtholzmöbel zeugen von einer Zeit, in der man hier groß geherrscht hat, wo die Stadt in ihrer Blüte stand.

Diese Reminiszenzen an die Vergangenheit sind aber im Geheimen auch die Vorbilder für eine nahe Zukunft, an der im Verborgenen fleißig gearbeitet wird. Man gibt sich in dieser Stadt nämlich nicht damit zufrieden, jetzt auf all den Luxus und die Schönheit verzichten zu müssen. Doch hinter diesen Stadtmauern ist die Pracht an den Menschen vorüber gegangen. Die Bewohner können sich nun aufmachen in eine Neue Welt, in der sie die mächtige Stadt, die sie kennen, wieder aufbauen können.

Du weißt im tiefsten Innern deines Herzens vermutlich, dass du aus einer alten, glorreichen Zeit kommst, die du hier aber nicht mehr vorfinden kannst. Das kann mitunter sehr frustrieren. Denn du weißt ja noch, wie es war, wie es sich anfühlt. Dazu brauchst du nur deine Augen zu schließen und zu träumen. Du magst vielleicht auch Bücher, die von alten Königreichen handeln, von glorreichen Zeiten der großen Eroberer. Oder du hast ein Faible für antike Schätze, für museale Kunst. Was dir fehlt, ist das Große und Anbetungswürdige in deinem Leben. Suche es besser nicht hinter Dir, denn das ist schon vorbei. Suche es in einem gänzlich neuen Kontext, vielleicht auch in der Anderswelt, im Spirituellen, in der Abgeschiedenheit. Du blühst zur vollen Größe auf und kannst wieder schöpferisch sein, wenn du nicht im Schein und Sein versuchst zu glänzen. Deine Wege werden neue sein müssen. Dann kommt auch der Ruhm zu Dir.

▶ In Stille und Abgeschiedenheit bist Du: ein schöpferischer Geist.

Das 12. Haus beginnt in der Jungfrau

Das Gesundheitswesen der Stadt liegt im Verborgenen, das könnte ein Lazarett für verwundete Soldaten außerhalb der Stadtmauern sein, oder ein Ghetto für Pestkranke. Wie Mutter Theresa kümmern sich hier im Stillen einige Stadtbewohner um die Leiden, Seuchen und Krisen in der Stadt. Man heilt im Verborgenen, kümmert sich aufopfernd und verlangt keinen Dank dafür.

Es ist ein Ort, an dem im Dunkeln erst die Arbeit beginnt, da man die Abläufe der Stadt nicht stören möchte. Und da man auch nicht gesehen werden möchte mit seinem hilfsbereiten Dienst. Es sind Nonnen und Mönche, die hier stillschweigend zur Arbeit antreten. Schnell, präzise und mit guten Kenntnissen wird hier geheilt. Doch ohne Lob von außen, ohne Anerkennung, ohne Integration in die Gemeinschaft. Es könnte auch ein Kloster sein, das die Armen, Hungrigen und Kranken in Empfang nimmt und somit von der Stadt fernhält.

Allerdings ist es auch der Ort der Bürokratie und Administrative, die hier nur im Dunkeln und in Ruhe ausgeübt werden kann. So kann es sein, dass die Stadt mitunter im Chaos versinkt und es an strukturierenden Maßnahmen fehlt, wenn das Kloster nicht häufig genug arbeiten kann.

Deine Diensteifrigkeit, dein Pflichtbewusstsein und deine Hilfsbereitschaft sind oft im Stillen, in der Ruhe nur zu finden. Du brauchst Zeit, Raum und Muße, um dich den alltäglichen Dingen, der Ordnung und deinen Pflichten zu widmen. Vielleicht ist um dich herum viel Chaos, du hast viele Baustellen, da du deine ordnende Instanz, deine Kontrolle meistens nicht zur Hand hast. Du brauchst die Stille der Meditation und einsame Spaziergänge, um die Details abzurufen, die du für deinen Alltag brauchst.

Bei dir gehören Kontrolle, Struktur und das Verborgene zusammen.

▶ In Stille und Abgeschiedenheit bist Du: geordnet und strukturiert.

Das 12. Haus beginnt in der Waage

Im Verborgenen liegt in dieser Stadt alles, was Kunst, Kultur und Schönheit betrifft. Es gibt eine geheime Schönheitsfarm, die am Rande der Stadt liegt. Es gibt vielleicht auch einen Schwarzmarkt für Kunst und Mode. Will man in dieser Stadt dem Luxus der Kultur und der Ästhetik frönen, man muss man sich ein Stück abseits bewegen, außerhalb der Sichtbarkeit.

Es könnten auch Cafés sein, die hier an versteckten Stellen der Stadt aufgesucht werden – hier treffen sich Kunstliebhaber, Modefans und Verliebte zu einem Latte Macchiato und einem Stück Torte.

Den Bewohnern ist ihr Hang zur Kunst und Kultur vielleicht unangenehm, da es so wenig pragmatisch und so verschwenderisch ist. Dem Alltag tritt man hier mit voller Vorwärtspower entgegen (6. Haus im Widder), da ist man nicht pingelig und achtet schon gar nicht darauf, ob die Ausrüstungsgegenstände auch stilvoll gestaltet sind. Keine Zeit dafür.

Umso schöner sind die Märchen dieser Stadt, ist das Träumen der Stadtbewohner. In diesem geheimen Reich sind sie alle prunkvoll gekleidet und schreiten in schönen Parks umher.

Wenn du allein bist, kannst du dir Schönheit gönnen. Besuchst du vielleicht Museen am liebsten online? Entwirfst du in deiner Freizeit schöne Garderoben, die du niemanden zeigst? Schreibst du vielleicht anmutige, unmodern wirkende romantische Liebesbriefe, die du nicht abschickst? Oder neigst du zu Tagträumereien, in denen du die Prinzessin, der Prinz bist, in prachtvollen Gewändern? Vielleicht sagt dir das Thema Kultur, Stil, Schönheit auch gar nichts und es ist nur schnöder Tand für Dich. Wie auch immer, um dem Schönen und Stilvollen in deinem Leben nahe zu sein, brauchst du die Abgeschiedenheit.

Bei dir gehören Geheimnis und Schönheit zusammen.

▶ In Stille und Abgeschiedenheit bist Du: stilvoll und friedliebend.

Das 12. Haus beginnt im Skorpion

In dieser Stadt gibt es große Geheimnisse, die nicht einmal die Regierung zu lüften weiß. Man spürt es in den Straßen und Gassen – etwas ist hier ungesagt, etwas wird verschwiegen, in den Katakomben der Stadt womöglich verborgen. Ist es ein gefährliches Tier? Sind es Gefangene? Oder ein Magier, der verborgen über das Geschick der Stadt entscheidet? Es sind mächtige Dinge, die hier unter dem Mantel des Schweigens existieren.

Wer diese lüften will, muss selber hinab in die Tiefen des Unaussprechlichen, in die Hölle, in lodernde Flammen der Angst. Wer wagt das schon?

So ist die geheime Welt dieser Stadt ein Ort, den man fürchtet und den man vielleicht nie betritt.

Die Bewohner könnten seltsam kontrolliert und emotional gleichgültig wirken. Denn sie möchten bestimmte Geheimnisse nicht lüften. Auch wenn das eine Maske der Oberflächlichkeit erzeugt, hinter der sie auch vereinsamen können.

Du hast innere Tiefen, vor denen du dich vielleicht sehr fürchtest. Du spürst, dass Wahres und Tiefes in dir schlummern. Vielleicht spürst du auch deinen Machthunger, andere zu manipulieren, und das willst du nicht in deinem Leben haben. Die größte Angst im Leben hast du wohl vor dir selbst, und so könnte es sein, dass du es vermeidest, alleine zu sein (vor allem, wenn dein Aszendent im Schützen liegt). Solange Menschen um dich sind, bist du abgelenkt und kannst das wilde Tier vergessen. Meditationen und andere Praktiken, um in die inneren Tiefen vorzudringen, meidest du vermutlich eher. Es dient dem Selbstschutz, sich dem nicht auszusetzen. Solange keine Planeten im 12. Haus stehen und keine Plutonischen Verbindungen zu persönlichen Planeten vorhanden sind, kannst du diesen Bereich durchaus auch unangetastet lassen. Bei dir gehören Angst und Verborgenes zusammen.

▶ In Stille und Abgeschiedenheit bist Du: tiefgründig und erotisiert.

Das 12. Haus beginnt im Schützen

Das Fernweh ist ein häufiges Thema in den Kinos dieser Stadt. Man stellt sich so gerne vor, wie man weit verreist, wie man die Welt sehen kann, neue Gebiete kennenlernt, andere Kulturen und Sprachen. Doch im Alltag ist dafür keine Zeit. Da wuselt man von Nützlichkeit zu Information und verheddert sich in den vielen Projekten, städtebaulichen Maßnahmen, Schulbildung, Kiezausbau (= 6. Haus in den Zwillingen).

Es gibt hier unterirdisch verborgene Vortragsräume, in denen die Abenteurer und Weltenwandler Diashows über ihre Reisen halten. Voller Sehnsucht gibt man sich hier der Fantasie hin, dass man selbst auch einmal eine weitere Reise antreten möge.

Doch häufig bleibt diese Sehnsucht ungestillt und die Bewohner verweilen in ihrer Stadt. Es gibt zu viel zu tun, und diese Wünsche sind doch auch einfach übertrieben.

Es kann sein, dass du dir die wirklich großen Erlebnisse, das Gefühl von Größe und Erhabenheit ein Stück weit verbietest (vor allem, wenn dein Aszendent im Steinbock liegt). Da ist das Gefühl von Weite in Dir, das du nur spüren kannst, wenn du allein bist. Im alltäglichen Trubel bist du vermutlich äußerst nüchtern und lässt es nicht zu, deine kostbare Zeit mit solchen Ideen zu vertun. Was bleibt, ist eine Sehnsucht und ein Seufzen, eine Enttäuschung vom Leben und das Gefühl, dass dir die wirklich großartigen Dinge vorenthalten werden. Vielleicht wäre ein Sabbatlied etwas für Dich, in dem du auf einem Pilgerweg wanderst oder ein fernes Land bereist? Bei dir gehören Sehnsucht und Alleinsein zusammen.

▶ In Stille und Abgeschiedenheit bist Du: von Größe und Lebenslust erfüllt.

Das 12. Haus beginnt im Steinbock

In dieser Stadt könnte es etwas führerlos und unkontrolliert zugehen, denn die Bürokratie, die Administrative, ja sogar einige Politiker sind eigentlich nicht anwesend. Die Büros, Konferenzräume und das Parlament liegen außerhalb der Stadt oder in verschiedenen turmartigen Gebäuden, die schwer erreichbar sind.

Die Politiker, Minister und Beamte sind häufig betrunken und gehen ihrem Dienst nicht nach. Man kann sie auch kaum erreichen – die Telefone funktionieren nicht richtig, auf Mails antworten sie erst nach Wochen. So ist es ein langes Hin und Her, bis wieder Maßnahmen bestätigt werden können, die sehr wichtig für das reibungslose Funktionieren der Stadt sind. Das ist ermüdend und frustrierend für die Bewohner (= Mond) und die Regierung (= Sonne).

Was hilft, sind die allabendlichen Meditationen und Ruheminuten: Hier können Politiker und Beamte in Kontakt mit dem Rest der Stadt sein und man kann ein paar der wichtigsten Dinge klären.

Für dich scheint es sehr wichtig zu sein, dass du regelmäßig zur Ruhe kommst, alleine bist und dich sortieren kannst. Ansonsten ist es dir kaum möglich, die Kontrolle über dein Leben zu halten (es sei denn, dein Aszendent steht auch im Steinbock). Vielleicht graut es dir vor Verantwortung und es fällt dir einfach schwer, Zeiten einzuhalten, deine Pflichten zu erfüllen und deine Arbeit gründlich zu erledigen. Wenn du in deinen Alltag Meditation oder Spaziergänge alleine einplanst, dann könnten dir wichtige strukturelle Dinge einfallen, wie du dein Leben besser planen kannst. Plane also diese Zeiten der Muße, dann hast du hinten raus mehr Zeit für die schönen Dinge des Lebens.

Bei dir gehören Verantwortung und Meditation zusammen.

▶ In Stille und Abgeschiedenheit bist Du: verantwortungsbewusst und asketisch.

Das 12. Haus beginnt im Wassermann

Was man in dieser Stadt nur heimlich auslebt, ist die Individualität. Man tut sich nicht hervor mit Anderssein, sondern punktet eher damit, dass man die Norm im Übermaß bedient und besonders reich und großartig im Rahmen der aktuellen Mode und Normen ist (= 6. Haus im Löwen).

So tut und arbeitet man sehr viel und mit großem Elan in dieser Stadt und rümpft über Faulpelze die Nase.

Doch gerade diese Faulpelze und Tagträumer sind es, die Freiheit und Muße, Kreativität und Genialität in die Stadt bringen. Die Funken der Eingebung erhalten die Einwohner daher in einer verborgenen Garage. Hier wird Punkrock gehört und wild getanzt.

Niemand nimmt sich hier wichtig, man trägt, was einem gefällt, und sagt, was man denkt. Doch nur an diesem geheimen Ort, nur unter den anderen Punks und Freiheitsaposteln.

Deine innere Freiheit ist vor dir verborgen. Wenn du alleine bist, dann könnest du den übermächtigen Wunsch verspüren, einfach alles hinter dir zu lassen und auszubrechen aus den alten Strukturen, aus deiner Arbeit und Familie.

Das ist ein gefährliches Denken und so kann es sein, dass du es vermeidest, viel mit dir alleine zu sein und solche rebellischen Gedanken zu kultivieren. Versuche lieber ein gesundes Maß an freien Zeiten in deinem Leben zu etablieren, damit du nicht alles auf einmal aufgeben musst.

Bei dir gehören Revolution und Geheimnis zusammen.

▶ In Stille und Abgeschiedenheit bist Du: frei, individuell und rebellisch.

Das 12. Haus beginnt in den Fischen

Diese Stadt beherbergt ein verstecktes Disneyland, einen alten Rummelplatz, eine Feengrotte oder gleich einen Märchenwald. Wer diesen mystischen Ort betreten will, braucht den Mut eines Löwen und die Verträumtheit eines kleinen Kindes. Jeder ist hier willkommen. In der Zauberwelt dürfen die Kleinen groß sein und die Großen wieder klein. Man kann fliegen, zaubern, hat Elfenohren und zauberhafte Glockenstimmchen.

Der Stadt ist dieser Ort vielleicht peinlich, denn die ganzen gesetzten und ordentlichen Bürger werden hier verführt, wie die Kinder zu wünschen und zu spielen (= 6. Haus Jungfrau). Es ist ein Spielparadies, ein Ort voller Zuckerwatte und Karusselle. Um dorthin zu gelangen, trinkt man einen Liter Wein, oder man meditiert an einem einsamen Ort. »Sesam öffne dich« ist das Zauberwort, das dieser geheimen Welt die Tore öffnet.

Das Träumen liegt dir sehr. Du kannst in deinen Träumen weich sein, berührbar und unfassbar liebevoll. Um deine Seele mit Liebe und Fantasie aufzuladen, brauchst du immer wieder Zeiten und Orte des Alleinseins. Wahrscheinlich liegt dir Meditation sehr. Richte dein Leben so ein, dass du einen kleinen Altar gestaltest und Zeiten hast, in denen du ungestört in diese fabelhaften Tiefen abgleiten kannst. Das ist allemal besser, als diesen Ort mithilfe von Alkohol oder Drogen zu erreichen.

▶ In Stille und Abgeschiedenheit bist Du: kreativ und verträumt.

Teil 2:
Planeten

In der Horoskopdeutung gesellen sich nun die einzelnen Planeten dazu. Durch ihre Position in Zeichen und Haus erhalten wir Hinweise auf weitere charakteristische Spezifika im Geburtshoroskop.

Um in der gleichen Methode zu bleiben, werden die Planeten in entsprechende Personen übersetzt. Mein Fokus liegt auf den persönlichen Planeten Sonne, Mond, Venus, Mars und Merkur.

Die gesellschaftlichen Planeten Jupiter und Saturn stehen für Größe und Beschränkung im Horoskop, für das Prinzip der Erweiterung und Expansion (Jupiter) und das Prinzip der Kontrolle und Präzision (Saturn). Sie werden in dementsprechende Personen übertragen.

Die drei Langsamläufer Uranus, Neptun und Pluto zeigen Generationenfragen an und sind bei der Horoskopdeutung vor allem in ihrer Häuserposition interessant.

Mit diesen ›Personen‹ wird die *Horoskopstadt* nun bevölkert – einige astrologische Informationen sind auf diese Weise leichter zugänglich.

Eine erweiterte Möglichkeit, mit diesem Buch zu arbeiten, besteht darin, die Bewohner der Horoskopdeutung zu Wort kommen zu lassen und sie untereinander agieren zu sehen.

Dabei gibt es drei Indizien zu beachten: Die grundsätzliche Persönlichkeit des jeweiligen Planeten/Bewohners wird angezeigt durch das Tierkreiszeichen. Der Wirkungsbereich wird angezeigt durch die Häuserstellung und die Kooperation mit anderen Kräften wird angezeigt durch die Aspekte der Planeten zueinander.

Die Aspekte: Beziehungsmuster

Es gibt die günstigen Verbindungen: Sextil, Triton und Konjunktion. Und es gibt die herausfordernden Verbindungen: Quadrat, Opposition und Quintus. Das sind die gängigen, bekanntesten Aspekte. Weitere Aspekte wie Anderthalbquadrat und Halbsextil etc. lasse ich der Komplexität wegen heraus.

Sprachlich darf hier jeder seine persönliche Note anbringen. Ein Beispiel: Sonne Sextil Mond: Die Königin versteht sich blendend mit ihrem Volk und erhält durch es eine große emotionale Unterstützung. Sie regiert es gerne und das Volk fühlt sich von seiner Königin äußerst inspiriert und bestärkt.

Ein anderes Beispiel: Saturn Quadrat Merkur: Der Ordnungshüter kommt überhaupt nicht mit dem Reporter der Stadt klar. So kommt es regelmäßig zu Streit zwischen den beiden und der Reporter fühlt sich in seiner Art, zu berichten, stark eingeschränkt.

An dieser Stelle sei auf eine gewisse Hierarchie hingewiesen: die überpersönlichen Planeten dominieren in der Regel die persönlichen. Das heißt, Saturn hat einen Einfluss auf Merkur, aber nicht umgekehrt. Und die Langsamläufer Neptun, Uranus, Pluto haben wiederum einen stärkeren Einfluss auf die überpersönlichen und persönlichen Planeten.

In den Beispielhoroskopen am Ende des Buches sind noch weitere Beispiele von Beziehungsmustern der Planeten illustriert.

Aspekt	**Gradzahl**	**Symbol**	**Interpretation in Astrostadt**
Sextil	60°	⚹	Die Personen verstehen sich blendend, sie unterstützen und inspirieren einander.
Trigon	120°	△	Die Personen sind miteinander verwandt und halten zusammen und haben gemeinsame Ziele.
Konjunktion	0°	☌	Die Personen sind miteinander verbündet und lassen ihre Energien ineinanderfließen
Quadrat	90°	□	Die Personen haben starke Konflikte miteinander, sie hadern miteinander.

Opposition	180°	☍	Die Personen leben im offenen Krieg miteinander und können nicht gleichzeitig auftreten.
Quinkunx	150°	⚻	Die Personen sind sich nicht grün, man missversteht sich oft und geht sich lieber aus dem Weg.

Sonne – die Regierung

Das erste Merkmal, das astrologisch in den Blick fällt, ist oft die Sonne. Ihre Position und Zeichenstellung im Horoskop beschreibt den Wesenskern eines Menschen, zeigt an, was im Leben erlebt, erarbeitet, entwickelt werden soll. Die Sonne ist unsere Lebensenergie, unsere Persönlichkeit, unser Seelenfunken, der sich irdisch verwirklichen, materialisieren will.

Die Sonne ist in unserem Sonnensystem der einzige kosmische Körper, der von sich aus strahlt, der überschüssige Energie abgibt. Sie ist es, die all die anderen Planeten und auch die Erde bestrahlt und so in die Sichtbarkeit hebt. Daher ist die Sonne pure Aktivität, Ich-Bewusstsein, Stärke und kreative Schöpferkraft. Alles in uns strebt dahin, die Sonne je nach Tierkreiszeichen und Häuserstellung in ihre ureigene Tatkraft zu übersetzen. Sie ist zentrales Anliegen und eine lebenslange Energieversorgung.

In der Astrostadt wird diese strahlende Instanz am besten als die Regierung verkörpert: Das ist die Königin oder der König. Die Regierung, das ist auch der Rhythmus der Stadt: Ist das ein schnell wummerndes Herz eines aufgeregten Zwillings, eines Schützen, eines Widders? Oder ist man hier »stiermäßig« tiefenentspannt, lässt sich auf Steinbock-Art Zeit, träumt sich wie ein Fisch durch den Puls des Lebens?

Betrachten wir also die Regierung, um zu sehen, wo das Herz dieser Stadt schlägt und mit welchem Rhythmus. Daran erkennen wir den angestrebten Regierungsstil, aber wir sehen auch, ob die Königin überhaupt mit ihrer Art, zu regieren, durchkommt oder ob sie in bestimmten Dingen gehemmt ist.

Als Herrscherin der Stadt ist sie in ihre Lage hineingeboren und muss das Beste daraus machen. Sie ist immer danach bestrebt, sich auf Grundlage der Anordnung der anderen Himmelskörper – sprich: der Stadtbewohner und der Stadt selbst – zu verwirklichen, ihre Wege zu gehen. Kann die Königin nicht in ihrer Funktion sein, wird die Stadt nicht so recht regiert, dann leidet die ganze Stadt darunter.

Die Häuserstellung zeigt an, welcher Lebensbereich für die regierende Person von größter Bedeutung ist. Vorangestellt ist eine kurze Betrachtung der Sonne im Tierkreiszeichen, die illustrieren soll, wie die jeweilige Königin, der König regiert. Es geht um die grundsätzliche Art und Weise, wohingegen die Häuserstellung zeigt, in welchem Lebensbereich diese spezielle Art, zu herrschen, gezeigt wird.

Die Sonne in den Tierkreiszeichen

Widder Sonne

Diese Königin ist voller Tatendrang und Energie. Sie ist die Erstgeborene in ihrer Königsfamilie und dreht sich daher nicht um, um zu schauen, wie andere auf sie reagieren. Hinter ihr ist niemand. Das prägt auch ihren Regierungsstil. Voller Freude auf das Leben macht sie sich an das, was anliegt, beginnt jeden Tag mit einem Imperativ, springt aus dem Bett, braucht keine Kammerzofe zum Ankleiden (das dauert zu lange), trägt am liebsten eh ihren Jagddress und schon ist sie aus dem Schloss und auf dem Pferd.

▶ Das sagt sie: »Ich bin die Erste hier und mache, was ich will. Ich regiere mit Willenskraft.«

Stier Sonne

Eine Königin der entspannteren Art findet sich hier. Sie liebt die sinnlichen Genüsse, hat einen dementsprechenden Wein- und Vorratskeller, sammelt Porträts ihrer großen Familie und lädt auch gerne die Verwandtschaft zu den zahlreichen Familienfeiern ein. Sie trägt ein weites Gewand, das ihrer weiblichen Figur schmeichelt, und lässt die Uhren in ihrem Palast nach ihrer Zeit laufen. Von anderen Herrschenden lässt sie sich nicht drängen: nicht zu Turnieren und nicht zu anderen dringenden Terminen. Solange sie die Herrscherin ihrer Zeit, ihrer Vorräte und ihrer Tiere ist, kann diese Herrscherin nichts aus der Ruhe bringen. Wird sie jedoch massiv in ihrer Ruhe gestört, so ist ihre Art, sich zu verteidigen, mit äußerster Kraft und mit teilweise verheerenden Auswirkungen.

▶ Das sagt sie: »Immer mit der Ruhe. Ich brauche meine Zeit. Ich regiere mit Geduld.«

Zwillinge Sonne

Von allen Königinnen ist sie die schnellste. Nicht unbedingt im Wettrennen – das tun Königinnen eigentlich nicht – aber dafür im Verhandeln, im Bündnisse anfangen, im Erlernen von neuen Regierungsinhalten, im Verfassen von Gesetzestexten. Sie spricht wahnsinnig schnell, hüpft aufgeregt durchs Schloss und hat gar keine Geduld mit Hofangestellten, die mal wieder länger brauchen.

Dafür aber ist sie schon morgens gut gelaunt und versorgt die Hofschar gerne mit witzigen Anekdoten aus ihrem erlebnisreichen Leben. Sie liest und schreibt lieber, als dass sie einen Ausritt zu Pferde macht. Sie hat zahlreiche Burgen und Pfalzen im näheren Umland und reist sehr gerne durch ihren Herrschaftsbereich, um sich zu zeigen, vor allem aber: um mehr über ihr Land und die Bewohner zu lernen.

▶ Das sagt sie: »So viel zu erleben und zu lernen: keine Zeit, ich muss da hin. Ich regiere mit Neugier.«

Krebs Sonne

Dieser König ist ein gemütlicher und warmherziger Mann. Mit viel Empathie und Verständnis sorgt er sich um seine Stadt und ist mit den Bewohnern oft sehr nahe. Vor allem aber pflegt er sehr nahe Kontakte und Allianzen mit den Herrschenden anderer Städte. Seine Töchter und Söhne verheiratet er am liebsten an die Kinder seiner besten Freunde. Machtstreben und geopolitische Ambitionen sind dabei im Hintergrund. Seine größte Stärke besteht in dem nahen Kontakt zu anderen wichtigen Personen und zu seiner eigenen Familie. Er ist immer in Verbindung mit Menschen und ungern allein. Durch diese Nähe bezieht er aber auch vieles auf sich und kann schon mal beleidigt sein, auch wenn er nicht gemeint ist.

▶Das sagt er: »Wo ist meine Familie? Ich brauche ihre Nähe, dann geht es mir am besten. Ich regiere mit Verbundenheit.«

Löwe Sonne

Prachtvoll und mächtig, wie er ist, erscheint dieser König stets im vollen Ornat. Er entsteigt schon würdevoll dem königlichen Baldachin-Himmelbett, nimmt wohlwollend die Salbungen, die Ankleidungen und ersten Informationen des Tages von seinen engsten Angestellten entgegen und schreitet mit erhobenem Haupt – immer von der Krone geziert – in den Regierungssaal. Dort warten schon etliche Bewohner der Stadt, Diplomaten und Kuriere auf seine Anweisungen und seinen königlichen Rat.

Mit viel Überblick, Geschick und Macht regiert er seine Stadt und pflegt die außerstädtischen Allianzen mit großzügigen, luxuriösen Festen, die er regelmäßig gibt.

▶Das sagt er: »Ich bin der Größte hier und zeige anderen den Weg. Ich regiere mit schöpferischer Einfallskraft.«

Jungfrau Sonne

Ganz anders sein Nachbar ist dies, der König der absoluten Ordnung. Dieser König macht sein Bett allein, es ist ihm generell unangenehm, andere für sich arbeiten zu lassen. Daher hat er übermäßig viel zu tun und versteht nicht, woher andere Herrscher Zeit für Muße nehmen. Den königlichen Garten pflegt er mit klösterlicher Strenge, er zieht in seinem Kräutergarten Heilkräuter, aus denen er Medizin herstellt. Zu gerne schaut er in der Stadt nach dem Rechten und hilft den Bewohnern, vor allem aber den befreundeten Herrschern im Reich bei der Aufrechterhaltung der bürokratischen

Ordnung. Bekannt ist dieser König für seine Demut, seine Pflichtergebenheit und seine fürsorgliche Art, sich um die Krankheiten seiner Untergebenen zu kümmern.

▶ Das sagt er: »Was für eine Unordnung. Ich räume erst einmal auf, bevor ich mich an die Gesetze mache. Ich regiere mit Genauigkeit und Ordnung.«

Waage Sonne

Eine der schönsten im Lande ist diese Königin: Die prächtigsten, stilvollsten und modernsten Königsgewänder trägt sie mit der Anmut einer Ballerina. Sie selbst entwirft Schmuck, den sie in der städtischen Werkstatt fertigen lässt. Ihre Frisur ist stets perfekt gestylt und im Umgang mit ihrem Hofstaat lässt ihr Benehmen nichts zu wünschen übrig.

In Zeiten der Kriege nehmen andere Königinnen und Könige gerne ihren Rat entgegen. Sie kann Streit schlichten und für Harmonie sorgen, dafür ist sie bekannt. Um die Schönheit und das friedliche Zusammenleben zu demonstrieren, lässt sie in ihrer Stadt regelmäßig Kunstausstellungen eröffnen, sie unterhält ein prachtvolles Theater, engagiert gute Schauspielerinnen und liebt es, sich in den dezent arrangierten Cafés mit ihren Freundinnen zu unterhalten.

▶ Das sagt sie: »Herrscht hier etwa Unfrieden? Ich werde mit allen darüber sprechen, wo der Schuh drückt. Ich regiere mit Diplomatie und Stil.«

Skorpion Sonne

Geheimnisvoll und anziehend ist diese Königin. Niemand kann Genaueres über sie sagen. Über ihre Herkunft schweigt sie königlich, ihre geheimen Gelüste hat sie absolut unter Kontrolle und lässt sich nie in die Karten blicken. Eine machtvolle und erotische Aura, die sie umgibt, zieht die Menschen unbewusst in ihren Bann.

Sie hat mächtige Verbindungen zur Unterwelt, arbeitet mit einem todsicheren Secret Service und mit sehr guten Detektiven zusammen – immer muss sie wissen, was in ihrer Stadt vor sich geht und wie es den Bewohnern geht. In einer geheimen Bibliothek studiert sie das Wesen des Menschen, die Finessen der psychologischen Führung und Alchemie.

▶Das sagt sie: »Hier ist was faul und ich finde heraus, was das ist. Ich regiere mit Macht.«

Schütze Sonne

Mit bunten Kleidern, die prächtig glitzern und aus orientalischem Stoff gefertigt sind, schwebt diese Königin mit der allerbesten Laune über den Schlosshof. Ihre Augen strahlen und sie spricht mit jedem, der ihr auf ihrem morgendlichen Rundgang begegnet. Da macht sie keinen Unterschied, ob es sich um einen Stallburschen oder um den Hofmarschall handelt. Es ist ihr wichtig, alle gleich zu behandeln, denn sie sehen die Welt aus unterschiedlichen Perspektiven, die zu ergründen sie sehr wertvoll findet. Sie studiert ihr Leben lang und sucht in den Büchern nicht nur nach der rechten Art zu regieren, sondern vor allem nach den wesentlichen Inhalten des Lebens: Glück, Liebe, Weltgemeinschaft, Philosophie.

Wenn sie nicht studiert, ist sie in der weiten Welt unterwegs, um dort ihre Studien vor Ort zu betreiben.

▶Das sagt sie: »Die Welt ist nicht genug! Ich will raus und mehr erleben! Ich regiere mit Begeisterung.«

Steinbock Sonne

Mit einem strengen und ehrfurchtsvollen Gesichtsausdruck marschiert dieser König aus dem königlichen Schlafgemach umgehend zu seinem Thron. Dort stehen alle möglichen Hofangestellten, Bauern und Bewohner der Stadt, um ihn um seinen Rat zu ersuchen. Der König entscheidet alles selbst, eine rechte Hand lehnt er strikt ab. Er möchte die Kontrolle lieber in seiner Hand wissen, wer weiß, wer hinter seinem Rücken mit Verrat droht. So gibt es für diesen König enorm viel zu tun und er schont sich keinen Tag, um dem Arbeitsdruck auch gerecht zu werden. Die Bewohner können sich absolut auf ihn und seine Expertise verlassen. Verwöhnt werden sie in dieser Stadt aber nicht. Es gibt keine Feste, Hochzeiten werden schnell und effizient ausgeführt und Extrarationen Fleisch gibt es nur in Zeiten, wo die Bevölkerung an Nahrungsmangel krank zu werden droht.

▶Das sagt er: »Es gibt viel zu tun, ich kümmere mich darum. Ich regiere mit Strenge.«

Wassermann Sonne

Ein nettes Kleidungsstück trägt er, dieser König. Ist es nicht ein Narrengewand? Mit seiner langen Zipfelmütze und dem karierten Stoff steht dieser König keinesfalls in der modischen Tradition anderer Herrscher. Eher pflegt er einen äußerst ungewöhnlichen Stil. In seiner Art, zu regieren, ist er auch recht nonkonform: Es dauert lange, bis er aus seinen Gemächern kommt und den Weg zum Thron einschlägt. Dort wartet eh nur Arbeit auf ihn und darauf kann er getrost verzichten. Die anderen brauchen seinen Rat? Sie sollen sich mal anstrengen und ihren Grips benutzen. Andere Könige wollen Handel mit ihm betreiben? Wozu all der Luxus? Er braucht nichts zum Glücklichsein, nur seine Ruhe. Seine Töchter möchten mit ihm durch den königlichen Park flanieren? Lieber schaukelt dieser König in seiner Hängematte. Rafft er sich auf, um doch zu regieren, so sind seine Regeln undurchschaubar und teilweise irritierend modern.

▶Das sagt er: »Wo bin ich hier nur gelandet? Ich suche meinen Heimatplaneten. Ich regiere mit Unangepasstheit.«

Fische Sonne

Langsam, verschlafen und in einem langen, weißen Gewand steigt dieser König aus seinem Himmelbett und wandelt mit fließenden

Bewegungen durch die Flure des Schlosses. Eine Wolke weißen Salbeis umgibt ihn und sein erster Weg führt ihn in die Kapelle zur Andacht. Er liebt das Beten oder Meditieren, vorher möchte er nicht einmal das Frühstück essen. Nach einer homöopathischen Stärkung geht es in den Regierungssaal, der ausgestattet ist mit weichen Sofas und Sesseln. Niemand soll in seiner Wartezeit unangenehm hart sitzen. Der König kümmert sich hingebungs- und liebevoll um seine Bewohner und sorgt sich auch um das Wohlergehen seiner königlichen Freunde.

▶Das sagt er: »Ich spüre so viel, das will ich ausdrücken. Ich regiere mit Liebe.«

Die Sonne in den Häusern

Sonne im 1. Haus

In dieser Stadt geht es lebhaft zu – der König saust durch die Straßen, packt hier und da was zusammen, bereitet sich auf sein nächstes Abenteuer vor. Man trifft ihn gleich am Burgtor (= 1. Haus/Aszendent).

Seine Stadt regiert er so nebenbei, mit klaren, harschen Ansagen. Damit verliert er nicht viel Zeit. Am besten ist es für ihn, wenn alle sofort reagieren, sich fügen und mitziehen.

Langsame, Alte, Kranke werden manchmal übersehen – sie sind nett, ja, aber sie halten auf. Und König von Haus 1 hat es einfach eilig, er muss noch etliche unbekannte Länder erobern, sich in wilde Kämpfe mit fiesen Drachen stürzen, ein paar Prinzessinnen befreien und überhaupt ist das Leben viel zu kurz für all das Spannende, was man tun kann.

Der König dieser Stadt ist sofort für jeden Neuankömmling erreichbar, er wuselt eh am Stadttor herum, weil das eben Chefsache ist. Und er muss auch los.

Diplomatie und Charme sind nicht so seine Stärken, dafür aber beeindruckt er mit seiner nicht enden wollenden Vitalität, Mut und schierer körperlicher Kraft.

Du bist ganz du selbst und das darfst du auch zeigen. Auch, wenn es gemeinhin als unangemessen gewertet wird, sich in den Mittelpunkt zu stellen. Bei dir ist es von immenser Bedeutung, dass dein Fokus auf der selbstbewussten Darstellung, aber auch Weiterentwicklung deiner Persönlichkeit liegt. Du bist und du glänzt – gleich wie die Sonne am Himmel. Und dein Existenzrecht solltest du dir auch von niemandem streitig machen lassen.

Mit deiner starken und sichtbaren Persönlichkeit kannst du nun einiges erreichen im Leben. Sorge aber dafür, dass es nicht um das Nähren deines Egos geht, sondern um eine authentische

und schöpferische Integration in das Hier und Jetzt. Wenn du nicht machtversessen bist, kannst du wunderbar der Schöpfer deines eigenen Lebens sein.
▶ Dein Lebensmittelpunkt: deine eigene Persönlichkeit.

Sonne im 2. Haus

Die Königin dieser Stadt ist im Bankenviertel (= 2. Haus) unterwegs, um die finanzielle Lage zu prüfen. Da überlässt sie nichts dem Zufall. Ihre Sorge gilt der Sicherheit der Stadt, vor allem die territoriale und die materielle Absicherung.

Hat die Königin ein gutes Gefühl, weil die Truhen reichlich gefüllt sind und die Mauern regelmäßig instand gehalten werden, geht sie auf den Markt, um dort persönlich nach dem besten Gemüse und Obst zu schauen, um gutes Brot zu erwerben, Fleisch und Käse von den Tieren ihrer Stadt. Kochen tut sie am liebsten auch selber, einfach, weil sie die Gerüche der Küche und der Zutaten und die Wärme des Ofens so liebt. Das alles braucht seine Zeit.

Der Rhythmus dieser Stadt ist runter gedrosselt: Hier geht alles mit größter Ruhe vor sich. Nach dem Essen entspannt man sich erst einmal. Regieren kann man vormittags oder am Abend. Und da werden dann keine Räder neu erfunden (viel zu aufwendig), nein, da orientiert man sich am liebsten an den Gesetzen und Verhaltensmaßstäben der Vorfahren. Traditionen und Feiertage werden hochgehalten, Neuerungen schaut man eher skeptisch entgegen.

Solange sie regelmäßig mit der Familie und mit Freunden an einem reichlich gedeckten Tisch sitzen kann, ist diese Königin sehr zufrieden und friedlich. Weckt man aber ihren Zorn (und da muss viel passieren), dann kann man sich auf einen jahrelangen intensiven Krieg einstellen. Also lieber nicht.

Sicherheit ist dir sehr wichtig, nimm das ernst. Du kannst dich nur frei entfalten, wenn du das Gefühl hast, dass alles stimmt, dass du dich nicht sorgen musst – nicht um Nahrung, Wohnen,

Finanzen. Kümmere dich also frühzeitig um die Eckpfeiler eines sicheren Lebens. Dann kannst du auch frühzeitig mit den schönen Eigenschaften einer Zweithaus-Sonne beginnen: Genuss, Naturromantik, ein entschleunigtes Leben, tiefe Verbundenheit mit anderen Menschen.

▶ Dein Lebensmittelpunkt: sichere Verhältnisse.

Sonne im 3. Haus

In dieser Stadt wird viel Wissen gesammelt, denn der König ist ein Bibliothekar. Er sammelt es, sortiert es, ordnet es neu, geht auf Lehrveranstaltungen, hört sich überall um und ist sehr neugierig. Häufig trifft man ihn auf dem Marktplatz (= 3. Haus).

In dieser Stadt gibt es Bücher grundsätzlich kostenlos für alle. Und Bildung ist natürlich Chefsache. So trifft man diesen König häufig in der Schule, wo er die Lernmaterialien durchsieht, neue Bücher bestellt (Wissen veraltet ja so schnell) und mit Schülern und Schülerinnen oder dem Lehrpersonal einen kurzen Plausch hält. So bleibt er auf dem Laufenden.

Der Rhythmus dieser Stadt ist von einer gewissen Hektik geprägt, einer mentalen Hektik. Alle wollen immer miteinander sprechen, Neuigkeiten austauschen und sich gegenseitig besuchen. Hier ist richtig was los. Zum Entspannen kommt man da eher nicht.

Deine Liebe ist das Wissen, das Neue, die Kommunikation. So bist du wahrscheinlich auch auf dem Laufenden, was deine Themen betrifft. Schnell wird dir langweilig, und dem wirkst du mit erneuter Wissensaufnahme entgegen. Schön ist es auch, wenn du dich munter mit anderen Wissbegierigen vernetzen kannst, dann kann das Wissen schneller fließen. Wikipedia könnte deiner Idee entsprungen sein. Der Grundgedanke daran: Wissen frei zur Verfügung zu stellen durch ein immerwährendes Austauschen passt gut zu Dir.

Solange du Zugang zu Wissen, Neuem und Menschen hast, ist alles gut. Du brauchst den regelmäßigen Austausch, um im richtigen Rhythmus zu sein.

▶ Dein Lebensmittelpunkt: Wissenserwerb und Kontakte.

Sonne im 4. Haus

Ist die Königin im 4. Haus positioniert, dem Wohnbezirk der Astrostadt, dann ist das Zentrum ihres Lebens die eigene Familie, die Königsfamilie, der Hof und die engsten Untertanen.

Emsig ist sie um das Wohl ihrer Liebsten besorgt, sie ist ständig ›online‹ und emotional auf Empfang. Denn die Sicherheit der Familie und das eigene Zuhause bedürfen der ständigen Pflege und Fürsorge.

Diese Königin ist eine Königin-Mutter, sie ist warmherzig und fürsorglich. Aber sie ist auch sehr tief und emotional und sie kalkuliert nicht knallhart.

Sie hat die Fäden in der Hand. Der Lebensmittelpunkt im Wohnbezirk zeigt eine sehr einflussreiche Stellung der Königin hier. Ohne sie läuft nichts, sie war schon immer da, bei der Stadtgründung und vorher, sie trägt die Ahnen in sich, kennt die Traditionen genau und jeden einzelnen Menschen in ihrer weitläufigen Familie.

Aber auch die eigenen Eltern sind noch in der Regierung tätig, die Königin ist nicht alleine. Sie holt sich gerne den Rat ihres alten Vaters ein. Das ist ein Teil ihrer großen Macht, denn sie wurzelt in den Generationen von Königen vor ihr und kann auf deren Wissen und Einfluss zurückgreifen.

Hast du deine Sonne im 4. Haus, dann ist dir deine Familie wahrscheinlich sehr wichtig und du tust alles, damit es ihr gut geht. Deine Kraft kommt also aus den Tiefen deiner Herkunft. Damit hast du ein gutes Fundament und kannst deine Stadt super regieren. Vielleicht bist du aber manchmal zu sehr in deinen Gefühlen verhaftet, da brauchst du ab und zu den Blick aus der Distanz.

Der patente Umgang mit Gefühlen ist ein sehr wichtiges Werkzeug für Dich. Gefühle dürfen dir als Navigation dienen, aber wenn sie dich regieren, dich unterjochen und den Alltag zunichtemachen, dann musst du lernen, sie besser zu verstehen, einen vernünftigen Umgang mit ihnen zu suchen.

▶ Dein Lebensmittelpunkt: deine Familie.

Sonne im 5. Haus

Der König in dieser Stadt ist ein Lebemensch, ein Künstler und Charmeur, der es sich vor allem gut gehen lassen will. In unserer Astrostadt ist das 5. Haus das Vergnügungsviertel. Ein Ort, wo man spielt, musiziert, auf der Bühne steht oder mit anderen Bewohnern Karten spielt.

In diesem Vergnügungsviertel (= dem 5. Haus) geht es um Spiel, Spaß und Freude, aber vor allem um pure Vitalität und schöpferische Schaffenskraft. Es laufen Kinder und Künstler herum, Kunstaktionen an jeder Ecke bereichern die Stadt.

Der König ist der größte Darsteller hier. Er möchte zeigen, was er hat und was er kann. Das kann durchaus etwas angeberisch wirken, dennoch aber sympathisch. Denn dieser König ist sehr großzügig und er will den Luxus dieser Stadt vergrößern.

Eine einzelne Frau zu haben findet er langweilig, wahrscheinlich hat er eine Art Harem um sich, oder einfach viele lustige, intelligente und interessante Leute, die ihn wie einen Bienenschwarm umschwirren.

Denn eines ist dem König besonders wichtig: für seine Pracht und seine Talente gelobt zu werden.

Dem Besucher wird es leichtfallen, diese Stadt zu lieben, denn die Liebe wird hier großgeschrieben. Der König ist – wenn ihn nichts daran hindert – ein prächtiger, wohl gelaunter Kerl, der zwar etwas viel über sich erzählt, ansonsten aber sehr warmherzig und großzügig ist.

Steht deine Sonne im 5. Haus? Dann brauchst du Ruhm und Luxus, Spiel, Spaß und das Lachen der Kinder, um in deinem vollen Glanz zu erstrahlen.

Sorge also für dein entsprechendes Ambiente. Du brauchst Raum, um kreativ zu sein, und viel Einfluss, damit du große Dinge organisieren kannst.

Deine Lebensfreude vergrößert sich in dem Maße, wie du deine Schätze und Talente mit der Welt teilst. Lebe also lieber mehr deine Großzügigkeit als die Betrachtung deines Egos – das ist auf lange Sicht nachhaltiger und befriedigender.

▶ Dein Lebensmittelpunkt: deine unglaubliche Schöpferkraft.

Sonne im 6. Haus

Wer ist hier der Boss? Diesen Herrscher zu erkennen, ist nicht leicht – der König steht nicht gerne im Rampenlicht, er trägt auch keine königliche Kleidung. Wozu auch? Da er sich immer und überall nützlich machen will, trägt er Arbeitskleidung. Ist ja auch praktisch. Wozu das schöne Gewand schmutzig machen, wenn man doch so viel zu tun hat!

Regiert wird aus dem Arbeitsviertel (= 6. Haus) heraus, vielleicht aus dem Krankenhaus, das man ungern verlässt (man wird ja permanent gebraucht).

Unter der ständigen Begleitung seines treuen Pudels streift der König durch die Gassen, notiert in seinem Notizbuch die Mängel der Bausubstanz, die ihm auffallen, beratschlagt sich auch gleich mit seinen Ministern. Denn dieser König regiert nicht gerne alleine, dafür sind es einfach zu viele Aufgaben. Sein Ministerstab steht ihm ebenso treu zur Seite.

Zentrale Themen der Regierung sind Arbeit und das Gesundheitswesen, aber auch der korrekte Umgang mit Haus und Nutztieren.

Wenn es mal nichts zu tun gibt, könntest du durchaus unruhig werden, oder? Mit der Sonne im 6. Haus will man sich nützlich machen und sieht Arbeit als eine sinnvolle Art der Katharsis. Arbeit und Hilfeleistungen sind ein Lebenselixier, auf das du nicht gerne verzichtest. Du bist emsig, pflichtbewusst und detailverliebt. Fehler entdeckst du schnell und korrigierst sie. Mit dieser Sonnenposition möchte man sich mit seinen Fähigkeiten gerne in die Gemeinschaft einbringen, indem man Heilung, Pflege und Aufmerksamkeit anbietet. Vielleicht arbeitest du auch im Bereich der Krankenpflege oder kümmerst dich um Schutzbedürftige. Pass nur auf, dass man deine Hilfsbereitschaft nicht ausnutzt. Du musst auch mal Nein sagen, damit sich die Arbeit nicht übermäßig stapelt.

▶ Dein Lebensmittelpunkt: der Dienst an der Gemeinschaft.

Sonne im 7. Haus

Diese Königin trifft man häufig im Viertel der Cafés und Restaurants an (= 7. Haus). Sie ist meistens verliebt, entweder in ihren König-Gemahl oder aber sie liebt wechselnde Bekanntschaften und lebt in einer seriellen Monogamie.

Alles ist gut, nur Alleinsein nicht. Regiert wird daher nie alleine, sondern immer in Absprache mit dem derzeitigen Liebsten.

Es fällt ihr meistens schwer, sich von diesem unabhängig zu machen, und einige mögen denken, dass sie keine eigene Meinung hat. Und tatsächlich fällt es ihr schwer, ein Urteil zu fällen, ohne auf die Meinung anderer Rücksicht zu nehmen. Außerdem fällt es ihr schwer, sich zu entscheiden, daher überlässt sie das lieber ihrer besseren Hälfte.

Die verliebte Königin ist ein sehr charmanter und angenehmer Mensch ohne viel Dünkel und sie steht ihrem Volk sehr nah. Man trifft sie meistens in einem Schwarm von verschiedenen Menschen ihres Hofstaates an.

Die Liebe ist dein Leben. Sorge am besten dafür, dass du in Beziehung lebst, dass es jemanden gibt, mit dem du dein Leben teilst. Wenn es nicht ein Beziehungspartner ist, dann vielleicht in Form einer WG mit Freunden. Allein zu leben könnte sich für dich merkwürdig falsch anfühlen, als fehlte da etwas. Und so ist es auch. Vieles von deiner Persönlichkeit kannst du nur im Spiegel mit einem nahen Gegenüber erfahren, dich selbst spüren, dir nahe sein. Es ist überhaupt nichts daran auszusetzen, wenn du nicht gerne alleine bist. Was nicht heißt, dass du nie allein sein willst. Nur eben nicht hauptsächlich.

Was dir guttut und wohin es dich ziehen könnte, ist neben Liebe und Partnerschaft der kulturelle Bereich (vor allem, wenn du noch eine Waage-Betonung im Horoskop hast). Kino, Ausstellungen, Messen, Kunstperformances könnten deinen Alltag sehr erhellen.

▶ Dein Lebensmittelpunkt: deine Partnerschaft.

Sonne im 8. Haus

Diesen König anzutreffen dürfte recht schwer sein. Er versteckt sich in den Katakomben seiner Burg, im Untergrund der Stadt (= 8. Haus). Dort unten, zwischen Folterkammer, Archiv und Weinkeller, befindet sich sein verborgenes Labor, wo er die Geheimnisse des Lebens und der Menschen zu destillieren versucht.

Dieser König ist ein scheuer Magier, der seine Fähigkeiten immer weiter perfektioniert. Und so regiert er auch: manipulierend, beherrschend im unbewussten Bereich. Sein Volk ist ihm ergeben, fürchtet ihn und er lässt sich nur schwer von seiner Meinung abbringen.

Mit einem starken Willen wird hier regiert und gelenkt. Es gibt uralte Familienverbindungen bis in die Vorzeit, altes Wissen und vererbtes Geld.

Mit einer Sonne im 8. Haus bist du der Meister des Unbewussten, der Magie, der Transformation. Deine Fähigkeiten sind im irdischen Kontext oft tabuisiert oder verheimlicht (Geld, Macht, Leben und Tod, Sexualität, Manipulation). Du magst es wahrscheinlich nicht, wenn man dich im Visier hat, wenn man dein Schaffen und Tun durchleuchten möchte.

Du lässt dir nicht in die Karten schauen, das ist viel zu wichtig. Bei anderen siehst du das aber gegenteilig: Da du auch gerne hilfst und sehr viel Begabung für den Umgang mit Krisen und Transformationen hast, brauchst du den tiefsten möglichen Einblick in das Wesen der Menschen deiner Umgebung. Du studierst die Menschen, bist ihr Spezialist. Es ist nicht schlecht für Dich, wenn du einen kleinen Bereich hast, in dem du herrschen und zaubern kannst.

▶ Dein Lebensmittelpunkt: Macht, Magie und Sexualität.

Sonne im 9. Haus

Die Königin des Gelehrtenviertels (= 9. Haus) ist meistens nicht anwesend. Nicht, weil sie sich versteckt, sondern weil sie die weite Welt liebt, ins Ausland reist, fremde Kulturen studiert oder sich mit anderen Oberhäuptern diplomatisch austauscht.

Sie will die Welt im Ganzen verstehen, aber nicht, um sie zu kontrollieren – wie der König des 8. Hauses – sondern um ihren Geist zu erweitern, um sich aus dem Joch der Abhängigkeit zu befreien.

Diese Philosophenkönigin möchte ihr Können und ihren Einfluss gerne in den Dienst eines größeren Ganzen stellen, sie ist idealistisch und hat klare Vorstellungen von einer gerechten und idealen Welt.

Sie liebt die Welt des Wissens, hält sich regelmäßig in den Bibliotheken der Stadt auf und veranstaltet Diskussionsrunden und philosophische Abende.

Erweiterung ist dein Elixier. Du kannst dich nicht begrenzen lassen. Nicht von der materiellen Welt und auch nicht von Menschen. Du brauchst die Freiheit, deinen Geist weit schweifen zu lassen. Und auch Zeit, um immer wieder Neues zu lernen und Altes miteinander zu verknüpfen. Denn dir reicht es nicht, nur Wissen anzusammeln – immer strebst du innerlich danach, die

Wissensfelder miteinander in Austausch zu bringen, verschiedene Wissensgebiete und auch verschiedene Ansätze. Das ist ein hoch kreativer Prozess.

Du brennst darauf, Weisheit zu finden, zu erforschen, zu generieren. Und genauso liebst du es, diese Weisheiten auch mit anderen (gerne auch öffentlich sichtbar) zu teilen. Was dir hilft, um nicht abzuheben: ein gelegentlicher Blick auf den Boden, auf die eigenen Füße. Hat noch niemandem geschadet.

▶ Dein Lebensmittelpunkt: die holistische Betrachtung der Welt.

Sonne im 10. Haus

Ganz einfach zu erkennen ist die Königin des 10. Hauses – sie regiert nämlich von dort, wo man es auch erwartet: im Schloss, im Regierungsviertel. Sie ist eine öffentliche Person und begleitet, eröffnet und kuratiert sämtliche Veranstaltungen in der Stadt. Jedes Kind kennt ihr Gesicht, ihre Plakate hängen in der ganzen Stadt, ihr Name fällt ständig.

Sie ist die wichtigste und einflussreichste Person der Stadt und sie tut alles dafür, dass ihre Stadt gut und erfolgreich regiert wird. Regieren ist Chefsache und keine private Angelegenheit für sie. Daher nimmt sie sie sich ihren persönlichen Bedürfnissen sehr zurück. Kleinigkeiten wie Gefühle und Einsamkeit werden weggedrückt, denn diese halten nur auf. Wichtig sind die Gesetze, die Norm, der Status und die Pflicht.

Mit dieser Sonnenposition bist du vermutlich sehr pflichtbewusst und du nimmst deine Aufgabe in der Gesellschaft sehr ernst. Das, was du bist, ist auch das, was du mit anderen teilst. Du bist eine öffentliche Person (auch wenn es nur im Kleinen so ist).

Dein Anliegen, die Themen der Gesellschaft zu vertreten, kann dich daher auch in hohe und verantwortungsvolle Positionen bringen. Das hängt vom Rest deines Horoskops ab.

Arbeit erledigst du mit Leidenschaft und ohne dich viel zu

schonen. Du bist unermüdlich und kannst eine unglaubliche Ausdauer an den Tag legen. Es besteht dadurch die Gefahr, dass du deinen Körper überlastest und dich in ein Burn-Out begibst. Nimm daher deine körperlichen und seelischen Belange genauso ernst, wie die Angelegenheiten deiner Karriere.

▶ Dein Lebensmittelpunkt: deine öffentliche Position.

Sonne im 11. Haus

Regieren hat hier etwas Anrüchiges. Deswegen regiert dieser König nicht; er berät sich mit seinen Freunden und hat eine sehr moderne Kommunikationsweise gefunden, wie alle gerecht zu Entscheidungen beitragen können. Meistens hält er sich bei den Freigeistern der Neuen Kommunen der Stadt auf (= 11. Haus).

Er ist selber ein Freigeist, der sich nicht König nennen lassen will, eher ein Erfinder, ein Visionär, ein Zwischenwesen. Er denkt kollegial, vernetzt und sehr schnell.

Den Rhythmus der Stadt prägt er vom Wagenplatz aus, wo er neue Ziele setzt und utopische Pläne mit seinen Freunden schmiedet. Dann aber verschwindet er wieder irgendwohin (in den Wald, in ein Baumhaus, wer weiß) und erholt sich von zu viel Menschen-Enge.

In seiner Stadt darf jeder sein, was er will, er heißt prinzipiell alle und alles willkommen, solange auch er seine Ruhe hat.

Freiheit ist dein oberstes Gebot – du musst daher dafür sorgen, dass du möglichst frei leben kannst. Klar, du bist auch in soziale Bindungen eingefasst und das liebst du auch. Es geht nur um die Verantwortlichkeit, auf die du gerne verzichtest.

Es fällt dir leicht, eine Gruppe anzuleiten, sie zu motivieren, zu organisieren. Aber nur für eine bestimmte Sache, einen abgegrenzten Zeitraum. Dauerhaft hast du wahrscheinlich keine Lust, die Last von anderen in Form von Verantwortung zu tragen. Du bist ein toller Kumpel-Typ und gesellst dich gerne unter Menschen, ohne die dir schon schnell langweilig wird. Aber im

Herzen hast du einfach gerne deine Ruhe und sonderst dich schnell mal ab.

▶ Dein Lebensmittelpunkt: dein Verein, dein Freundeskreis.

Sonne im 12. Haus

Auch hier muss man lange nach der Regierung dieser Stadt suchen – sind die Herrschaften gar verreist? Die Königin dieser Stadt ist sehr feinfühlig und gleicht einer Elfe: zart, scheu und schreckhaft. Sie zieht sich daher gerne in ihr Turmzimmer zurück (= 12. Haus), um dort ihren Träumen und Fantasien nachzuhängen.

Mit Politik und Regieren hat sie nicht viel am Hut, das delegiert sie meistens an dominantere Persönlichkeiten in ihrer Stadt.

Von der Höhe ihres Turmzimmers aus wartet sie auf jemanden, der sie aus der Tristesse der banalen alltäglichen Welt entführt, in das Land der Liebe, der Wolken, in das Verschmelzen mit allem, was lebt.

Diese Elfenkönigin ist durch und durch romantisch und etwas versponnen – manchmal muss man sie schon harsch darauf hinweisen, dass ihre Stadt zugrunde geht, wenn sie nicht endlich das Zepter in die Hand nimmt.

Es fällt dir sicherlich nicht sehr leicht, dich permanent im Hier und Jetzt aufzuhalten. Und so suchst du gelegentlich die Flucht: in die Natur, die Einsamkeit, die Meditation. Oder in das Internet, in Alkohol oder Drogen. Du bist sehr kreativ, aber es ist ein schmaler Grat zwischen Genie und Wahnsinn, wie du manchmal spüren könntest. Deine große Zeit war im letzten Leben, das schon vorbei ist. Du spürst vielleicht – wie durch Nebelschwaden und Träume – wie präsent und wirkmächtig du einst warst. Und du sehnst dich danach zurück, wenn auch nur unbewusst. Doch im jetzigen Leben ist dein Fokus auf das Nichtmaterielle, das Spirituelle, nicht Greifbare, auf die Anderswelt gerichtet. Dort haben deine sensiblen Fähigkeiten den größten Wert.

▶ Dein Lebensmittelpunkt: deine Träume.

Mond – die Bewohner der Stadt

Der Mond ist selbstverständlich kein Planet, wie auch die Sonne nicht. Er ist vermutlich aus einer Streifkollision zwischen einem marsgroßen Körper und der Protoerde entstanden. Aus dieser Kollision formten sich dann die Erde und der Mond; somit ist der Mond in seiner Zusammensetzung der Erde sehr ähnlich.

Damit ist der Mond auch in astrologischer Hinsicht sehr geeignet dazu, etwas sehr Irdisches, die Gefühlswelt, darzustellen. Der Mond in Zeichen und Haus ist einer der wichtigsten Aspekte im Geburtshoroskop.

Der Mond hat seine regelmäßigen Phasen von Vollmond zu Neumond. Das zeigt sich im Horoskop, in der Häuser- und Zeichenstellung des Mondes, als ein Bereich, der den Wechseln unterworfen ist. Dort, wo der Mond herrscht, gibt es immer wieder den Aufstieg, die Größe und Pracht und den Abstieg in die Unsichtbarkeit.

Nichts prägt eine Stadt so sehr wie ihre Bewohner. Sie strömen durch die Straßen, beleben die Bezirke, wechseln ihre Positionen am schnellsten und reagieren auf kleinste Veränderungen von außen. Die Bewohner der Stadt ähneln dem Mond im Horoskop mit seiner schnellen Umlaufbahn und seiner emotionalen Reaktionsfähigkeit.

So wie die Sonne die Regierung darstellt, wo Königin oder König die letzten Entscheidungen treffen und das Geschick der Stadt lenken, so steht der Mond für all das Emotionale, das Tiefe, Fühlende, was die Stadt in ihrem Charakter, ihrem Ausdruck ausmacht.

In jedem Lebensbereich können unsere Gefühle getriggert werden, sind wir emotional ansprechbar. Genauso bewegen sich auch die Bewohner der Astrostadt in allen Bezirken, in allen Lebensbereichen.

Wie auch bei der Sonne können wir beim Mond nach Tierkreiszeichen und Häuserstellung schauen. Um auf die emotionale Ansprechbarkeit des Mondes einzugehen, stelle ich den Mond in seinen eigenen, emotionalen Gedanken vor, wenn ich durch die Tierkreiszeichen gehe.

Bei den astrologischen Häusern betrachte ich mehr den entsprechenden Lebensbereich, der aktiviert ist und gebe in der Rubrik ›Mein Tipp‹ noch ein paar nützliche Informationen zum Umgang mit dieser Mondposition.

Der Mond in den Tierkreiszeichen

Widder Mond

Wild, schnell und immer in Bewegung rast dieses Volk durch die Straßen der Stadt. Sie sind durch nichts zu bremsen und scheinen immerfort in Vorbereitung eines erneuten Kampfes zu sein. Sie rüsten sich, sich trainieren ihre körperliche Fitness, sie treffen schnelle Entscheidungen und sie sind es gewohnt, in Marschformation durch die Gassen zu schreiten. Sie sind sehr eindrucksvoll, immer in Rüstung und bewaffnet, mit feurigem Blick und absoluter Bereitschaft und Aufmerksamkeit.

▶ Gefühlseinblick: »Ich will alles und sofort. Und wenn ich es nicht bekomme, bin ich krass wütend. Aber nur kurz.«

Stier Mond

Gemächlich flanieren die Bewohner durch das pittoreske Städtchen, unterhalten sich mit den Nachbarn und Freunden, halten hier und da zu einer Pause mit Snack an und trinken dazu gerne ein Gläschen Wein.

Die Bewohner kümmern sich umeinander, versorgen sich, sind gute Gastgeber und heißen einander stets willkommen.

Neue und fremde Menschen sind allerdings ausgeschlossen von dieser selbstverständlichen Gastfreundschaft. Man ist höflich zu ihnen, bietet ihnen schon auch etwas Gutes an, so gehört es sich, aber im Herzen ist man hier doch sehr zurückhaltend. Die Bewohner schätzen es sehr, ganz nach ihrem Zeitgefühl den Tag zu gestalten, die Turmuhren sind daher abgestellt, um niemanden zu stressen. Gearbeitet wird nach Gutdünken, es gibt keinen Grund zur Eile, man geht die Dinge gründlich und in Ruhe an.

▶ Gefühlseinblick: »Ich liebe es, mich zu entspannen, ich will Genuss und meine Ruhe. Und meine Siebensachen ansehen, denn ich liebe auch meinen Besitz.«

Zwillinge Mond

Ähnlich schnell wie die Widder-Bewohner rasen diese hier durch das Städtchen und machen so richtig Wind. In jeder Ecke wird nach News geforscht, man unterhält sich im Stechschritt, man hat viel vor an diesem Tag und will auf keinen Fall diese oder jene Veranstaltung, jenes Treffen verpassen. Nach Runden dieser manischen Phase sind die Bewohner erschöpft und wollen ihre Ruhe. Sie können dann garstig sein und sind gar nicht offen und neugierig darauf neue Menschen kennenzulernen oder News aufzuschnappen. Nach dieser Durststrecke geht es dann weiter im Stechschritt, als ob nichts gewesen wäre.

▶ Gefühlseinblick: »Heute fühle ich mich fantastisch!« Drei Minuten später: »Mann, ist das alles doof, hab' ich schlechte Laune.«

Krebs Mond

Sehr wach und aufmerksam blicken sich diese Bewohner um: Ist da jemand traurig, hören sie ein Weinen, gibt es jemanden, der getröstet werden muss? Sie sind aber auch wachsam, dass sich niemand in der Stadt aufhält, der nichts Gutes im Sinn hat. Die Familie hält hier stark zusammen, man spaziert gerne geschlossen herum und hält sich an den Händen. Die Bewohner sind aber auch sehr empfindlich und hören mit spitzen Ohren alles, was andere sagen. Das verletzt sie oft, auch wenn sie nicht gemeint sind. Sie schwatzen sehr gerne untereinander und verbreiten Gerüchte in Windeseile. Heiraten werden vereinbart, es wird gekuppelt und verbündet, was das Zeug hält.

▶ Gefühlseinblick: »Ich möchte mich um andere kümmern, sie bemuttern, sie sehen so verwahrlost aus.«

Löwe Mond

Stolz und prachtvoll gekleidet zieht dieses Volk durch die Straßen, als wäre es ein Staatsempfang. Sie sind stets in der Stimmung, Größtes zu leisten, und auch bereit, dafür Lob und Anerkennung zu empfangen. Neuankömmlinge werden herrschaftlich und herzlich begrüßt, könnten sie doch zu neuen Bewunderern werden. Die Bewohner organisieren regelmäßig Feste, Kunstaktionen und Ausflüge. Sie sind sehr geschickt darin, vieles zu bedenken und den Überblick zu behalten.

Gefühlseinblick: »Ich bin hier schon der Tollste, oder? Es sollte doch mehr Applaus dafür geben (dass ich bin, wie ich bin: grandios).«

Jungfrau Mond

Fast sieht man sie nicht – die Bewohner dieser Stadt. Sie huschen schnell durch die Gassen, als wollten sie unerkannt bleiben. Oder als hätten sie enorm viel zu tun und keine Zeit zu verlieren. Ein kleines Schwätzchen mit der Bäckerin? Keine Zeit. Ein kurzer Halt im Café? Das kostet doch nur Geld! Nein, dieses Volk hat viel Arbeit und ist so pflichtbewusst, es auch zeitnah und akribisch zu erledigen. Sie sind ehrlich, pünktlich, schüchtern und sehr arbeitsam. Man kann sich auf sie verlassen.

▶ Gefühlseinblick: »Ich hab' ein bisschen Angst, das zu machen. Da bleibe ich lieber zu Hause und sortiere noch meine Dinge.«

Waage Mond

Wie frisch aus der Boutique entschlüpft, zeigen sich diese Bewohner stets gut gekleidet und top frisiert. Man könnte sich ja sonst blamieren. Ihr Lachen und ihr Parfümduft erfüllt die Straßen, ein schäkerndes Lächeln schwirrt umher, man unterhält sich fabelhaft und macht anderen großzügig Komplimente. Die Bewohner lieben es in Paaren oder kleineren Gruppen durch die Straßen zu ziehen, und sie erfreuen sich an dem aufgeräumten und friedlichen Städtchen. Sollte es Unfrieden geben, so sind gleich alle zur Stelle, um diplomatisch den Streitenden zu helfen.

▶ Gefühlseinblick: »Wie soll ich mich nur entscheiden? Es ist alles gleich wichtig, schön und unnütz zugleich. Ich schaue mal, wofür sich die anderen entscheiden.«

Skorpion Mond

In unauffälliger Kleidung schleichen diese Bewohner durch die Stadt, ohne groß aufzufallen. Sie haben einen wachen Blick und scheinen ihre Umgebung genau zu beobachten. Hat sich jemand Fremdes in die Stadt geschlichen? Gibt es ein drohendes Unheil, auf das man sich besser schon vorbereitet? Sind die Vorratskammern gefüllt im Falle eines Falles und wie steht es um die Stabilität der Bunker? Dauernd grübeln diese Bewohner und ersinnen Strategien für den Ernstfall. Man kann ja nie wissen und ist besser auf alles vorbereitet. Da bleibt nicht viel Zeit und Muße für schlichte Gespräche und Ausruhen. Wenn sie sich unterhalten, dann werden gleich sehr wichtige Inhalte ausgetauscht.

▶ Gefühlseinblick: »Uh, wer steht denn da? Den kenne ich noch nicht, werde ihn mal observieren, interviewen, seine Seele aufs Genaueste bemessen. Könnte ja ein Feind sein, den will ich besser kennen, als er mich kennt.«

Schütze Mond

Voller Enthusiasmus laufen die Bürger durch die Stadt, es gibt so viel zu erleben, so viele Partys in den Gassen und Hinterhöfen, Flohmärkte, Basare und Gottesdienste, Frauenkreise, Naturrituale und vieles mehr. Wie das alles in einen Tag passen soll. Mit leuchtenden Augen und einem Herz voller Glück stürzen sich die Bewohner auf jedes dieser Erlebnisse. Gibt es in der Stadt nicht genügend Angebote, so zögern sie nicht und buchen sofort ihren nächsten Auslandstrip. Sowieso sind sie lieber in der weiten Welt unterwegs, von wo sie Souvenirs, Stoffe und Erinnerungen mitbringen, als in der Enge ihrer eigenen Stadt.

▶ Gefühlseinblick: »Wow! Ist das Leben eine Wucht! Ich liebe es! Und gleich geht's wieder los, ab in die Welt, es gibt noch so viel zu entdecken.«

Steinbock Mond

Langsamen Schrittes und voller Argwohn gehen die Bewohner – meist einzeln – durch ihre Stadt und schauen nach dem Rechten. Sie klopfen an Haustüren, fragen die Mieter, ob alles in Ordnung ist. Sie kontrollieren die parkenden Autos, überprüfen Kennzeichen (sind es vielleicht Fremde?), sie kooperieren mit dem Rathaus und dem Ordnungsamt und setzen ihre Rundgänge durch die Stadt jeden Tag aufs Neue fort. Ihnen entgeht nichts, kein Fehler, keine Ausrutscher in der Bevölkerung, kein nachlassender Ehrgeiz. Wo Mängel sind, reagieren sie mit Härte und Strenge: Sofort muss dieser Mangel behoben werden. Keine Ausrede.

▶ Gefühlseinblick: »Jaja, schön, wie die anderen erst nach dem eigenen Vergnügen schauen. Dabei gibt es so viel zu tun. Kennt wohl keiner mehr seine Pflichten an der Gemeinschaft. Furchtbar. Da pack ich schon mal an. Später knöpf ich mir die andern vor.«

Wassermann Mond

Ganz nach Gutdünken flaniert jeder durch diese Stadt, wie es ihm passt. Die Kleidung ist sehr unterschiedlich, jeder trägt, was er mag. Es geht lustig her, die Bewohner unterhalten sich neugierig mit anderen, wollen in den Austausch gehen, aber nicht unbedingt in die Tiefe. Man verabredet sich hier schon, aber es kommt häufig vor, dass Verabredungen im letzten Moment gecancelt werden. Schwamm drüber, das nimmt hier keine so wichtig. Wichtig ist doch, dass jeder so frei sein und machen kann, was ihr oder ihm beliebt.

▶ Gefühlseinblick: »Oh, schon so spät? War ich nicht verabredet? Das passt mir grad gar nicht mehr, mir ist so nach nichts tun – oder eben etwas anderes. Es nervt so, dass andere sich immer im Vornherein mit mir verabreden wollen.«

Fische Mond

In gemütlicher Wolle-Seide-Kleidung und sanften Farben schweben die Bewohner durch die Gassen dieser verwunschenen Stadt. Sie halten sich an den Händen, schauen sich liebevoll in die Augen und wollen am liebsten zu einer Seele verschmelzen. So erscheinen die Bewohner meistens in Schwärmen und umarmen einander fest. Sie haben große, verträumte Augen und sehr zarte Haut. Selten schauen sie sich wirklich in ihrer Stadt um, vielmehr ist ihr Blick irgendwie nach innen gerichtet.

▶ Gefühlseinblick: »Wir fühlen, also sind wir. Im Schwarm, zusammen, vereint. Wir sind, wir atmen, wir lieben so sehr, unser Herz weitet sich in alle Ferne, in die Ewigkeit.«

Der Mond in den Häusern

Mond im 1. Haus

Das Volk ist in dieser Stadt zugleich auch das Empfangskomitee. Man wird also sofort mit der Stimmung der Stadt konfrontiert. Da hält sich niemand zurück.

Diese Stadt braucht es, dass ihre Bewohner sich zeigen können, dass sie sichtbar sind und auch wichtige Entscheidungen mittragen.

Den Bewohnern wiederum ist es enorm wichtig, wie sie bei Besuchern und Fremden ankommen. Sie stehen so nah am Stadttor, dass sie sich viel nach außen orientieren, vor allem am Lob, an der Zustimmung der anderen.

Kommt ein Besucher in die Stadt, wird gleich einiges veranstaltet, damit man sich des Lobes auch sicher sein kann. Im Großen und Ganzen sind die Bewohner mit ihrer Wahrnehmung mehr im Außen als im Innen und es fällt ihnen oft schwer, sich ganz auf sich selbst und die eigenen Bedürfnisse zu besinnen.

Mit dem Mond im 1. Haus stehst du emotional auf dem Präsentierteller, du kannst dich nicht gut verstellen. Dennoch gibst du dir enorm viel Mühe, es den anderen recht zu machen. Denn alles, was zählt, ist die Anerkennung durch andere, die Reflexion.

Drehe dich gelegentlich zu dir selbst um, schaue tief in dich hinein und verstehe, was in dir an Gefühlen angelegt ist, unabhängig von anderen. Dazu kann es nötig sein, dass du dich herausnimmst und dich an einen einsamen, ruhigen Ort begibst, wo du dich selbst besser fühlen kannst.

▶ In diesem Lebensbereich hast du Ups and Downs: in deiner Erscheinung.

Mond im 2. Haus

Die Stadtbewohner brauchen sehr viel Sicherheit und sie lieben klare Strukturen, in denen sie sich auskennen. Sie leben im Bankenviertel und sind nah an den Vorratskammern, Tresoren und Schätzen der Stadt, die sie dementsprechend gut kennen. Sie zählen gerne das Geld, fühlen die feinen Stoffe und atmen den Duft aus den gefüllten Speisekammern. Sie können sich regelrecht verlieren in der Üppigkeit gut gefüllter Kornspeicher. Sind die Speicher weniger voll, so drückt das sofort die Stimmung. Die Bewohner reagieren äußerst empfindlich auf finanzielle Engpässe und arbeiten daher beharrlich an der Ausweitung der finanziellen Stabilität der Stadt. Sie gehen dabei gründlich, beharrlich und keineswegs hektisch vor.

Als Kind hast du vielleicht viel Angst und wenig Selbstwertgefühl gehabt, denn das, was du im Bankenviertel anhäufst, ist über die Lebensjahre mehr geworden. Und das macht dich innerlich reich. Egal, was deine Reichtümer sind, du brauchst viel davon und möchtest diese auch sicher wissen. Je mehr du deine materiellen und immateriellen Güter vermehrst, desto wohler und sicherer auf der Welt fühlst du Dich.

In Zeiten der Unsicherheit kannst du dem also entgegenwirken, indem du die Themen deines Mondes sichtest und mehr davon in dir ansammelst.

▶ In diesem Lebensbereich hast du Ups and Downs: im Selbstwertgefühl.

Mond im 3. Haus

Die Bewohner dieser Stadt tummeln sich freudig und aufgeregt auf dem Marktplatz, wo immer etwas los ist. Entweder es ist Markttag oder man feiert diverse Feste oder es gibt Ankündigungen vom Rathaus.

Eine Stadt, die ihre Bewohner alle auf dem Marktplatz versammelt hat, ist grundsätzlich sehr kommunikativ und auf den Austausch mit anderen erpicht. Informationen sind die Währung, mit der man gerne bezahlt.

Die Stadtbewohner sind neugierig, lernen gerne dazu, haben viele Netzwerke und man kommt meistens leicht mit ihnen ins Gespräch. Sie lieben es, wenn Besucher kommen und sich auf ein Gespräch einlassen.

Wenn dein Mond im 3. Haus steht, dann brauchst du Informationen und Kontakte wie andere Nahrung zum Leben. Dennoch kannst du in diesem Bereich sehr wankelmütig sein. So wie der Mond in seinen unterschiedlichen Phasen ist, so hast du Zeiten, wo du sehr offen bist und Neues hereinlassen willst, und Zeiten, in denen du dich mehr verschließt.

Versuche deine eigenen Rhythmen kennenzulernen, dann kannst du im Alltag besser damit umgehen und bist nicht von dir selbst enttäuscht.

▶ In diesem Lebensbereich hast du Ups and Downs: in Kommunikation und Netzwerken.

Mond im 4. Haus

Diese Stadtbewohner sind von Anfang an, seit der Stadtgründung vor Jahrhunderten dabei. Sie leben hier am Herzen der Stadt, kennen alle und jeden hier, sind untereinander verknüpft durch vielfältige Bande. Verehrt wird in dieser Stadt die Mutter und aufgrund des matriarchalen Glaubens haben die Frauen hier das Sagen.

Mit dieser präsenten Rolle des Weiblichen sind auch diverse weibliche Attribute von hohem Wert: Gefühle spüren, sie wahr sein lassen, sie zeigen, sich mit anderen verbinden, die Familie hoch halten, zuhause sein, das zu Hause als zentralen Ort gestalten, die hohe Anerkennung von Weiblichkeit, Inspiration, Kreativität, Liebe, Verbundenheit und den Ahnen.

Diese Stadt wird heimlich von den Frauen dominiert, denn sie tragen in sich die langen Fäden der Erinnerung an uralte Zeiten.

Du bist wahrscheinlich sehr feinfühlig, deine Wurzeln werden unablässig mit dem Saft der Erinnerung alter Zeiten getränkt. Du kannst dich nicht losgelassen fühlen von der Vergangenheit. Es zieht dich nach Innen, nach unten, in die Gefühlswelt.

Manchmal kann dir das zu viel werden, denn du spürst die Welt um dich herum stark, und auch dich selbst. Gefühle gehen in dir ein und aus, sie können dich mitunter beherrschen. Auch hast du vermutlich ziemliche Gefühlsschwankungen. Das Gebot ist also: finde deine Mitte.

▶ In diesem Lebensbereich hast du Ups and Downs: in deiner Gefühlswelt.

Mond im 5. Haus

Hier in dieser Stadt lieben die Bewohner das leichte und luxuriöse Leben. Sie möchten sich amüsieren, sich verlieben, Kunst und Kultur genießen. Aus der Muße heraus frei sein, mit gutem Selbstbewusstsein machen zu können, was sie wollen, aus dieser Muße heraus sind sie auch häufig selbst kreativ. Die Bewohner haben ein großes Selbstbewusstsein, sie lieben das Leben, sind großzügig und voller Lebensfreude. Sie beeinflussen die Stadt mit ihrer Kunst, mit ihrer Lust auf Partys und ihrer Lust, sich selbst darzustellen. In dieser Stadt wird ordentlich gefeiert und gelacht.

Du bist vielleicht eine Spielerin, du brauchst es, das Leben als einen Ort von vielen Möglichkeiten zu sehen, an dem du dich austoben kannst. Bestimmt verliebst du dich auch gerne. Das ständige Hin und Her von Liebe und Nichtliebe, von Spaß und Spiel erhält dich immer kindlich im Herzen. Und das lässt deine Kreativität fließen. Verantwortung übernimmst du zwar nicht gerne, aber du bist sehr begabt darin, den Überblick zu behalten und andere zu dirigieren. Versuche aber zumindest, die allerwichtigsten Dinge deines Lebens unter Kontrolle zu halten, damit du dir deine Muße auch leisten kannst.

▶ In diesem Lebensbereich hast du Ups and Downs: in Liebe und Kreativität.

Mond im 6. Haus

Diese Stadt profitiert von ihren vielen fleißigen und hilfsbereiten Bürgern. Niemand tut sich hier besonders hervor, da gibt es eine grundlegende dienstbeflissene Stimmung. Man kümmert sich um wichtige Dinge, um Kranke, Schwache, um Haustiere, aber auch um die eigene Gesundheit. Diese Stadtbewohner wuseln viel herum und schauen, wo sie in der Stadt aushelfen können.

Sie sind die Krankenschwestern, Pfleger, Ehrenamtlichen, stillen Helferlein dieser Stadt und verleihen ihr dadurch eine Seele der Hilfsbereitschaft.

Mit dem Mond im 6. Haus magst du die Aufmerksamkeit des Rampenlichts nicht. Du versuchst vermutlich zu vermeiden, dass man dich sieht und ins Zentrum holt. Das kann sich in einer starken Schüchternheit äußern. Am wohlsten fühlst du dich vielleicht, wenn du im Dienste der Gemeinschaft etwas Gutes und Nützliches tun kannst.

▶ In diesem Lebensbereich hast du Ups and Downs: in Arbeit und Gesundheit.

Mond im 7. Haus

Beziehungen und Beziehungspflege sind das A und O dieser Stadtbewohner. Die Bürger dieser Stadt lieben es, sich mit vielen anderen Menschen zu umgeben, man trifft sie daher fast nie alleine an. immer in kleinen Gruppen, in Familien, als Pärchen. Alles, nur nicht alleine. Um immer genug Menschen um sich zu scharen, nutzen diese Bewohner gerne all ihren Charme. Häufig umspielt ein Lächeln ihren Mund, gedacht zur Akquise möglicher neuer Freunde.

Diese Stadtbewohner geben sich gerne gegenseitig Komplimente, denn es kommt vor allem darauf an, beliebt zu sein, viele Freunde zu haben, ein sicheres soziales Netzwerk, das einen immer wieder auffängt.

Wenn es um Entscheidungen geht, wichtige oder unwichtige, brauchen diese Stadtbewohner häufig Gruppenbesprechungen, um eine Einigkeit zu erzielen, denn Entscheidungen zu treffen fällt ihnen – zumindest alleine – sehr schwer. So wird auch gerne ein Besucher in diese Runden eingeladen, oder man schaut sich ab, wie andernorts entschieden wird.

Du bist vermutlich nicht gerne allein, und das ist vollkommen okay. Du fühlst dich eben erst vollständig, wenn deine Liebsten um dich herum sind.

»Entspann dich mal« bekommst du sicherlich oft zu hören, aber das fällt Menschen mit 7.-Haus-Betonung grundsätzlich schwer. Denn sie müssen ja auch ständig ausgleichen und Harmonie aktiv herstellen.

Beschäftige dich aktiv mit Strategien, Entscheidungen zu fällen, nimm dieses Dilemma ernst, dann kannst du in Zukunft viel Zeit und Nerven sparen.

▶ In diesem Lebensbereich hast du Ups and Downs: in der Partnerschaft.

Mond im 8. Haus

In einer Stadt mit diesen Bewohnern wird alles sehr ernst genommen. Das Leben ist schließlich kein Spiel und birgt so einige Gefahren. Da geht man lieber auf Nummer sicher und knüpft mit allen die unterschiedlichsten Verträge. Dem Chaos soll Einhalt geboten werden, aber auch frei fluktuierenden Beziehungen. Nicht umsonst steht das 8. Haus auch für die Ehe.

Die Bewohner hier sind also alle verheiratet und vererben ihre Besitztümer an die Nachkommen weiter.

Von den Bindungen selbst haben die Bewohner klare, feste

Vorstellungen. Wenn der Partner denen nicht entspricht, so ist das schon schlimm.

Skeptisch fühlen sie daher allen Neuen auf den Zahn, damit Haldris von Vornherein ausgeschlossen werden.

Mit einem Mond im 8. Haus nimmst du die Dinge sehr genau, und du bist auch tief gekränkt, wenn man dir nicht mit der gleichen Wahrhaftigkeit und demselben Bindungswunsch entgegenkommt. Was sicher nicht selten der Fall ist.

Lockerlassen und die Welt sich weiter drehen lassen, ohne selbst Kontrolle auszuüben, fällt dir sicherlich eher schwer, daher bist du auch manchmal schwermütig. Was da lindert, ist der Glaube an eine höhere Instanz, die da richtet und waltet, an die Natur der Dinge, die schon ihren Lauf nimmt, an die Integrität der anderen, die nicht alle schlecht sind. Vertrauen aufzubauen ist dein wichtigstes Hilfsmittel.

▶ In diesem Lebensbereich hast du Ups and Downs: Bei gesellschaftlichen Dogmen.

Mond im 9. Haus

Das Wandern ist des Müllers Lust. Und so sind die Stadtbewohner dieser Stadt vermutlich nicht so oft zu Hause, denn das Leben lockt aus der Ferne. Oder sie studieren mal wieder etwas Neues und sind so »mental abwesend«.

Dafür aber können sich Besucher über eine überaus große Toleranz ihnen gegenüber erfreuen, denn diese Stadtbewohner sind sehr offen und neugierig auf andere Lebenskonzepte.

Sie gehen viel umher in ihrer Stadt, unterhalten sich gerne, vor allem mit neuen Bekannten und lieben es, sich im Wissen auszutauschen. Sie sind häufig in Bibliotheken und Unis anzutreffen, denn sie lieben das Lernen so sehr. Aber auch als Richter und Gelehrte treten sie gerne auf, denn sie haben eine Meinung, die sie anderen mitteilen wollen – die selbstverständlich die richtige Meinung ist.

Aufgepasst also vor zu viel Selbstüberzeugung und Dogmatismus: Es sind manchmal auch Gurus und Scharlatane unterwegs, die sich ihre Schäfchen sammeln.

Es steckt bestimmt viel Reiselust in dir und du kannst nicht stillsitzen, ohne nicht mindestens deine nächste Reise, dein nächstes Abenteuer oder deinen nächsten Wissenserwerb zu organisieren.

Das erzeugt eine gewisse Unruhe, denn überall hältst du Ausschau nach dem Heiligen Gral, nach dem Wissen, das die ganze Welt erklärt. Wenn du dich mal entspannen willst, dann verlagere deine Reise- und Erlebnislust auf das Lesen von Abenteuerromanen. Dann ist dein Geist beschäftigt und du hast mal Zeit für dein Sofa. Auch Philosophie und Religionen der Welt interessieren dich sehr. Wende doch ihre Erkenntnisse auch auf dein Leben an, lebe den Stoizismus, die Seelenruhe, übe dich in Meditation, das beruhigt und bringt runter.

▶ In diesem Lebensbereich hast du Ups and Downs: in deinem Glauben.

Mond im 10. Haus

Die Stadtbewohner dieser Stadt treffen sich am liebsten zu Parteisitzungen im Rathaus, denn sie lieben es, sich mit den Gesetzen der Stadt auseinanderzusetzen. Natürlich kennen sie sich selbst sehr gut mit den hiesigen Normen und Traditionen aus und haben dementsprechend städteweit einen guten Ruf. Der gute Ruf ist ihnen enorm wichtig und sie tun einiges dafür, um von der Außenwelt als integer und verantwortungsbewusst gehalten zu werden.

Sie tragen gute Kleidung, zeigen ein förmlich korrektes Benehmen und haben ihre Augen und Ohren überall. Denn sie sind die Verwaltung, die Regierung. Die Bürger mischen hier an oberster Stelle mit und sind hochgradig engagiert, was das politisches Geschehen betrifft.

Was ein wenig hinten runter fällt, ist der Spaß, das Vergnügen und das Private. Dafür nehmen sich diese Bürger ungern Zeit. Manche gehen nur zum Schlafen nach Hause, da die Arbeit eben gerade so viel von ihnen verlangt.

Du stehst an vorderster Front und wirst in der Öffentlichkeit sehr wohl gesehen. Gleichzeitig bist du vermutlich auch beliebt, denn man bringt dir Vertrauen entgegen und du wirkst so authentisch. Das sind wunderbare Eigenschaften. Nur: Wenn dein Privatleben zu kurz kommt, bröckelt auch irgendwann die äußere Fassade. Versuche eine gute Work-Life-Balance einzuhalten, auch dafür gibt es Regeln, und mit Regeln kannst du doch ganz gut umgehen.

▶ In diesem Lebensbereich hast du Ups and Downs: Bei deinem Status.

Mond im 11. Haus

Freunde sind wesentlich in dieser Stadt, Freunde, Clubs, Vereine, Sportclubs. Die Bewohner dieser Stadt haben also reichlich zu tun, denn sie haben viele Verabredungen zu lockeren Treffen in ihren einzelnen Sportclubs, Vereinen aller Art und Cliquen.

Sie sind gerne unter Leuten, dennoch sind sie alle einzigartig in ihrem Auftreten und es gibt kein einheitliches Erscheinungsbild. Diversität, Gendermainstream, Fairness und Gleichheit sind hohe Ziele und werden von allen Bewohnern beachtet.

Man ist – gesellschaftlich betrachtet – einfach auf dem allerneusten Stand und hängt nicht altem Dünkel nach.

Du bist sicherlich sehr beliebt im Freundeskreis und kennst einfach auch sehr viele Leute, die dich mögen. Dennoch brauchst du dein Alleinsein, um dich in deiner Einzigartigkeit zu spüren und um dich immer wieder aus der Distanz vom Mainstream abzugrenzen.

Gruppe ja, aber zudem du brauchst auch einen gruppefreien

Gedankenraum, denn deine Stärke ist es mitunter, das Neue zu denken, innovativ zu sein und unabhängig von der Meinung anderer zu sein. Richte dir also Räume ein, die nur für dich sind.

▶ In diesem Lebensbereich hast du Ups and Downs: in Freundschaften.

Mond im 12. Haus

Wo sind hier die Stadtbewohner, könnte sich ein Besucher fragen. Denn es ist schwer, sie zu finden. Dabei sind sie alle hier, körperlich. Nur eben recht zurückgezogen. Sie halten sich gerne auf Friedhöfen, an den Stadtmauern, im stillen Gärtchen oder im Turmzimmer auf. Sie mögen es nicht so, wenn sie in aller Öffentlichkeit sichtbar und ansprechbar sind. Die Bewohner treten am liebsten in kleinen Gruppen auf und haben etwas Verhuschtes, Verträumtes und ja: sie träumen wirklich viel und gerne, spinnen sich eine bessere Welt zusammen. Manche sind aber auch hemmungslose Trinker oder den Drogen erlegen. Sich der Welt, der Realität mit all ihren Herausforderungen zu stellen, fällt den Stadtbewohnern schwer, sie flüchten sich daher lieber in ihre Fantasiewelt.

Dafür sind sie aber herrlich kreativ und sehr liebevoll. Wenn man mal einen von ihnen erwischt, kann man sich gut über die Anderswelt und deren Bewohner unterhalten, denn hier scheint es einen direkten Draht nach dort zu geben.

Mit einem Mond im 12. Haus bist du sehr sensibel und brauchst viel Schutz vor der Außenwelt. Es fällt dir wahrscheinlich auch schwer, dich im hektischen Alltag zu spüren, deine Bedürfnisse zu fühlen. deine Gefühle sind hinter dicken Mauern versteckt, du kommst am besten an sie heran, wenn du Ruhe hast, wenn du alleine bist, wenn du meditierst. Es wäre auch stärkend, wenn du dich selbst ein Stück weit bemutterst, den Schutz der mütterlichen Wärme durch verschiedene psychologische Techniken ersetzt, denn das wurde dir unter Umständen als Kind verwehrt.

Sorge also für ausreichenden Schutz, damit du nicht unter Deiner möglichen Hochsensibilität leiden musst.

▶ In diesem Lebensbereich hast du Ups and Downs: in deiner Weltabgewandtheit.

Venus – die Kammerzofe

Ein besonderer Planet im Sonnensystem ist die Venus – sie hat aufgrund ihrer hohen Atmosphäre eine sehr dichte Wolkendecke, die sie weißlich schimmernd aussehen lässt. Sie verläuft gegen den Uhrzeigersinn, was eine frühere Kollision verursacht haben könnte, und dreht sich anmutig und beinahe gleichmäßig auf ihrer Umlaufbahn um die Sonne innerhalb von 225 Tagen.

Venus, die römische Entsprechung der Aphrodite, ist die Göttin der Liebe, der Frauen und der Harmonie.

Im Horoskop einer Frau verbildlicht die Venus die Art der Weiblichkeit, des Weichseins, auch der Empfindungen, sich selbst als Frau zu sehen. Bei einem Mann ist die Venus oft ein Hinweis auf seine weichen Seiten, sein Nähebedürfnis und sein Bild von Frauen im Allgemeinen. Venus zeigt mit ihrer Häuser- und Zeichenstellung unser Nähe-Distanz-Verhältnis an, wie nah, kuschelig und sehnsuchtsvoll wir uns an andere Menschen binden wollen – oder eben nicht.

In unserer Astrostadt entspricht die Venus einer Kammerzofe, die der Königin dient. Sie verhandelt die königliche Nähe mit anderen, sie kleidet die Königin an, aber sie inspiriert die Königin auch künstlerisch und unterhält sie charmant. Sie berät die Königin auch hinsichtlich ihres politischen Stils, ihres diplomatischen Umgangs. Die Kammerzofe kann im Hintergrund stehen, aber auch als Femme fatale die Königin überstrahlen.

In einem männlichen Horoskop, wo die Sonne zum König wird, ist die Venus die Muse, seine Mätresse. Sie ist also eine sehr zentrale, nahe Person, die viel über den König weiß und seine sozialen Angelegenheiten steuert.

Auch wenn die Venus nicht sehr direkt mit der Sonne verbunden ist, zeigt sie im Horoskop an, wie wir mit Nähe, Liebe, Ästhetik und Harmonie umgehen. Indirekt kommt das der ganzen Stadt, respektive der Königin, zugute. Daher beschreibe ich die Venus als Kammerzofe, als hätte sie immer Kontakt zur Königin.

Die Position der Venus und ihre Aspekte sagen viel über ihren

Einflussbereich aus und über ihre Allianzen bzw. Feinde. Das Tierkreiszeichen, in dem sie steht, zeigt hingegen ihren Charakter, ihre Art an, ihr Aussehen und ihr Verhalten.

Venus in den Zeichen

Anhand des Tierkreiszeichens erkennt man, welcher Natur diese Venus folgt, wie leidenschaftlich oder kontrolliert sie ist, wie sie liebt und sich anderen annähert.

Venus im Widder

Diese Kammerzofe ist wild und nicht zu bändigen, sie eignet sich daher kaum als Bedienstete, da sie nur tut, was sie will. Sie erobert die Herzen der Männer und Frauen, wann immer ihr danach ist, und lässt sie ebenso schnell wieder fallen.

Diese emanzipierte Zofe bindet sich nicht gerne, fühlt auch keinerlei Loyalität und ist sehr emanzipiert. Ihr muss man Frausein nicht beibringen, sie lebt nach ihren eigenen Regeln. Die Königin könnte es schwer haben, die Zofe zu bändigen.

▶So fühlt sie: »Was'n das da für 'n wundervoller Hintern?«, könnte dieser Zofe oft durch den Kopf gehen, bevor sie zum Angriff übergeht.

Venus im Stier

Klassisch wird es mit dieser Kammerzofe – sie liebt das grundanständige, dauerhafte Angestelltendasein. Schon ihre Mutter und Großmutter waren am Hof angestellt. Diese Kammerzofe kennt alle Regeln und weiß die Königin zu verwöhnen. Sie selbst liebt den Genuss auch sehr: den sinnlichen mit ihrem Partner (meistens ist sie monogam und in beständigen Bindungen), das Essen, die Natur, das Fühlen, Gerüche, Farben, schöne Kleidung. Auf diese

Kammerzofe ist Verlass, auch wenn sie nie ganz up to date ist und etwas anachronistisch wirkt.

▶ So fühlt sie: »Halt mich fest, halt dich an deiner Liebe fest.« Und sie singt häufig vor sich hin.

Venus in den Zwillingen

Hier haben wir eine Kammerzofe, die gleichzeitig die beste Pressesprecherin ist. Da hat sich die Königin etwas eingefangen. Nie hört die Zofe mit dem Schnattern auf, ständig unterhält sie sich mit den anderen Bediensteten, weiß dafür aber auch Bescheid darüber, wo wann das Neueste los ist.

Das ist sehr praktisch. Sie liest gerne, ist intellektuell und lässt sich nicht gerne vor den Karren spannen. Der Königin dient sie nach Gutdünken, aber sie macht auch viel ihr eigenes Ding, lässt sich ihre Freiheiten nicht nehmen. Es gibt immer einen tagesaktuellen Flirt, aber oft meint es die Zofe nicht sonderlich ernst mit den Bindungen. Schwupps, ist sie wieder weg.

▶ So fühlt sie: »Niedlich, der da, und der da hinten auch. Aber Moment mal, wer kommt denn da eben rein?« Und schon flirtet diese Zofe mit drei Männern gleichzeitig.

Venus im Krebs

Hier kommt die große Romantikerin. Sie glaubt an die große Liebe und braucht viel Nähe und Kuscheln. Diese Kammerzofe verliebt sich gerne unsterblich, aber sie ist ihrer Königin auch sehr nah. Sie bringt Menschen schnell in ein Näheverhältnis, auch wenn das der Königin nicht immer passt. Die Krebs-Kammerzofe hat auch gerne ihre Familie um sich herum, vielleicht arbeitet ihr Mann als Butler hier. Sie ist tiefgründig, emotional ansprechbar und kümmert sich sehr mütterlich um die Königin und ihre Schutzbefohlenen.

▶ So fühlt sie: »Die Liebe ist meine Heimat und mein Ziel. Ich liebe für mein Leben gerne.«

Venus im Löwen

Wow, mit dieser Kammerzofe hat die Königin zu tun. Befehle annehmen? Eher nicht. Hart arbeiten? Auch nicht. Dafür aber hat diese Zofe ein unheimliches Geschick, die Termine der Königin zu organisieren und sich selbst im besten Licht darzustellen. Sie braucht viel Lob und Liebe. Ruhm und Luxus sind auch nicht schlecht.

Mit einer solchen Kammerzofe kann die Königin ein bisschen mehr strahlen, sie verhilft ihr zu Glanz und Gloria, aber auch haufenweise Männergeschichten und anderen Liebesstorys.

▶ So fühlt sie: »Ich kreiere, ich schöpfe, ich erschaffe – schmückt mich mit Gold und Diamanten, denn ich bin ein Prachtweib!«

Venus in der Jungfrau

Die Jungfrau-Venus ist ganz und gar perfekt in ihrer Rolle als Kammerzofe. Sie ist schüchtern und macht sich gerne unsichtbar. Kontakte zu anderen Menschen nimmt sie nicht proaktiv auf, da ist sie der Königin keine Hilfe. Vielmehr verschmilzt sie mit dem Hintergrund und macht sich nützlich, wo sie nur kann. Eine echte Hilfe für die Königin, aber auch langweilig für sie. Denn wer sorgt dann für Klatsch und Tratsch? Wo sind die heißen Liebesgeschichten, die das Leben der Königin bereichern sollen? Dies müsste schon die Zofe organisieren, aber dazu ist sie zu schüchtern, und sie ist sich dazu auch fein.

▶ So fühlt sie: »Wäsche machen, putzen, ordnen. So viel Arbeit noch zu tun. Oh, der Prinz schaut in meine Richtung, schnell nach unten sehen …«

Venus in der Waage

Sie ist die Schöne, die Feine, die Zofe mit Klasse und Charme. Sie ist sehr redselig und unterhält die Königin bestens. Durch sie verdoppelt sich der Hofstaat gerne, denn alle suchen die Nähe der charmanten Zofe, was auch auf die Königin positiv abstrahlt.

Doch in Bindungen selbst ist sie unstet, unsicher. Es gibt zu viele Verlockungen, zu viele mögliche Personen, die zu ihr passen. So lässt sie sich oft nur scheinbar auf jemanden ein und ist im Herzen vielleicht schon wieder auf der Suche: nach einem besseren Partner.

▶ So fühlt sie: »Mir ist so nach Oper heute, welchen der süßen Knappen kann ich wohl mitnehmen? Kann mich nicht entscheiden.«

Venus im Skorpion

Diese Kammerzofe ist der Wolf im Schafspelz. Vor ihr sollte man sich in Acht nehmen, denn nichts ist, wie es scheint. Nach außen verhält sie sich korrekt, erledigt ihren Dienst, ist untadelig. Nach innen spinnt sie Intrigen, hält wichtige Fäden in den Händen und verzaubert den Hof mit ihrer magischen Aura. Sie ist voller Leidenschaft und dunkler Geheimnisse. Ist sie gut mit der Königin gestellt, so ist sie ihr eine wichtige Unterstützung, um die Macht zu sichern. Wenn nicht, dann kann sie sie ins Verderben leiten.

▶ So fühlt sie: »Sieh mich an, los, sieh mich an und verliebe dich in mich. Unsterblich.« So murmelt die Zofe immer wieder ihre geheimen Zaubersprüche und versucht einen Prinzen zu bekehren.

Venus im Schützen

Umtriebig ist diese Kammerzofe, sie kann sich nicht mit einer Handarbeit in die Ecke setzen. Ständig wuselt sie herum, hat Pläne im Kopf, will die Welt erobern. In ihrer Stadt ist sie bekannt und sorgt immer für neue Bekanntschaften – besonders mit Menschen aus anderen Ländern. Der Königin führt sie solche exotischen Menschen gerne vor, und so kann es gut sein, dass die Königin ihr Herz an einen Ausländer vergibt.

▶ So fühlt sie: »Mein Herz hüpft, ich muss hier raus. Oh, da reitet so ein prachtvoller Jüngling aus fremden Landen auf seinem Ross. Ich spring mit auf, muss in die Welt!«

Venus im Steinbock

Geheimnisse bleiben bis zum Tod bei ihr – der beständigsten und zuverlässigsten Kammerzofe des ganzen Reiches. Sie ist so bieder und konservativ, dass sie den Raum der Königin auf ihre Pflichten hin einschränkt und nur wenig soziale Kontakte für sie organisiert. Meistens sind diese geschäftlicher Natur. So kann es sein, dass die Königin etwas vereinsamt unter der strengen Regie dieser Zofe.

▶ So fühlt sie: »Meine Liebe ist hart erkämpft und ewig haltbar. Wie die anderen Zofen nur so rummachen können – widerlich.«

Venus im Wassermann

Wer hat diese Zofe nur eingestellt? Vermutlich ein Provokateur oder Freigeist. Sie lässt sich nicht gerne sagen, was zu tun ist, auch nicht von der Königin. Vielmehr ist sie eine unabhängige und stolze Frau am Hof, die zufällig auch Kammerzofe ist.

Sie macht nur, was sie will, sucht soziale Kontakte nicht nach Bündnissen oder politischen Strategien aus, sondern nach Lust und Laune. Sie liebt das schnelle Hin und Her zwischen Menschen und lässt sich nicht auf verpflichtende Bindungen ein. So hat sie diese und jene Liebschaft, Affären, aber selten etwas Festes. Der Königin ist sie eine interessante Gespielin, der immer etwas Neues einfällt.

▶ So fühlt sie: »Oh Gott, schon wieder ein Liebesbrief, so nervig. Was versteht der Typ an einem One-Night-Stand nicht? Hab' keine Lust, mich jetzt um sein Herzeleid zu kümmern. Ich brauche frische Luft.«

Venus in den Fischen

Sie ist die wohl romantischste aller Kammerzofen. Vor lauter Träumen und Sehnen vergisst sie gerne ihre Arbeit und Verpflichtungen. Sie verliebt sich immer wieder unsterblich in oft unerreichbare Personen, denen sie jahrelang nachhängen kann, ohne dass es überhaupt zu einer echten Beziehung gekommen sein muss.

Sie schreibt viele lange Liebesbriefe, spielt Harfe und singt ganz schwelgerisch und elfenzart dazu. Sie sehnt sich nach dem Liebsten, der in dieser Weise nicht existiert. Für die Königin kann sie daher wenig Nützliches tun. Sie ist in ihrer liebevollen Brust eher eine Muse, eine kreative Frau, die die Königin künstlerisch inspirieren kann.

▶ So fühlt sie: »Er liebt mich, er liebt mich nicht. Hach. Wie er neulich geschaut hat. So innig. Ich spüre, dass er mich auch mag. Irgendwann. Irgendwann sind wir zusammen und lassen uns nie wieder los.«

Venus in den 12 Häusern

Anhand des astrologischen Hauses wird gezeigt, in welchem Lebensbereich die Venus am aktivsten ist. Anhand der Stadtmetapher kann man sich die Kammerzofe in den verschiedenen Bezirken vorstellen.

Venus im 1. Haus

Die Kammerzofe ist zentral am Hofe, man bekommt sie direkt zu Gesicht, wenn man die Stadt betritt. Am Stadttor schreitet sie auf und ab, schaut, wer da hereinkommt und setzt schon einmal ein Lächeln auf. Sie begrüßt die Neuankömmlinge auf ihre Art (charmant oder kühler, je nach Zeichen). Es ist ihr sehr wichtig, von anderen gesehen und geschätzt zu werden, daher unternimmt sie viel, um auch zu gefallen.

Venus im 2. Haus

Im Bankenviertel fühlt sich diese Kammerzofe am besten aufgehoben. Sie schaut nach den Wertgegenständen, Besitztümern und Schätzen der Königin und wacht darüber, dass es mehr wird und nicht weniger.

Diese Stadt kann sich glücklich schätzen, denn mit der Aufsicht dieser Kammerzofe werden die Speicher wohl nicht so schnell leer sein.

Venus im 3. Haus

Sie ist die Klatschbase in der Stadt, diese Zofe kann nichts für sich behalten. Hat sie ein interessantes Gespräch mitgehört, rennt sie auf den Marktplatz, um sich mit den anderen darüber auszutauschen, was sie da Neues zu Ohren bekommen hat. Sie liest aber auch sehr gerne und lässt die Königin als eine intelligente Frau erscheinen.

Besonders begabt ist diese Zofe darin, Kontakte zu knüpfen und der Königin ein enges Netzwerk zu erschaffen.

Venus im 4. Haus

Hier haben wir eine Kammerzofe wie aus dem Bilderbuch: Sie kümmert sich liebevoll um die königliche Familie, ist am liebsten zu Hause in den königlichen Gemächern und geht ihren tiefsten Erinnerungen und Gefühlen nach. Die Zofe ist emotional sehr offen und ansprechbar und sehr bereit, sich mit anderen Menschen in der Nähe zu verbinden. Vor allem kümmert sie sich um das seelische Wohlergehen der Königsfamilie. Dabei sind es nicht nur die Gefühle, die sie geschickt navigiert, sondern auch das gesamte Ambiente: Man soll sich hier wohlfühlen.

Venus im 5. Haus

Diese Zofe kümmert sich viel um das Wohl der Kinder. Sie hat sich selbst vielleicht eine kindliche Art bewahrt und organisiert gerne Kindergeburtstage und andere Feste. Häufig ist sie selbst auf Feiern anzutreffen, da lässt sie nichts anbrennen. Da die Zofe sich so schön um die Kinder und die Festtagsstimmung in der Stadt kümmert, geht es hier generell eher heiter und fröhlich zu.

Venus im 6. Haus

Mit dieser Zofe hat die Königin auch gleich eine Krankenschwester mit im Dienst. Die Zofe interessiert sich sehr für die Gesundheit und Ernährung der Stadtbewohner und scheut sich nicht, hier mit anzupacken.

Sie ist der Königin zwar eine große Hilfe im Organisieren des Alltags und der Routinen, aber gemeinhin lässt sie die Königin nicht sehr prächtig erscheinen und kleidet sie nicht besonders verführerisch.

Venus im 7. Haus

In den Cafés dieser Stadt trifft man häufig diese Kammerzofe. Sie liebt es einfach, sich mit anderen Leuten zu treffen, zu flirten, sich zu zeigen.

Diese Zofe braucht immer einen aktuellen Liebhaber, sonst fühlt sie sich schnell einsam. Sie kann nicht gut allein sein.

Mit dieser Zofe ist die Königin immer mit diversen Beziehungsgeschichten beschäftigt. Die Zofe sorgt sehr für die Harmonie, wodurch diese Stadt auch sehr friedlich ist.

Venus im 8. Haus

Hintergründig, tiefgründig und mächtig ist diese Kammerzofe. Sie hält sich vorrangig im Untergrund auf, geht zu geheimen nächtlichen Treffen und kommt dort mit mächtige Personen der Stadt zusammen.

Sie ist eine femme fatale und hat ein ausgiebiges, aber streng geheimes Liebesleben. Der Königin ermöglicht sie Bekanntschaften der besonderen Art – Magier, Heiler, Finanzgurus sind in ihrem Bekanntenkreis und erweitern die Fäden der Macht der Königin.

Venus im 9. Haus

Wo ist die Kammerzofe? Mal wieder verreist. Hat sich in einen Diplomaten aus einem anderen Land verguckt und schon ist sie wieder fort. Diese Zofe ist sehr lebenslustig und bringt die Königin immer wieder auf neue Gedanken. Angeregt durch die vielen Reisen der Zofe sind dies unterhaltsame Geschichten aus anderen Ländern, philosophische Überlegungen oder religiöse Ansichten.

Die Zofe liebt es, sich in der Bibliothek und an der Uni aufzuhalten und bereichert die Stadt mit ihrer Lebenslust und ihren multikulturellen Ansichten.

Venus im 10. Haus

Mit dieser Venus macht die Stadt auch nach außen hin immer einen guten Eindruck, denn ihre diplomatische und charmante Art lässt die Kammerzofe direkt auf die Politik und Außenpolitik einwirken. Sie hält sich meistens auf dem Schlossplatz auf oder im Thronsaal, wo die wichtigen Entscheidungen getroffen werden. Die Zofe hat viel Mitspracherecht, was Gesetze und Regeln betrifft, und zeigt sich sehr viel in der Öffentlichkeit. Mit dieser Kammerzofe kann die Stadt in einem sehr angenehmen, eleganten Licht erscheinen.

Venus im 11. Haus

Diese Kammerzofe trifft man in den Vereinen der Stadt, in Interessengemeinschaften oder anderen Gruppen. Sie ist gerne unterwegs und kennt viele Leute. Sie liebt es, sich im Freundeskreis zu treffen, und vernetzt viele Menschen miteinander. Diese Zofe sorgt dafür, dass in dieser Stadt Männer und Frauen gleiche Rechte haben und sich alle gut miteinander verstehen.

Sie trägt viel dazu bei, dass es gute, stabile Freundschaften gibt. Auch nach außen hin hat die Stadt den Ruf, dass man sich gut mit ihr verbinden kann.

Sicherlich ist diese Kammerzofe sehr schön und auch verführerisch, schade nur, dass man sie so selten zu Gesicht bekommt. Sie lebt in ihrem eigenen Reich, im Turm im obersten Zimmer. Dort strickt und träumt sie, schaut sehnsuchtsvoll aus dem Fenster und seufzt regelmäßig. Sie ist verliebt – das ist sie immer. Aber meistens in Menschen, die unerreichbar sind: verheiratet, im Ausland, verstorben.

Sie kann daher der Königin keine guten Dienste leisten, ihr neue Verehrer vorstellen oder sie besonders elegant kleiden, dafür ist diese Venus einfach geistig zu abwesend. Trifft die Königin sie aber in ihrem Turmzimmer, so können sie herrliche, romantische, verträumte Abende gestalten, indem sie sich die schmachtendsten Liebesgeschichten vorlesen.

Mars – Die Verteidigung

Mars ist halb so groß wie die Erde und zählt zu den erdähnlichen Planten. Er braucht 687 Tage für eine Runde um die Sonne und hat dadurch längere Jahreszeiten und extremere Temperaturen als die Erde. Er ist durch seine vielen Vulkane geprägt, die besonders hoch sind und die Landschaft des Mars charakterisieren. Sein rotes Erscheinen am Himmel und damit seine Assoziation mit Mars, dem Kriegsgott, verdankt dieser Planet seinem hohen Anteil von Eisenoxid.

Mars (= griechisch Ares) ist der Sohn von Jupiter und einer der zwölf olympischen Götter. Als Kriegsgott steht Mars für das Männliche, Kriegerische, Agile und für Aktivität.

In der Astrologie ist Mars so etwas wie das Gegenstück zur Venus: Er zeigt nicht an, wie wir uns harmonisch verbinden wollen, sondern im Gegenteil steht er für unsere Wehrhaftigkeit, unser Vermögen, Grenzen zu ziehen und unseren eigenen Willen durchzusetzen.

Mars steht in unserer Astrostadt für die Einwohner, die wehrhaft sind, die die Stadt notfalls verteidigen. Das sind oft junge Männer oder Polizisten, das Militär oder Abenteurer – je nach Position und Stellung von Mars im Horoskop.

Anhand seiner Stellung in den Tierkreiszeichen kann man seine Gesinnung ablesen, von welcher Machart er ist, was für ein Typus vor uns steht.

Die Häuserstellung verrät etwas über den Lebensbereich, der von Mars überwacht, dominiert wird.

Die Aspekte sind die Allianzen – oder eben Problemfelder – mit anderen Stadtbewohnern/Planeten im Horoskop.

Mars in den Tierkreiszeichen

Mars im Widder

Diese Astrostadt ist wahrlich wehrhaft. Mit ihren starken, mutigen und kampferprobten jungen Männern steht der Stadt zur Verteidigung eine ganze Riege reiner Kämpfer zur Verfügung, die sich mit aller Gewalt durchsetzen und nicht lange fackeln.

Eine Stadt mit diesen schnell entflammbaren Kriegern muss sich um ihre Verteidigung keine Gedanken machen. Eher schon um die Angegriffenen. Denn diese Krieger handeln schneller, als sie denken können. Da kann es auch schon Angriffe auf Menschen geben, die nur vermeintliche Feinde sind. Die anderen Einwohner der Stadt haben immer wieder damit zu tun, das auszubügeln, was die vitalen Kämpfer ihnen da eingebrockt haben.

Mars im Stier

Dieser kräftig gebaute Stadtverteidiger ist sehr gemütlich unterwegs. Er kann Handwerker oder Bauer sein, dennoch ist er für die Sicherheit der Stadt verantwortlich. Er pausiert gerne in den Gärten der Stadt oder im Weinkeller, macht ausgedehnte Mittagspausen bei einem üppigen Braten und liebt auch sein Mittagsschläfchen.

Eine Stadt mit solchen Kämpfern ist scheinbar nicht gut gerüstet, wenn es zu einem spontanen Übergriff kommt. Kleinere Angreifer werden von diesem robusten Bauern gar nicht erst ernst genommen. Solange kein ernsthafter Schaden entsteht, sollen sie doch machen.

Doch wehe, wenn der Bauer nach längerem Stänkern wütend wird. Die Kraft dieses Burschen ist mit keiner anderen Kraft vergleichbar. Gleich einem wütenden Stier greift er zackig an und nimmt seinen Widersacher auf die Hörner.

Mars in den Zwillingen

Hier haben wir es mit einem behänden, schnellen und unruhigen Kämpfer zu tun. Er verteidigt seine Stadt vornehmlich mit Worten. Das kann recht effektiv sein, immerhin können Worte vernichtend einschlagen wie Granaten. Seine Waffen sind Worte, Vernetzungen, gute Kontakte und ein geschicktes rhetorisches Vorgehen. So ist dieser smarte Typ sehr belesen, intelligent und wahnsinnig schnell, wenn es um die Verteidigung der Stadt geht.

Er sieht nicht besonders aggressiv oder gar kräftig aus, vielleicht hat man auf den ersten Blick keine Angst oder wenig Respekt vor ihm. Aber mit seinen schlagenden Argumenten hat er schon den ein oder anderen Feind in die Flucht gejagt. In unseren Zeiten ist er vielleicht ein investigativer Reporter, ein zackiger Anwalt, ein Trickser, der auch vor Verleumdungen, Internetangriffen und Rufmord keine Scheu hat. So sollte man sich gut überlegen, ob man sich an diesem intelligenten Verteidiger messen möchte.

Mars im Krebs

Aufgrund seiner weichen Gesichtszüge, vielleicht auch eines beträchtlichen Leibesumfangs, sieht man diesem Verteidiger der Stadt seine Fähigkeiten kaum an. Und tatsächlich hat ein Mars im Krebs nicht so viel Kraft wie in einem Feuerzeichen. Er wirkt sehr emotional, wenig durchsetzungsstark, überhaupt nicht sehr aggressiv oder angsteinflößend. Aber auch dieser gemütliche Kerl kann seine Stadt auf seine Art verteidigen. Er ist nämlich Meister der Emotionen und er arbeitet sehr eng mit Mama, Oma und anderen Frauen der Familie zusammen. Wer diese Stadt angreift, wird mit den Waffen der Frauen zurückgedrängt. Richtig rasend wird dieser Mars, wenn seine Familie in Gefahr ist. Dann mobilisiert er alle verfügbaren Kräfte, spinnt Intrigen, spielt Leute gegeneinander aus, erpresst emotional, inszeniert hochspannende Gefühlsdramen. Klar, im direkten Zweikampf kann er nicht viel ausrichten. Aber mit genügend Zeit und all den guten Vernetzungen ist dieser Mars unschlagbar.

Mars im Löwen

Ein prachtvoller Kämpfer verteidigt diese Stadt. Er ist sehr agil, kräftig und von stolzer Schönheit. Wer den Ruf der Stadt schädigt, der bekommt es mit ihm zu tun. In eine prachtvolle Rüstung gekleidet, gibt er einen guten Ritter von untadeligem Ruf ab. Im Zweikampf ist er elegant, kraftvoll und voller Mut. Schön, sich von solch einem Ritter verteidigen lassen zu können. Die Stadtbewohner können beruhigt schlafen, denn dieser Ritter verteidigt die Stadt aus tiefster, ehrenhafter Überzeugung und mit viel kämpferischem Geschick. Er ist schnell mit dem Schwert und hat vor keinem Angreifer Angst. Und er ist kein ungestümer Jungspund wie der Widder-Mars, der noch grün hinter den Ohren ist. Einzig seine Eitelkeit ist seine Achillesverse. So kann ein geschickter Angreifer mit der richtigen Rhetorik diesen glänzenden Ritter bezwingen.

Mars in der Jungfrau

In dieser Stadt mangelt es auf den ersten Blick an einer dominanten, eindrucksvollen Verteidigung. Es handelt sich um Beamte, die diese Stadt zu verteidigen haben. Sie sind nicht wütend, nicht gerade kampfwillig und auch nicht sonderlich mutig. Daher fehlt es dieser Stadt doch ziemlich an einer sicheren Verteidigung.

Gerät die Stadt in einen Angriffskrieg, so zucken diese Beamten erst einmal zusammen. Sie wollen eigentlich weglaufen, denn Gewalt können sie gar nicht ertragen. Sie sind sensibel, feinfühlig und sehr gesittet. Doch auch diese ängstlichen Verteidiger haben über die Jahre ihre Strategien entwickelt: über ihre Fähigkeit, die Details beim Gegner gut zu kennen und ihn mit Raffinesse und bürokratischem Geschick in die Enge zu jagen. Sie sichern die Stadt allmählich über äußere Schutzmaßnahmen – sichere Türen, Schlösser, Alarmanlagen, gute, starke Freunde, Wissen über die Feinde. Ansonsten treten sie weiterhin als sehr gesittet auf, mit feinstem Benimm. Vielleicht schlägt das auch den ein oder anderen in die Flucht.

Mars in der Waage

Elegant, dieser Herr, eine schimmernde, güldene Rüstung, glatt gegelte Haare und ausgesprochen gute Manieren. Diese Stadt wird von einem Gentleman verteidigt, was in den meisten Fällen auf diplomatische Gespräche anstatt auf Kampfhandlungen hinausläuft. Dieser feine Herr macht sich nämlich nicht gerne die Hände schmutzig. Dafür aber ist er galant und weiß mit den richtigen Formulierungen das Schlimmste abzuwenden. Eigentlich ist diese Stadt nicht verteidigt, wenn es die Angreifer einmal wirklich auf sie abgesehen haben und den eleganten Herrn einfach beiseiteschieben. So kann man nur hoffen, dass es auch noch andere Streitkräfte gibt – oder vielleicht eine gut gesicherte Toranlage, einen rigorosen König, damit die Stadt nicht permanent überrannt wird.

Mars im Skorpion

In dieser Stadt kann sich niemand über eine zu lasche Abwehr beschweren. Es handelt sich um einen Samurai, einen harten Kämpfer der alten Schule, der sich von Gegnern nicht aus dem Konzept bringen lässt. Er kennt seine Feinde besser als die sich selbst, denn die wahre Waffe dieses Samurai ist sein psychologisches Geschick.

Er ist die Ruhe selbst, zeigt keine emotionalen Regungen und schreckt selbst vor den furchtbarsten Methoden nicht zurück, wenn es darum geht, einem Widersacher Paroli zu bieten. Nach außen ist er nahezu unsichtbar – er ist der perfekte Geheimagent mit den grausamen Methoden von Elitekämpfern. Diese Stadt greift nur ein Unwissender an, oder jemand, der es auf Krawall anlegt. Denn sicherlich hat es schon die Runde gemacht, dass sich mit diesem Verteidiger nicht gut auskommen lässt. Diese Stadt ist also auch ihrem Ruf nach schon bestens gegen Feinde gesichert.

Mars im Schützen

Gibt es einen feindlichen Übergriff auf die Stadt, so sind sie gleich zur Stelle: die Tempelritter. Mit heiligem Ernst und edlem Stolz verteidigen sie die Stadt elegant mit kämpferischem Geschick, das aus den unterschiedlichsten Kampfschulen der Welt zusammengetragen ist. Sie sind wendig, schnell und bereit, das Höchste zu leisten. Denn ihre Aufgabe erfordert keinen Sold, sie kämpfen alleine aus ihrer Ehre heraus. Und diese Einstellung ist unbezahlbar. Diese Stadt hat also großes Glück, diese Ritter beherbergen zu dürfen. Die Bewohner können ruhig schlafen, denn die Verteidigung steht, Tag und Nacht.

Mars im Steinbock

Diese Stadt steht. Und sie wird auch noch lange Zeit uneinnehmbar sein. Denn die Verteidigung ist zäh wie Leder. Vielleicht auch uralt, wie Methusalem, aber das macht nichts. Denn dieser Mars ist ein alter Kriegsveteran, der keine Mühe scheut, um die Stadt effektiv und nachhaltig zu verteidigen. Sicherlich sucht dieser alte Veteran nicht aktiv den Streit, dazu hat er schon zu viel erlebt. Er ist kein Jungspund und kein Abenteurer. Vielmehr hat er die Ausdauer von wirklich weisen Menschen, die schon viele brenzlige Situationen meistern mussten.

Sein Gesicht ist hager und bar jeder Emotion. Sein Körper gestählt und voll von Narben aus alten Zeiten. Dieser Herr weiß, wie er mit wenigen klaren strategischen Schritten den Feind in die Flucht schlagen kann. Er ist energieeffizient und vereint Kraft und Ausdauer in sich.

Mars im Wassermann

Freiheit! – fordert dieser individualistische Kämpfer, der für seine Unabhängigkeit und Freiheit bereit ist viel zu tun. Er ist ein Rebell und Querulant, aber er kämpft für seine Stadt, wenn es sein muss.

So wird er seine Stadt im Falle einer Besetzung mit aller Kraft befreien, denn alle Energie wird er dazu nutzen, um den Okkupator loszuwerden. Ansonsten ist es ein eher friedliebender Geist, der sich für Ideen begeistert, die er in ferner Zukunft vielleicht auch einmal umsetzen wird. Vielleicht. Der Rebell agiert gerne zusammen mit anderen, unabhängigen Rebellen in seiner Stadt, aber unter dem gemeinsamen Nenner kommt nicht viel zusammen. Was sie eint, ist die Parole: Freiheit, Gleichheit, Geschwisterlichkeit. Ansonsten geht aber jeder seiner Wege.

So kommt es immer auch darauf an, was der Feind proklamiert und auf welche Weise er angreift. Solange es nicht den Freiraum, die Unabhängigkeit der Stadt betrifft, kann es sein, dass die Verteidigung ihren Einsatz verpasst. Weil Krieg und Streit so gar nicht interessant für all die originellen Rebellen sind.

Mars in den Fischen

Über dieser Stadt liegt ein sanfter Nebel. Und es ist gut, wenn sie darin etwas geschützt liegt. Denn die Verteidigung selbst verfasst vermutlich gerade tief romantische Liebesbriefe, träumt mit offenen Augen oder liegt mit einer Flasche Bier betäubt in irgendeiner Ecke. Verteidigung? Gegen wen denn? Wer in diese Stadt rein will, kommt es wahrscheinlich auch. Im besten Fall aber handelt es sich bei diesem Mars um einen Jedi aus den weiten Welten des Alls. Jemand, der die Welt von oben sieht und der über besondere Kräfte verfügt. Ganz schutzlos ist diese Stadt also nicht, es macht nur den Anschein. Eigentlich sind hier große Heilkräfte am Walten und so kann es sein, dass ein Angriff sich in eine Heilung umwandelt. Auf beiden Seiten.

Mars in den Häusern

Durch die Betrachtung der einzelnen Häuser erfahren wir mehr über den individuellen Wirkbereich von Mars. Mars in den Häusern aktiviert die jeweiligen Lebensthemen. Wenn Mars gemäß seiner Natur (= seinem Tierkreiszeichen) in diesem Lebensbereich wirken und walten kann, kann er enorme Energien freisetzen und uns voranbringen.

Ist er zu Untätigkeit gezwungen, dann sabotiert Mars gerne, indem er Unruhe streut oder indem er Streit vom Zaun bricht und aggressiv wird.

Mars im 1. Haus

Im ersten Haus platziert, ist jeder Planet auf dem Präsentierteller. In einer Astrostadt würde man dem Verteidiger der Stadt also sofort begegnen. Teilweise noch bevor man die Stadt überhaupt betreten hat. Denn diese Verteidigung könnte auf Angriff setzen und es für sinnvoll halten, schon vor den Toren der Stadt Patrouille zu stehen und sich Neuankömmlinge sofort vorzuknöpfen.

Für Besucher mag dies erfrischend sein, es kann aber auch das Gegenteil eintreten und man fühlt sich aufgrund dieser Präsenz auf den Schlips getreten.

Dieser Verteidiger braucht ein Gegenüber, an dem er sich abarbeiten kann, eine Herausforderung. Er provoziert so lange, bis sich jemand bereit erklärt, diese Person zu sein.

Mars im 2. Haus

Diese Stadtverteidigung setzt vor allem auf den Einsatz der eigenen Arbeitskraft, auf unermüdlichen Einsatz und Energie, die auf Erwerb und Arbeit ausgerichtet sind. Dieser Mars hält sich im Bankenviertel der Stadt auf und ist emsig dabei, die Waben zu füllen: mit den Dingen, die in dieser Stadt als wertvoll angesehen werden.

Mit diesem Mars ist die Stadt arbeitswütig und strebsam und es ist nicht unwahrscheinlich, dass dadurch die Speicher auch gut gefüllt sind. Das nährt selbstverständlich auch den Selbstwert der Stadt, denn Reichtum macht selbstbewusst und unabhängig.

Dieser Mars braucht Aufgaben, die er arbeitswütig abarbeiten kann.

Mars im 3. Haus

Der Verteidiger dieser Stadt kämpft vorrangig mit Worten. Er verteidigt geschickt und greift mit scharfen Sprüchen an. Es liegt vielleicht eine grundlegende Reizbarkeit zugrunde. Jeder Neuankömmling wird in ein Wortgefecht verwickelt, wird interviewt, gescannt, mental abgetastet. Mit den Nachbarn und den Geschwistern könnte es sehr vital, aber eben auch aggressiv hergehen. Wissen eignet sich dieser schnell und rücksichtslos an. Wissen ist ein Mittel für den Kampf. Da geht es weniger um das langfristige Abspeichern oder um Umdeutung und Einbettung von neuem Wissen und Informationen. Nein, eher dienen die Informationen dazu, sich einen Wissensvorteil vor den Aggressoren zu sichern.

Dieser Mars braucht eine anregende Umgebung, die ihn fortwährend mit neuem Infofutter versieht.

Mars im 4. Haus

Diese Verteidigung ist für Außenstehende lange nicht sichtbar, nicht spürbar. Wird diese Stadt überhaupt verteidigt oder kann jeder hier ohne Umschweife tun und lassen, was er will?

Mars ist verborgen in den Hallen der Familienwohnsitze, im Wohnbezirk der Stadt. Vielleicht spielt er gerade Skat mit der Oma und der Tante, vielleicht streitet er mit dem Vater oder der Mutter. Sicherlich aber ist diese Stadt von einer wachen Vitalität versehen, einer guten Immunstärke, die sich am besten mit einer hohen Aktivität zu Hause ausdrückt. Denn wenn dieser Mars – der im

Wohnbezirk nur selten wirklich nach außen hin verteidigt – tatenlos bleibt, so wird die Unruhe und Streitlust eventuell zu Eskalationen führen.

Dieser Mars braucht seelische Bewegung und Aktivität zu Hause.

Mars im 5. Haus

In dieser Astrostadt gibt es wahrscheinlich eine grundlegend aktive Partystimmung und den Ausdruck »Ich zeige mich, seht her, was ich alles Tolles kann!“. Sport und Spiel sind hervorragende Kampfarenen in dieser Stadt. Man liebt es hier, sich lauthals mit Kindern durch die Straßen zu jagen. Spiel und Kreativität werden hier hochgehalten, entgegen allen Konventionen und gegen die Norm. Spaß haben, egoistischen Spaß haben, steht hier in der Stadtverordnung als Gebot mit drin.

Dieser Mars wird unruhig, wenn er sich nicht mit anderen messen kann, im Flirt, im Spiel, im Sport. Er braucht Kinder und Partys um sich herum, damit er immer bewegt ist.

Mars im 6. Haus

Die Energie der Verteidigung geht in dieser Stadt einwärts, in Richtung Aufrechterhaltung der Gesundheit. Das betrifft die eigene Gesundheit und die der anderen.

In dieser Stadt ist man emsig darauf bedacht, sich mit seinen Fähigkeiten munter agierend in die Prozesse der Gemeinschaft einzubringen, sinnvoll einzubringen. Am besten kann man als pflegende Person im Krankenhaus arbeiten, denn hier kommt die harte Arbeit mit der Gesundheitspflege zusammen. Harte Arbeit ist das, was man in dieser Stadt braucht und schätzt.

Dieser Mars braucht eine dauerhafte, anstrengende und sinnvolle Beschäftigung, in die er sich ohne Schonung hineinwirft. Hat er nichts zu tun, reagiert er häufig mit psychosomatischen Beschwerden.

Mars im 7. Haus

Auch diese Stadt wirkt seltsam unverteidigt. Der Kampfplatz, die Arena, befindet sich im Schlafzimmer. Häufig finden sich hier Paare, die vor allem im vitalen Streit miteinander die Liebe erfahren. Ein energisches Auf und Ab kennzeichnet die Bindungsmuster in dieser Stadt. Die Liebe, die Beziehung sind die wichtigen Felder, auf denen man sich erproben möchte, auf denen man spüren will, wo die eigenen Grenzen sind.

Dieser Mars braucht ein Gegenüber, einen Sparringspartner, eine Liebesbeziehung, um sich zu reiben, um die eigene Wirksamkeit an den Reaktionen des anderen zu erfahren.

Bei einem weniger hitzigen Partner neigt dieser Mars dazu, so lange zu provozieren, bis es einen echten Krach gibt.

Mars im 8. Haus

Tod und Teufel! Diese Stadt wird mit echtem Kampfesmut und unerbittlichem Einsatz verteidigt. Die Verteidigung ist sehr effektiv, wenngleich auch nicht sichtbar. Sie formiert sich in den Katakomben der Stadt, in der Kanalisation, dem Untergrund. Es sind kampferprobte, unerschrockene Krieger, Agenten, Spione, die sich durch die Tunnel der Stadt bewegen und ihre Augen und Ohren überall haben. Durch Verbündete. Durch Kameras. Durch Investigation. Diese Stadtverteidigung ist leicht reizbar und etwas nervös. Man sollte sie nicht unnötig provozieren, denn dieser Mars geht immer vom Schlimmsten aus, von ständiger Todesgefahr, von Krisen und Seuchen. Dafür ist er aber auch nicht so leicht zu schocken.

Dieser Mars braucht die Berührung mit dem Risiko, die Gratwanderung zwischen Leben und Tod. Dann fühlt er sich wirkmächtig und vital. Kommt nichts von außen, ist die Lage ruhig, dann malt er sich in den schrecklichsten Farben die Abgründe der Welt aus und hält die Stadtbewohner vom Schlafen ab.

Mars im 9. Haus

Die Verteidigung setzt in dieser Stadt auf die Kraft des Beweises, auf Wahrheiten, von wichtigen Büchern vermittelt. Es könnte anstelle eines Kriegers ein Richter sein, ein Philosoph, aber auch ein Guru, der diese Stadt mithilfe seiner Ausstrahlung und Kenntnisse, mithilfe auch seiner rhetorischen Finesse einwandfrei verteidigt und vor Außenangriffen schützt. Die Bewohner sind sich hier sicher, Recht zu haben und Recht sprechen zu können. Und man tut es.

Kann dieser Mars nicht lauthals und provokativ verkünden – auf einer Kanzlei oder Bühne –, was richtig und falsch ist, so reagiert er mit Reizbarkeit oder verlässt kurzerhand das Land. Denn Reisen tut er eigentlich noch viel lieber, als eine Stadt zu verteidigen.

Mars im 10. Haus

Schon von Weitem, schon aus Erzählungen weiß man von dieser Stadt, dass sie sich äußerst effektiv zu verteidigen weiß. Dass sie vielleicht sogar besonders angriffslustig ist. Definitiv aber lässt man sich hier nicht die Butter vom Brot nehmen. Dieser Ruf sorgt dafür, dass die Stadt weitaus weniger angegriffen wird, denn das Echo wird nicht ausbleiben.

Man kennt sich hier bestens aus mit den hiesigen Gesetzen und Regeln. Und man nutzt diese Regeln zu seinem eigenen Vorteil. Die Verteidigung sitzt nämlich direkt mit im Rathaus, im Regierungsgebäude, im Thronsaal und mischt hier ordentlich mit.

Gibt es gerade nichts zu kämpfen, keine Rechte zu sichern, keine flammende Rede zu halten, dann pöbelt dieser Mars vermutlich auch mal im überregionalen Bereich.

Mars im 11. Haus

Wenn du mich haust, dann hol ich meinen großen Bruder. Das wäre der Standardspruch in dieser Astrostadt. Denn die Verteidigung ist effektiv durch eine weitverzweigte Vernetzung mit Unterstützern aus dem Freundeskreis. Ist die Verteidigung vielleicht nicht besonders stark? Macht nichts, denn es wird immer Freunde geben, die man aktivieren kann, die hinzukommen, um zu helfen. Das erfordert natürlich auch eine große Anstrengung und Zeitinvestition in die Pflege und Aufrechterhaltung eines möglichst großen Freundeskreises. Und das beinhaltet das Feiern von Festen, regelmäßige Treffen, Gruppenaktivitäten aller Art. Nur wer sich verbündet, ist hier stark.

Stehen diesem Mars keine Menschen als potenzielle Freunde zur Verfügung, wird er wohl umziehen müssen. Freunde und Bekannte sind das A und O für ihn.

Mars im 12. Haus

Der Mars dieser Stadt liebt das Träumen sehr. Und die Internetwelten. Das Alleinsein. Liebe und Romantik. Moment mal! Und was ist mit der Aufgabe, die Stadt zu verteidigen? Das fällt meistens hinten runter. Es geht in dieser Stadt eben nicht darum, sich nach außen hin zu verteidigen, noch darum, irgendwen anzugreifen. Die eigenen Ziele liegen im Innern, in der Anderswelt, die Prioritäten sind daher ganz anders gelagert.

Sehr gut beschäftigt ist dieser Mars mit Heilmitteln aller Art, mit Nächstenliebe und Nachbarschaftshilfe, mit Selbstlosigkeit und Fürsorge für andere. Wenn es in dem Bereich nichts zu tun gibt, neigt auch dieser Mars zu psychosomatischen Erscheinungen und Schlafstörungen.

Merkur – der Reporter/die Reporterin

Merkur ist mit Venus und Mars einer der terrestrischen Planeten und ist viel näher an der Sonne als die Erde. Daher hat er keine Atmosphäre und ist unglaubliche 500 Grad Celsius heiß. Er ist klein und schnell: Pro Jahr schafft er vier Umrundungen der Sonne, seine Umlaufzeit beträgt daher durchschnittlich nur 91 Tage (im Vergleich: bei Pluto sind es 248 Jahre).

In der griechischen Antike als Hermes benannt, ist Merkur dafür zuständig, zwischen den Menschen und den Göttern hin und her zu sausen, die Kommunikation aufrechtzuerhalten. Er ist der Götterbote, meistens dargestellt mit geflügelten Schuhen, die seine Geschwindigkeit illustrieren. Er selbst hat keine eigene Meinung, sondern transportiert das Wissen nur zwischen den Orten.

Im Horoskop steht Merkur für unsere kognitiven Fähigkeiten: Austausch mit anderen, Denken, Sprechen, Vernetzen, Wissens-aneignung.

Passend dazu ist der Beruf der Reporter, Journalistinnen, Sprecherinnen, Pressemitarbeiter. In jeder Stadt gibt es eine Zeitung, eine Presseabteilung, Reporter, Redakteure und Menschen, die sich einfach furchtbar gerne mit anderen über die neuesten Informationen austauschen.

Demzufolge ist Merkur in unserer Astrostadt die Reporterin, der Journalist und somit zuständig für das Verbreiten und Aufbereiten von Informationen.

Anders als Venus und Mars ist Merkur nicht geschlechtlich zuzuordnen, er ist weder männlich noch weiblich, daher verwende ich in der Überschrift beide Varianten. Merkur beschreibt das neutrale Wissenwollen in uns, ohne emotionale Regungen.

Merkur in den Tierkreiszeichen

In den Tierkreiszeichen erhält Merkur seine Charakteristik: Ist er neugierig, zurückhaltend, sammelt er Wissen, oder verbreitet er es schnell? Wie denkt er, wie kommuniziert er? Das Tierkreiszeichen zeigt somit den Charakter Merkurs an.

Merkur im Widder

Er ist schnell da und ebenso schnell wieder weg. Wenn es irgendwo etwas super Neues gibt, eine Sensation, etwas noch nie da gewesenes, dann ist dieser Merkur sofort zur Stelle.

Er kennt keine Angst und ist daher an Ort und Stelle des Geschehens, wo andere noch ihre Sicherheitsvorschriften und die Ausrüstung checken.

Unser Krisenreporter macht sich die Finger schmutzig und er schont sich nicht. Das Wichtigste ist das Erlangen der neuen Information, der Sensation, der Katastrophe. Der Text selbst wird dann schlampig bearbeitet, da hört das Interesse des Reporters schon wieder auf. Es ist besser, wenn andere die Nachbereitung übernehmen.

Merkur im Stier

Mit diesem Reporter kommt man nicht gerade schnell an neue Informationen und Nachrichten. Vielmehr lässt er sich Zeit, geht zu den Orten seines Interesses und nistet sich dort erst einmal gemütlich ein. Er geht lange und intensive Gespräche mit den Leuten vor Ort ein, arbeitet hier und da mit, lässt sich richtig auf diese Erfahrung ein.

Seine Artikel sind stets mit Liebe und Nachhaltigkeit gearbeitet und man liest sie noch Jahre später. Daher ist er Redakteur in landwirtschaftlichen, ökologischen Magazinen. Dort gibt man ihm die Zeit, die er braucht, um für einen Artikel zu recherchieren und ihn dann zu schreiben. Dieser Artikel ist sinnlich, voller Bilder und sehr ausführlich und gut geschrieben.

Merkur in den Zwillingen

Ähnlich wie der Krisenreporter Widder, so ist auch der Zwillinge-Merkur rasend schnell und sofort am Ort des Geschehens, bevor andere davon erfahren. Natürlich trifft diese rasende Reporterin erst nach dem Krisenreporter ein, aber das macht nichts.

Ihre Stärke ist die Kommunikation mit den Menschen vor Ort. So erhält sie geheime Informationen, die man mit reiner Eigenrecherche nicht erhalten würde. Sie unterhält sich liebend gerne, vernetzt die Menschen untereinander und nutzt moderne Medien und Technik, um schneller und effizienter zu arbeiten.

Ihre Artikel schreibt sie in wahnsinniger Geschwindigkeit und mit einem so intellektuellen Ausdruck, so dass sie oft als brillant beschrieben werden. Schlampig und schnell gearbeitet sind sie dennoch, aber da diese Reporterin in ihrem Metier ist, kann ihr keiner so schnell das Wasser reichen. Sie ist die geborene Reporterin und liebt ihren Beruf über alles.

Merkur im Krebs

Wer ist mit wem wann welche Verbindung eingegangen? Wer hat gerade eine Scheidung hinter sich und wer sucht aktuell auf dem Singlemarkt nach Frischfleisch? Dieser Merkur ist enorm interessiert an allen zwischenmenschlichen Regungen, an den tiefen Gefühlen, die zwischen zwei Menschen ausgetauscht werden. Aber das Hauptinteresse gilt vermutlich der Familie, den Kindern, dem Miteinander am Abendbrottisch.

Mit genau gesetzten Worten kann dieser Emo-Reporter gut ausdrücken, was anderen nur als Gefühlsbild zur Verfügung steht. Er ist ein Dolmetscher für das Sachgebiet: Gefühle – Sprache.

Andere schätzen sein offenes Ohr, denn er kann Gefühle nicht nur gut übersetzen, sondern liebt es auch, wenn man sich in Beratungsgesprächen um andere kümmert. So ist er oft nebenberuflich auch der Kummerkasten seines Freundeskreises.

Merkur im Löwen

Wenn hier einer weiß, was bei den VIPs, den Royals und den It-Girls los ist, wenn einer über Fashion und Fame zu berichten weiß, dann dieser Merkur. Auf keiner Party fehlt sie, die Klatschkolumnistin, die Celebrity-Kennerin. Sie berichtet – selbst gekleidet im besten Dress – vornehmlich vom roten Teppich, porträtiert Stars und Sternchen und liebt es, zu Vernissagen und anderen Kulturevents zu kommen. Halb Diva, halb Gönnerin ist sie selbst ein kleiner Star unter den Journalisten und Reportern.

Merkur in der Jungfrau

Gründlich informiert ist man mit dieser sehr akkuraten und dennoch zurückhaltenden Reporterin. Sie erstattet pünktlich zur Deadline Bericht, hat ebenso gründlich und tatsachengetreu recherchiert und lässt sich keinen Fehler nachweisen. Weder bei ihrem Auftritt noch bei ihren Berichten. Sie ist eine klasse Nachrichtensprecherin, bei der es um absolute Perfektion und auch um das Ertragen von täglichen strengen Routinen geht.

Sie berichtet haargenau vom täglichen Geschehen, bläht keine Fakten auf, lässt aber auch nichts unter den Tisch fallen. Fake News haben bei ihr keine Chance. Dafür aber neigt sie stark zur Überarbeitung, da sie so detailgetreu am Werk und von ihrem Perfektionsanspruch angetrieben ist.

Merkur in der Waage

Wo sich der Löwe-Merkur für die Stars in der Szene interessiert, da ist der Waage-Merkur mit dem Kunst- und Kulturleben befasst. Wer stellt in den stylishsten Räumen aus? Wer ist top angesagt in der Kunstszene? Dieser Kunstreporter weiß Bescheid.

Gibt es Stress oder Streit zwischen Menschen, mit denen er beruflich oder privat zu tun hat, dann kann dieser Merkur sehr gut vermitteln. Er kennt die geheimen Gesetze der Balance, des harmonischen Ausgleichs. So wird er auch innerhalb der Familie immer wieder zu Krisengesprächen hinzugezogen – als ausgleichender Vermittler zwischen verhärteten Fronten.

Merkur im Skorpion

Wenn sich jemand mit der Seele auskennt, dann sie. Die Psychologin unter den Merkur-Stellungen ist Frau Skorpion. Sie hört auch hinter den besten Masken stets das wahre, tiefe Befinden ihres Gegenübers heraus. So arbeitet sie gerne bei der Polizei, als Wahrheitsverfechterin, um Lügen und Betrug zu enttarnen. Auch als Gefängnispsychologin kann sie gut arbeiten. Sie interessiert sich sehr für die Tabus und Abgründe der Gesellschaft und möchte gerne in diesem Gebiet mehr darüber lernen. Sie selbst spricht über sich zurückhaltend, sie mauert geradezu. Andere hingegen scannt sie gnadenlos. Vor ihrem Verhör ist niemand sicher.

Merkur im Schü*tzen*

Klar, er ist mal wieder auf Achse: unser schillernder Auslandsreporter Herr Schütze. Woanders ist die Wiese immer grüner als zu Hause, und so interessiert sich dieser Reporter vor allem für die weite, ferne Welt, die so bunt und so anders ist als das bekannte Zuhause.

Super tolerant lässt er sich die unterschiedlichsten Lebenswege und Lebensansichten erzählen und erstellt die spannendsten Reportagen daraus. Ist ihm langweilig, wechselt er erst das Thema, und wenn das nichts hilft, das Genre. »Hauptsache Abwechslung« ist sein Motto.

Merkur im Steinbock

Korrekt die Arbeit erledigen und nach Feierabend schön die Verantwortung für die Familie übernehmen. Jedwede Bürokratie wird erledigt, jede zentrale Entscheidung wird von ihr getroffen, der Anwältin. Die Familie baut auf ihr Sachverständnis, ihre Expertise und ihre Gebote. Sie ist die Familienbeauftragte, klärt und regelt die Schnittstelle zwischen privat und Gesetz, vertritt das Gesetz mit scharfer Präzision und ohne Gnade. Sie weiß genau zu unterscheiden, was richtig ist und was falsch. Und das verkündet sie auch. Sachlich, kühl, streng.

Mit ihrer Expertise, das Gesetz betreffend. arbeitet sie am liebsten mit dem Staat zusammen, vertritt die Angelegenheiten von Klägern, arbeitet als Rechtsanwältin. Auf ihre Arbeit kann man sich verlassen, sie leistet hohe Qualität und lässt sich keine Fehler durchgehen.

Merkur im Wassermann

Für ungewöhnliche Lösungen in verzwickten Lagen ist dieser Merkur gefragt, der gut und gerne auch Daniel Düsentrieb heißen könnte. Er hat einen hellen, schnellen Verstand und kommt auf die kreativsten Lösungen. Unkompliziert und direkt macht er sich an Probleme und Fragestellungen heran. Er ist vielseitig interessiert und langweilt sich ebenso schnell, wenn er lange an einer Sache arbeiten muss. Solange er als Freelancer arbeiten und selbstbestimmt mit seiner Zeit umgehen kann, liefert er brillante Beiträge, kreiert innovative Produkte, komponiert neue Musik oder entwickelt eine neue Programmiersprache.

Merkur in den Fischen

In einem silbernen Gewand und mit verträumten Augen schwebt dieser Dichter haarscharf an der sogenannten Realität vorbei. Sie zu beachten ist unter seiner Würde. Er interessiert sich nicht für die

Querelen des lästigen Alltags. Er möchte vielmehr seiner Kreativität freien Lauf lassen, sich von seinen Träumen, von Wolkenformationen und den Gefühlen anderer Menschen inspirieren lassen. Er hat ein gutes Gespür für die leisen Töne der Seele, für feinste emotionale Verschiebungen bei anderen und er ist sehr hilfsbereit. Seine Sprache, seine Stimme ist vielleicht eher leise und zurückhaltend, denn er ist groß und sprachbegabt in der Anderswelt und nicht unbedingt im Hier und Jetzt. Zeitdruck oder Strenge tun ihm nicht gut, er braucht viel Ruhe zum Nachdenken und Visualisieren.

Merkur in den Häusern

In den Häusern zeigt Merkurs Position seinen Einflussbereich an, also das Lebensgebiet, in dem wir besonders intensiv forschen, denken, kommunizieren. Der Reporter illustriert diese Lebensbereiche anhand der Stadt-Metapher.

Merkur im 1. Haus

Dieser Reporter widmet sich vorrangig der Kommunikation und Vermittlung der städtischen Bedürfnisse. Er kommuniziert deutlich, was gebraucht wird, und nimmt keine Hand vor den Mund. Man trifft ihn gleich am Stadttor und braucht nicht lange in der Stadt nach ihm zu suchen. Schon lange vor Erreichen der Stadt hat man von ihm gehört, denn er betreibt eine recht rege Propaganda und weiß, wie er auf sich und die Stadt aufmerksam machen kann.

Merkur im 2. Haus

Hier verdingt sich Merkur als Finanz-Kommunikator im Bankenviertel. Er weiß, wie sich mit Sprache Geld verdienen lässt, hat ein Auge auf die Finanzen der Stadt und weiß diese auch zu vermehren. Seine Interessensgebiete sind Wirtschaft, Immobilien und alle anderen Formen von finanzieller Absicherung. Doch nicht nur die finanzielle Absicherung beschäftigt ihn, auch die Sicherheit im genuinen Sinn: Hat man ein Dach über dem Kopf, gibt es genug zu essen, ist die Tür auch gesichert?

Merkur im 3. Haus

Im Viertel des Marktplatzes zeigt sich dieser Journalist als Marktschreier. Er kennt alle und jeden hier in der Stadt, ist sehr bekannt und netzwerkt, verbindet Menschen und Interessen miteinander.

Er kennt die neuesten Tagesnachrichten, liest permanent im Handy und den Zeitschriften und ist umfassend informiert über all das, was in der Stadt geschieht.

Merkur im 4. Haus

Hier haben wir einen Gefühlsübersetzer: Er lebt im Wohnbezirk und hat es sich zur Aufgabe gemacht, für Bewohnern der Stadt ein Sprachrohr zu sein. Außerhalb der Stadt ist dieser Übersetzer vielleicht sogar recht ruhig oder schüchtern. Im Rahmen der Familie ist er allerdings so richtig gesprächig. Seine große Gabe ist es, die Gefühle und Sehnsüchte der Familie zu verbalisieren.

Merkur im 5. Haus

Eine witzige und kreative Journalistin und Städteschreiberin ist diese Merkur-Reporterin. Sie zeigt sich von ihrer kreativen Seite und möchte schriftlich, sprachlich oder musisch zur Schau stellen, welche Talente in ihr schlummern. Versiert ist sie auch in ihrer Arbeit als Kunsthändlerin.

Sie ist nebenbei auch eine großartige Organisatorin und bewegt Himmel und Erde, bis ein weiteres fantastisches Fest die Stadt bereichert.

Merkur im 6. Haus

Dieser Merkur entspricht am ehesten einem Gesundheitsexperten. Er kommuniziert verantwortungsvoll und detailliert mit der Ärzteschaft und Patienten. So geht es diesem Gesundheitsexperten stark um Kommunikation im Dienst der Gesundheit. Vielleicht arbeitet er im Krankenhaus oder in der Pflege als jemand, der sprachlich vermittelt und sich sehr gut mit Krankheiten und Genesung auskennt.

Merkur im 7. Haus

Ein Meister im Flirten ist unser Flirtcoach, der Merkur im 7. Haus. Er hält sich vorrangig im Café-Bbezirk auf und ist ständig auf der Suche nach neuen Flirts und Gesprächspartnern. Er neigt auch zum Kuppeln und setzt sich schon gerne an besetzte Tische, um mit anderen ins Gespräch zu kommen. Allein sieht man ihn kaum, er schaut dann unruhig umher auf der Suche nach neuen Gesprächspartnern.

Merkur im 8. Haus

Tiefgründig recherchiert dieser Journalist, und er schont sich in keiner Weise. Krisen- und Kriegsgebiete, katastrophale Krankenhauszustände, Kinderarmut: all das möchte dieser Krisen-Journalist kritisch untersuchen.

Er hält sich in Krisenregionen und Randzonen der Gesellschaft auf, um über die prekären Verhältnisse dort zu reden.

Merkur im 9. Haus

Etwas umtriebig und immerzu auf der Suche nach neuen Inhalten ist der Reporter des Gelehrtenviertels. Er reist gerne gedanklich oder in Person in ferne Länder, um über deren fremde und inspirierende Kultur zu sprechen. So ist dieser Auslandsreporter immer etwas unruhig und auf dem Sprung. Seine Verabredungen schafft er nur in Eile, und Muße kennt er gar nicht. Am liebsten hält er flammende Reden auf etwas, von dem er überzeugt ist. Doch auch die Pizzabestellung hat bei ihm etwas ausladend Übertriebenes.

Merkur im 10. Haus

Sehr vernünftig arbeitet diese Journalistin, denn sie ist beruflich im Regierungsviertel unterwegs. Sie verfasst und verkündet die Gesetze der Stadt und steht der Regierung in politischen Fragen zur Verfügung. Durch ihren Job ist sie dauerhaft online und präsent und kann sich selten ausruhen. Da gibt es keine Zurückhaltung bei ihr, denn sie ist immerzu eine Ansprechpartnerin.

Merkur im 11. Haus

Diese Reporterin bewegt sich in einem großen Freundeskreis. Sie unterhält die Leute, knüpft neue Kontakte, verbindet und ist unverzichtbar als diejenige, die alle über die nächsten Treffen informiert. So hat sie eine gewisse Gruppenführerinnen-Natur und gibt durchaus den Ton in Gruppen an.

Merkur im 12. Haus

Hier haben wir eine Lyrikerin, eine Poetin der Träume. Sie möchte vor allem ihre Ruhe vor all dem Trubel in der Stadt haben. Sie liebt es, aus ihrem Turmzimmerchen heraus die Stadt mit ihren Bewohnern zu beobachten. Noch lieber aber schaut sie in den Himmel und träumt von den Wolken. Sie ist leise, fast schüchtern, und stellt sich mit ihrer Meinung und ihrem Wissen nie in den Mittelpunkt.

Jupiter – der edle Gelehrte

Der strahlende Jupiter ist wirklich herausragend am Sternenhimmel: Er leuchtet so hell, dass man ihn mühelos sehen kann, denn er ist der bei Weitem größte Planet im Sonnensystem. Seine Masse beträgt das Doppelte der Masse aller anderen Planeten zusammen. Das sind die Größe und die Herrschaft, die Jupiter damit als Planet verkörpert.

In der griechisch-römischen Mythologie ist Zeus/Jupiter der König der Göttergarde und mit Weisheit und edler Größe ausgestattet. Im Griechischen ist es Zeus. Und wie er bestimmt Jupiter auch mit seinem Blitz das Wetter und das Geschick der Menschen.

Wo Jupiter im Horoskop steht, wollen wir das Höchste und Beste in uns erreichen. Dort sind unsere Ideale und edelsten Ziele versammelt. Jupiter zeigt an, in welchen Bereichen wir expandieren wollen, größer werden, wo wir Großartiges erwarten.

Diese Neigung zur Erweiterung kann sich in der Astrostadt am besten durch Personen ausdrücken, deren Arbeit es ist, den Geist zu erweitern und das Edle und Gute zum Menschen zu bringen.

Ich übersetze Jupiter daher als einen edlen Gelehrten, als Philosophin und Richterin. In unserer Astrostadt geben die Philosophen, Gelehrten und Richter der Stadt die Perspektive, sie zeigen die Laufrichtung an, in die die Stadt als Ganzes sich entwickeln möchte. Das Tierkreiszeichen zeigt die Kleidung dieser Gelehrten an:

Die Feuerzeichen verleihen ein rasendes, feuriges, loderndes und mutiges Antlitz. Dieser Jupiter ist ein edler Erkunder von neuem Land.

Die Erdzeichen zeugen mit ihren Gewändern in Ocker und Beige von einer getragenen Verantwortung. Ihre Jupiter sind Richter und Rechtsgelehrte, die für die Wahrung der gesetzlichen Normen stehen.

Die Luftzeichen verwandeln Jupiter in einen geistigen Gelehrten, eine Professorin mit schnellen Schritten und blitzschnellen, großartigen Ideen, die sich manchmal als Luftschlösser entpuppen.

Die Wasserzeichen heben Jupiters Liebe und Hilfsbereitschaft hervor, er trägt blaue Gewänder und ist vielleicht eher ein Priester als ein Gelehrter.

Jupiter in den Häusern

In den astrologischen Häusern weist Jupiters Position auf den Lebensbereich hin, in dem besonders Großes erwartet wird. Hier will man entweder expandieren, über sich selbst hinauswachsen oder man erwartet einfach, dass einem die Dinge ohne große Anstrengung in den Schoß fallen.

Jupiter im 1. Haus

Den Gelehrten der Stadt trifft man gleich hinter dem Stadttor – dieser besondere Empfang wird von den Besuchern meist sehr geschätzt. Offenbar hält man in dieser Stadt viel von Etikette und gutem Benehmen.

Diese Stadt erfreut sich daher eines guten Ansehens. Hier ist man in guten, vertrauenswürdigen Händen, hier gekümmert man sich um einander, hier darf man Verantwortung abgeben.

Jupiter im 2. Haus

Schön, wenn der edle Philosoph im Bankenviertel positioniert ist. Dann nimmt er sich der Finanzen an, der Bankgeschäfte, und vermehrt so den Reichtum und das Ansehen der Stadt.

Die Stadt selbst weiß um diesen Luxus und jeder hier fühlt sich wohlversorgt und gut begütert – was nicht immer auch tatsächlich der Fall ist. Auch in ärmeren, kargeren Zeiten sind die Bewohner gut gelaunt und optimistisch, was das Finanzielle angeht.

Jupiter im 3. Haus

Ganz wie die Philosophen der griechischen Antike kann dieser Jupiter auf dem Marktplatz die Leute vorzüglich philosophisch unterhalten. Er oder sie befragt die Neuankömmlinge nach ihren Werten, ihren Idealen und kann auch selber viel davon berichten.

Diese Stadt ist daher gut vernetzt und liebt die Kommunikation, den Wissenserwerb und die geistig-intellektuelle Beweglichkeit.

Jupiter im 4. Haus

Hält sich die vornehme Richterin im Wohnbezirk auf, so kommt das der Familie sehr zugute. Hier wird auf einen charmanten, liebevollen und anspruchsvollen Umgang unter den Familienmitgliedern geachtet. Die Familie kann ein wahrer Ort von Weisheit sein.

Diese Stadt liebt und preist die Ursprungsfamilie und ehrt die Ahnen. Auch den eigenen Gefühlen gegenüber ist man hier sehr offen.

Jupiter im 5. Haus

Kommen Philosophie, Weisheit und Edelmut im Vergnügungsviertel zusammen, so kann man von reichhaltigen, großen und fantastischen Partys ausgehen, die in dieser Stadt regelmäßig zelebriert werden.

Diese Stadt zeigt gerne, was sie hat, welche Talente in ihr schlummern und wie wundervoll sie ist. Die Lebensfreude ist hier allerorten spürbar und das gibt der Stadt eine feurige, energetische Schwingung.

Jupiter im 6. Haus

Schreiten Richterin und Philosoph durch das Gesundheitsviertel, so darf man von einer gehobenen Art des Umgangs mit Gesundheit und Arbeit ausgehen. Es gibt hervorragende Gesetze zum Schutze der Arbeiter und ein modernes Gesundheitssystem, das nicht an den falschen Ecken spart.

In dieser Stadt liebt man, was hier gearbeitet wird, und die Bewohner achten sehr auf ihre Gesundheit, besonders durch eine bewusste, ausgewogene Ernährung.

Jupiter im 7. Haus

Frau Philosophin und Herr Richter treffen sich im Café-Bezirk und philosophieren über die Liebe. Klar, dass diese in der Stadt ein besonders hohes Ansehen genießt. Die Partnerschaft, die Beziehung, die Liebe sind die zentralen Werte in dieser Stadt.

Diese Stadt hebt die Rolle des Geliebten, der Geliebten besonders hervor. Besucher spüren das und fühlen sich mitunter sehr geehrt.

Jupiter im 8. Haus

Dieser edle Gelehrte interessiert sich für die Unterwelt, für das Schaurig-Schöne, das Tiefe und Wahre. Er ist ein Suchender, der auch vor dem Tod keinen Halt macht. Das Leben ist Geburt und Tod oder alles dazwischen. Und in diesen Zwischenzonen wird besonders gerne, tiefgründig und leidenschaftlich geforscht.

Diese Stadt liebt Gruselmärchen und sie genießt den Luxus von Erbschaften aus altem Adel. Mit der Geschichte der Ahnen befasst man sich ebenfalls gerne.

Jupiter im 9. Haus

In seinem Heimatbezirk – dem Gelehrtenviertel – kann dieser Gelehrte seinem liebsten Hobby frönen: der Lehre, der Theorie, der Philosophie. In den Universitäten der Stadt wälzt er Bücher und Schriftrollen und doziert anschließend munter vor Studenten.

Diese Stadt schätzt das Wissen und die Weisheit, die in Universitäten gelehrt wird. Daher ist dieser Stadtbezirk besonders gut mit Bibliotheken und allem ausgestattet, was zur höheren Bildung notwendig ist.

Jupiter im 10. Haus

In dieser Stadt haben wir es mit einer Richterin zu tun. Im Regierungsviertel geht es um die Rechtsprechung, um die Erstellung und Sicherung von Gesetzen – um den zentralen Bezirk in der Stadt.

Mit all ihrem Wissen und ihrer Weisheit darf die Richterin hier das Zünglein an der Waage sein und Recht sprechen. Diese verantwortungsvolle Position wird auch von außen bei der Stadt sehr gelobt.

Diese Stadt ist weithin bekannt und beliebt durch ihre weise und gerechte Regierung.

Jupiter im 11. Haus

Bewohnt die Philosophin den Bereich der neuen Kommunen, so zollt sie diesen Verbindungen den höchsten Respekt. Der gute und austauschstarke Umgang unter Freunden wird in dieser Stadt hochgehalten und heilig geschätzt. Der Wert der Freundschaft ist einer der höchsten hier. Diese Stadt hat ein reiches Vereinsleben und viele Begegnungsstätten für philosophische und andere intensive, sinnsuchende Unterhaltungen.

Jupiter im 12. Haus

Im Bereich der Geister und der Anderswelt findet der weise Gelehrte seinen Abschluss. Er sinniert tief über die Welt hinter der Welt, das Leben nach dem Tod, die tiefe Liebe und unendliche Verbundenheit mit allem, das da existiert auf der Erde.

Diese Stadt braucht Zeiten der absoluten Ruhe und Geschlossenheit. Erst in der Einsamkeit der Ruhe kann man hier die Tiefe des Lebens, den Sinn des Daseins erspüren.

Saturn – der Prüfer

Dies ist der Planet mit den schönen Ringen. Staubringe, die in perfekter Ordnung um den Planeten kreisen. Saturn galt lange Zeit als der letzte Planet im Sonnensystem, denn er ist tatsächlich derjenige, den man noch gerade so mit bloßem Auge am Himmel ausmachen kann. So wird er in der Astrologie zum Hüter der Grenze: Vor ihm ist die geordnete geozentrische Welt, hinter ihm die Unendlichkeit des Universums.

Saturn ist streng genommen in der griechischen Mythologie der Vater von Jupiter. Im Griechischen ist er Kronos – der Herrscher der Welt und einer der Titanen. Wo Saturn im Horoskop steht, zeigt er also einen Herrschaftsbereich an, in dem er auf strenge, konzentrierte und unnachgiebige Art und Weise regiert und uns zu unserer Bestleistung anstacheln möchte. Anders als Jupiter ist dieser Lebensbereich aber nicht so leicht zugänglich, es ist kein offen liegendes Talent, das da von uns verwendet werden kann. Vielmehr zeigt sich hier ein Arbeitsbereich, an dem wir wachsen müssen, gerade weil es uns nicht leichtfällt, diesen Lebensbereich zu meistern. Im Grunde geht es um Meisterschaft. Denn nur wer lange übt und viel Zeit und Mühe auf eine Sache verwendet, kann darin auch richtig gut werden. Während Jupiter ein Stück weit das leichte, spielerische Leben verkörpert, bestehen bei Saturn zunächst Hindernisse, innere Blockaden, die wir im Laufe des Lebens überwinden können.

In der Astrostadt wird Saturn zu einem Prüfer, einer strengen und kritischen Instanz, die schaut, ob wir unsere Aufgaben gut erledigen.

Im Gewand der Feuerzeichen ist dies ein hitzköpfiger Prüfer mit wehendem rotem Mantel.

Die Luftzeichen machen ihn intellektuell kritisch und rezensierend, er prüft auf kognitive und objektive Art und trägt ein nüchternes Gewand ohne Verzierungen.

Ist Saturn von den Erdzeichen geprägt, wird er äußerst

handlungsorientiert und pragmatisch. Er trägt Arbeitskleidung, damit er sich gleich nützlich machen kann.

Durch das Gewand der Wasserzeichen verliert sich die Strenge und Kritikfähigkeit von Saturn in wallenden Stofflagen; er verliert an Struktur.

Saturn in den Häusern

Saturn in den Häusern zeigt uns den Lebensbereich an, in dem wir zeitlebens Aufgaben zu bewältigen haben, an denen wir qualitativ wachsen. Saturn gibt uns Rückgrat, er ist ein steinernes Mahnmal, uns selbst nicht zu vernachlässigen, und er gemahnt an die Qualität in allen Dingen.

Saturn im 1. Haus

Gleich nach dem Stadttor erscheint der Prüfer und kann Neuankömmlingen schon viel Respekt einjagen. Er schaut mit kritischen Augen, beäugt quasi die Neuen und schaut, ob sie auch mit guten Absichten die Stadt besuchen wollen.

Für herzliche Empfänge ist diese Stadt eher nicht so bekannt, dafür aber weiß man, dass man hier bekommt, was angepriesen wird.

In dieser Stadt übernimmt man die Verantwortung und widmet sich konzentriert seinen Zielen.

Saturn im 2. Haus

Kommt der Prüfer in den Finanzsektor, patrouilliert er durch das Bankenviertel, so fällt ihm schnell auf, wo es noch mangelt, was man noch nachzubessern hat, wo es härterer Arbeit bedarf.

Die Bewohner sind sich ihrer Finanzen überaus bewusst und es gibt die hohe Moral des lebenslangen Sparens. Für schlechte Zeiten, für die Rente, für die Nachkommen.

In dieser Stadt fokussiert man das Thema Geld und materiellen Besitz und so ist diese Stadt meistens gut abgesichert. Auch wenn die Bewohner selbst das latente Gefühl von Armut in sich tragen.

Saturn im 3. Haus

Schreitet der Prüfer über den Marktplatz, verstummen die Gespräche. Man überlegt dreimal, ob das gesprochene Wort den Inhalt auch wert ist. So entspinnen sich eher sehr dingorientierte Gespräche, pragmatisches, lösungsorientiert. Hier wird weder geschwafelt, noch Smalltalk gehalten oder fantasiert. Alles hat hier Hand und Fuß. In dieser Stadt steht man Kommunikation und Netzwerken generell kritisch gegenüber. Lieber denkt man zweimal nach, als Falsches und Überflüssiges zu plappern.

Saturn im 4. Haus

Strenge und Härte, aber auch klare Strukturen und Hierarchien herrschen im Wohnbezirk, wenn hier der Prüfer das Sagen hat. Jeder kennt die allgemeinen Regeln und hält sich auch daran. Über mögliche eigene Gefühle spricht man nicht; das gehört sich nicht, sich derart zu exponieren. Der Wert der Familie wird hochgeschätzt und man hat Wurzeln bis in die graue Urzeit. In dieser Stadt wird vieles über den Verstand entschieden, denn Gefühle sind als Navigationssystem nicht so stark vertreten.

Saturn im 5. Haus

Wie krachend und lebhaft kann eine Party sein, wenn der strenge Blick des Prüfers auf ihr ruht? Wohl eher etwas verhalten und auch nicht sehr oft werden in dieser Stadt Partys gefeiert. Dieser Saturn verliebt wird sich auch nicht so oft und wenn, dann geht man dementsprechend auch bald eine feste Partnerschaft ein. Kindern und Kunst steht man mit einer Ernsthaftigkeit gegenüber, die aus Kindern folgsame Kadetten und aus Kunst seriöse Kunst macht.

In dieser Stadt ist Lachen keine Befreiung, sondern eine Zumutung. Wer lacht, zeigt schlechtes Benehmen, daher ist die ganze Stimmung immer etwas gedämpft, denn man ist mit Arbeit und anderen wichtigen, ernsthaften Dingen beschäftigt.

Saturn im 6. Haus

Einen Arztkittel übergeworfen, schreitet der strenge Prüfer durch das Gesundheitsviertel und prüft jeden Patienten höchstpersönlich. Nimmt er die Therapie an, muss ein Medikament anders dosiert werden, gibt es noch weitere Symptome, die abgeklärt gehören? Die Bewohner sind fleißig und arbeiten immer hart. Ihre Gesundheit ist angeschlagen, aber sie lassen sich regelmäßig beim Arzt gegenchecken. In dieser Stadt hat man die Gesundheit der Bewohner auf dem Schirm und überlässt diese nicht dem Zufall.

Saturn im 7. Haus

Hier gibt sich der Prüfer als strenge Anstandsdame, die alle unsere Begegnungen und Liebschaften auf Leib und Nieren prüft. Es dauert lange, bis sich diese korrekte alte Dame dazu herablässt, einen angehenden Liebhaber, eine Liebhaberin für okay zu befinden.

Wer aber erst einmal diese Prüfung überstanden hat, der kann sich gleich verheiraten. Derart mit Brief und Siegel geprüft, kann der Beziehung nicht mehr viel passieren.

In dieser Stadt gibt es nur wenige Paare, die dann aber schon sehr lange zusammen sind.

Saturn im 8. Haus

Mit strengem Blick, aber auch mit einer angstmachenden Gebärde schreitet der Prüfer nun in die Unterwelt. Hier ruht sein Blick auf all den Schrecklichkeiten, Krankheiten, Krisen und Zerwürfnissen. Nichts bleibt seinem analytischen Blick verborgen. Er ist ein Meister darin, Unheil anzuziehen. So weiß er allerhand furchterregende Beispiele von Menschen zu erzählen, die wirklich in tiefen Krisen waren.

In dieser Stadt ist man stets auf das Schlimmste gefasst. Man weiß von der Tyrannei des Todes und geht übervorsichtig mit seinem Leben um.

Saturn im 9. Haus

Unsere strenge TÜV-Beamtin steigt in ein Flugzeug und schaut sich die Welt von oben an. Es gibt hier vieles zu kritisieren. Die Ansichten der anderen zum Beispiel, oder das schlechte Benehmen in anderen Ländern. Auch der Bildung steht sie mit furchtbarer Strenge gegenüber: Was gelernt werden soll, muss Hand und Fuß haben, muss relevant sein und Geld einbringend. Ansonsten sind die Jahre des Studiums eine reine Zeitverschwendung. So wie auch die des Reisens.

Reist man jedoch auf eine kultivierte Art, hat man sich vorbereitet und besichtigt staunend die architektonischen Überreste von alten Kulturen, dann ist diese TÜV-Beamtin sehr zufrieden.

In dieser Stadt paukt man bis zum Abendgong, denn die höhere Bildung bekommt man nicht geschenkt.

Saturn im 10. Haus

Frau Staatssekretärin lässt nur wenig Spielraum hier im Regierungsviertel. Es gibt Regeln – strenge Regeln – und die sind zu befolgen. Sie selbst weiß es am besten – sie hat das gesamte BGB auswendig gelernt – aus Angst, sich einmal falsch zu verhalten. Auch im Bereich der Arbeit fährt sie eine strenge Linie: Klotzen, nicht kleckern ist ihre Devise. Hart anpacken und für seine Ziele auch ausdauernd leistungsbereit sein.

In dieser Stadt nimmt man seine öffentlichen Positionen sehr ernst. Es wird viel gearbeitet und Verantwortung übernommen.

Saturn im 11. Haus

Im Bereich der Vereine und Freundschaften kommt unser Prüfer als Spielverderber einher. Er lacht nicht an denselben Stellen wie die anderen und lässt sich auch sonst nicht so gerne eingemeinden, wenn es um Cliquenbildung geht. Entweder er hat den Vorsitz über den Verein, oder er macht sein eigenes Ding.

In dieser Stadt gibt es viele Vereine, die teilweise aus nur sehr wenigen Mitgliedern bestehen, da viele sich weigern, es mit anderen gleichzutun.

Saturn im 12. Haus

Ängstlich, skeptisch und äußerst kritisch begegnet dieser Prüfer dem Bereich des Spirituellen. Er ist der Inspektor des hohen Turmes und seine Aufgabe ist es, hier nach dem Rechten zu sehen. Aber wie kann er nach dem Rechten sehen, wenn alles hinter Mauern, wenn alles vernebelt ist, wenn alle nur einen verträumten Blick aufzuweisen haben? Diese Unmöglichkeit, Struktur und Kontrolle in diesen Bereich der Stadt zu bringen, zwingt den Prüfer dazu, sich selbst sehr intensiv mit Spiritualität und Außerweltlichem auseinanderzusetzen. Denn wenn die anderen vollständig abdrehen und nichts auf die Reihe kriegen, dann hat er wenigstens den Hut auf und kann ein deutliches Wort mit den Geistern der Anderswelt reden.

Uranus – der freie Narr

1781, zu Beginn der Französischen und Amerikanischen Revolutionen, wurde Uranus entdeckt. Er ist der Planet, der aus der Reihe tanzt – statt aufrechtstehend, dreht er sich liegend um die Sonne herum. Auch verläuft seine Rotation in entgegengesetzter Richtung zu seiner Umlaufbahn. Hier haben wir schon Hinweise darauf, dass Uranus auch im astronomischen Sinne ungewöhnlich ist.

In der griechischen Mythologie ist Uranus der vaterlose Sohn der Gaia, der Gott des Himmels. Er ist älter als die Titanen und olympischen Götter und somit der Vater von Kronos, also von Saturn. In dieser Reihenfolge haben wir nun mit Uranus (Großvater), Saturn (Vater) und Jupiter (Sohn) drei männliche Gestalten in einer mythologischen Genealogie im Sonnensystem. Ob der Name des Planeten gut gewählt ist, darüber lässt sich streiten. In der Astrologie geht man davon aus, dass die Langsamläufer, wozu auch Uranus gehört, die erdnäheren Planeten »beeinflussen«. Gibt es etwa Aspekte zwischen Uranus und Merkur, wird sich das beim Horoskopeigner zeigen, indem er schnelle, geniale, oder auch anstrengend viele Gedankenblitze hat. Andersherum wird aber Merkur Uranus nicht groß in seiner Sache stören.

Uranus zeigt im Horoskop an, wo wir ‚anders drehen' als gewöhnlich, was auch bedeutet, dass wir in diesem Lebensbereich (= astrologisches Haus) mehr Freiheiten und Individualität fordern.

In der Astrostadt wird Uranus durch seine Eigenschaften zum freien Narren – die Person am Königshof, die alle Freiheiten hat, sich so auszudrücken, zu kleiden und zu benehmen, wie sie will. Nur der Hofnarr kann dem König, offen die Wahrheit ins Gesicht schleudern, ohne Gefahr zu laufen, in den Kerker geworfen zu werden. Denn es geht etwas Komödiantisches von ihm aus. Der Narr hat die Aufgabe, durch respektloses, ungewöhnliches Verhalten den Alltag infrage zu stellen, feste Gewohnheiten aufzurütteln und damit Platz zu machen für Neues. Dabei ist Uranus sehr erfinderisch und bereichert durch seine genialen Entwürfe die Stadt.

Uranus, Neptun und Pluto gehören zu den Planeten, die so langsam laufen, dass sie Generationenaspekte anzeigen. Ihr Aufenthalt in einem Tierkreiszeichen beträgt mehrere Jahre und sagt mehr über die Stimmung in der Zeit aus als über ein individuelles Horoskop. Wichtig ist daher die Häuserstellung.

Uranus in den Häusern

Uranus zeigt in den astrologischen Häusern seinen Herrschaftsbereich an und damit den Lebensbereich, in dem wir besonders eigenwillig sind und auf unsere Individualität und unseren Freiraum bedacht sind.

Uranus im 1. Haus

Betritt man diese Stadt, so spricht einen der Hofnarr unverblümt an, die Etikette des zaghaften Kennenlerngesprächs ignorierend. Er kann gleich richtig loslegen und viel erzählen – Witziges und Wunderbares. Die Stadt erhält durch diesen ungehemmten Narren eine sehr eigene Note und ist im Land für Spott und Eigenbrötlerei, aber auch für ein erfrischend anderes Aussehen bekannt.

Uranus im 2. Haus

Dieser Narr bewacht das Bankenviertel. Er hüpft und stolziert durch die Gassen, zählt lauthals das Geld und wirft es einfach aus dem Fenster heraus. Dann aber gibt es Momente, in denen er Schubkarren von Geld und Gold ankarrt, das er beim Pokern oder Wetten gewonnen hat.

Diese Stadt kann an einem Tag reich und wohlhabend sein und über Nacht wieder mit leeren Speichern dastehen.

Uranus im 3. Haus

Poltert der Narr über den Marktplatz, ist niemand vor ihm sicher. Er spricht mit allen Bewohnern und allen Besuchern, ist unerträglich neugierig und sammelt an allen Ecken und Enden Wissen ein. In seiner Unruhe wird es ihm schnell langweilig auf dem Marktplatz und er unternimmt häufig kurze Reisen durch das Land, auf denen er unzählige neue Kontakte knüpft.

In dieser Stadt gibt es immer wieder neue Allianzen und neue Gesichter – der Hofnarr sorgt für viel Kommunikation.

Uranus im 4. Haus

Wer läuft da lauthals lachend durch das Wohnviertel? Der Narr macht sich hier über alle und alles lustig und will sich hier auf keinen Fall niederlassen. Es ist ihm zu eng in dem Viertel, zu stickig, und zu viel Familie engt ihn sowieso ein. So rast er durch das Viertel und kommt doch nirgends an.

In dieser Stadt hat man ein ambivalentes Verhältnis zu Heimat und Gefühlen – auf beides lässt man sich nicht so gut ein.

Uranus im 5. Haus

Auf der Bühne der Stadt, inmitten des Vergnügungsviertels, tobt sich dieser Narr so richtig aus. Kindergeburtstage, Kuchenbasar, Talentwettbewerbe, Festivals – alles und jeden schleppt er heran, um diese Bühne mit bunten, witzigen und abwechslungsreichen Künstlern und Künstlerinnen zu beleben. Diese Stadt kommt aus dem Feiern kaum heraus und vernachlässigt so die Arbeit und die Struktur.

Uranus im 6. Haus

Mit wachem Blick hüpft Uranus durch das Gesundheitsviertel und bringt alle mit seinen medizinischen Theorien aus dem Trott. Der

Narr behauptet dieses und jenes, stellt die üblichen Methoden der Mediziner infrage und entwirft mal eben neue Therapiekonzepte zur Heilung der Patienten. In dieser Stadt hat man einen ungewöhnlichen und freien Umgang mit den Themen Gesundheit und Arbeit.

Uranus im 7. Haus

In den Cafés dieser Stadt fühlt sich der Narr am wohlsten, hier hat er sein Lager aufgeschlagen. Er flirtet wie ein Weltmeister mit allen Neuankömmlingen, verliebt sich Hals über Kopf und kann doch nicht lange in einer Bindung bleiben, weil schon die nächste sehr interessante Person vorbeischaut. In dieser Stadt sind die Bindungen zwischen den Menschen sehr locker und man wechselt häufig den Partner.

Uranus im 8. Haus

Eine ganz andere Natur erhält der Narr, wenn er in der Unterwelt ansässig ist. Gar nicht verspielt, eher sehr ernsthaft, widmet er sich neugierig den Themen Schicksal, Tod und Neubeginn, Krankheiten und Krisen. Er sitzt mit mächtigen Leuten am Tisch und dreht und wendet das Schicksal der Stadt mit ihnen bei einer Pokerrunde.

In dieser Stadt ist man sich vor keiner plötzlichen Veränderung sicher: Wetterschäden, Angriffskriege und Seuchen stärken im Laufe der Zeit aber die Stadt immens.

Uranus im 9. Haus

Neugierig und frohgemut rast Uranus durch das Gelehrtenviertel. Er schnuppert in alle möglichen Studiengänge hinein, sitzt mal in dieser, mal in jener Bibliothek und lässt sich von den vielen bunten Büchern inspirieren. Aber zum echten, vertiefenden Lernen ist er zu ungeduldig. Es zieht ihn in die weite Welt hinaus. Das wahre

Leben ist sein bester Studiengang. In dieser Stadt geht es unruhig zu, man ist viel auf Achse und die weltumfassenden Theorien wechseln wöchentlich.

Uranus im 10. Haus

Der Hofnarr hält sich direkt vor der Nase der Königin auf dem Schlosshof auf und pöbelt, was das Zeug hält. Gesetzestexte macht er madig, er parodiert die Minister und die Regierenden, nimmt niemanden für voll. Er ist unparteiisch und unbeeinflusst in seinen Gedanken.

Daher kann sich die Stadt einer gewissen rationalen Freiheit rühmen, für die sie landesweit bekannt ist.

Uranus im 11. Haus

In den Neuen Kommunen fühlt sich der Hofnarr zu Hause. Hier kann er sein, wie er will. Die anderen sind ja auch individuell und lustig. Er schlendert von Wohnwagen zu Wohnwagen, schaut mal hier, mal da vorbei und hält unterwegs so manches Schwätzchen. Dauerhaft lässt er sich aber nicht auf Freundschaften ein, das ist so einengend. In dieser Stadt gibt es viele Vereine und Clubs, in denen die Bewohner ohne größere Verpflichtungen ein und aus gehen.

Uranus im 12. Haus

Der freie Narr ist abgetaucht, man sieht ihn selten in den Straßen der Stadt. Er sitzt mit Rapunzel bei einem Kartenspiel zu Rotkäppchen-Sekt im Turmzimmer und fragt sie neugierig nach den anderen Märchenlandbewohnern aus. Mit den Bewohnern seiner eigenen Stadt hat er weniger am Hut, diese sind ihm zu engstirnig. In dieser Stadt gibt es gute Wissenschaftler, die im Verborgenen neue Geräte und Ideen ersinnen.

Neptun – die Künstler und Träumer

Neptun wurde, wie auch Uranus, mehrmals entdeckt (erstmalig 1618 von Galilei) und nicht als Planet im Sonnensystem erkannt. Erst 1846 wurde er offiziell entdeckt. Seine Existenz war jedoch nicht sicher, es hätte auch eine Täuschung sein können, dass da ein weiterer Planet im Sonnensystem ist.

Die Täuschung, das Nebelhafte und die Orientierungslosigkeit sind auch wichtige Kennzeichen der astrologischen Deutung von Neptun im Horoskop. Neptun ist einer der Gasriesen in unserem Sonnensystem und steht für all das Nebelhafte, das Kreative und Verträumte, das auch das Zeichen der Fische ausmacht.

Neptun (= gr. Poseidon) ist in der Mythologie als Herrscher der Meere ganz mit dem Element Wasser verbunden, dem Element der Gefühle, der Tiefe und der Verbundenheit. Er ist der Bruder von Pluto und Jupiter.

In unserer Astrostadt wird Neptun zu Personen, die das Stadtbild um ihre Kreativität und Weichheit bereichern. Neptunische Personen sind KünstlerInnen, TräumerInnen, romantisch Verliebte und Menschen voller Sehnsucht. Sie neigen – aufgrund ihres Dranges, der Realität zu entfliehen – zu Rausch fördernden Mitteln, daher sind sie nicht immer ‚anwesend', wenn man ihnen in der Stadt begegnet.

Neptun in den Häusern

Wo auch immer Neptun im Horoskop steht, er vernebelt uns die Sicht und macht uns durchlässig für Erfahrungen. Das astrologische Haus, in dem Neptun steht zeigt also den Lebensbereich an, in dem wir offen sind, durchlässig, empathisch. In dem wir uns aber auch immer wieder täuschen lassen und unsren Illusionen aufliegen.

Neptun im 1. Haus

Der Künstler begrüßt die Neuankömmlinge direkt am Tor und umschmeichelt sie mit seiner schauspielerischen Gabe, um ihre eigene Mimik und Gestik zu spiegeln. Diese Stadt ist ein perfektes Chamäleon – sie kann sich derart an ihre Besucher anpassen, dass sie vergisst, wie sie selbst ist. Er verleiht der Stadt einen femininen, weichen und zugänglichen Charakter und schwächt dadurch auch ein wenig die Abwehrkraft des Stadttores.

Neptun im 2. Haus

Betrunken, aber glücklich sitzt dieser Künstler in den Tresoren dieser Stadt und erfreut sich an dem schönen Geld. Woher es kommt und wohin es geht, kann er leider nicht sagen. Er bewundert nur die pure Existenz von Geld und schätzt, wofür man es ausgeben kann. Doch dafür arbeiten? Schwierig. Er hofft einfach auf bessere Zeiten, in denen das Geld von irgendwoher schon noch kommen wird.

Neptun im 3. Haus

Die Kreativen sonnen sich auf dem Marktplatz und lassen sich von dem Gemurmel der Anwesenden einnehmen. Sie träumen von vielen Stimmen, die sie umschwirren wie Bienen. Sie hören dabei viele verschiedene Sprachen, die sie in ihre Träume einbauen und nebenbei lernen. Sie nehmen ganz im Vorbeigehen so viele Informationen auf, die sie alle interessant finden, aber sie sind nicht in der Lage, sie ihres Inhaltes wegen zu sortieren.

Neptun im 4. Haus

Sehnsüchtig schmachtend zeichnet diese Künstlerin ihre Gefühle auf große Leinwände, die sie in den Hallen des Familiensitzes aufhängt. Sie malt die Personen, die ihr fehlen, Familienmitglieder, die verschollen sind oder im Ausland nicht greifbar. Nie ist sie ganz vollständig, die Familie, und dieser Künstlerin ist, als wäre in ihrem Zimmer eine geheime Bodentür, die ins Uferlose führt. Vielleicht lässt sie diese verschlossen.

Neptun im 5. Haus

Auf der Bühne im Vergnügungsviertel steht diese Künstlerin im Rampenlicht und lässt ihre Künste gebührend von den anderen feiern. Sie ist sehr begabt darin, andere zu imitieren, zu singen, zu tanzen, zu schauspielern. Mit ihrem Talent hält sie nicht hinterm Berg, vielmehr rückt sie es in das rechte Licht und profitiert sehr davon.

In dieser Stadt gibt es daher viele kulturelle Events und eine Festivalstimmung.

Neptun im 6. Haus

Mit abwesendem Blick schleicht dieser Künstler durch das Gesundheitsviertel. Er sollte sich mal durchchecken lassen, das weiß er. Dennoch: Es ist ihm zu konkret, das mag er nicht. Viel lieber lässt er den Tag mit seinen vielen Stunden an sich vorbei rieseln, hält die Ziffern der Uhr nicht auf und schwimmt so mit. In dieser Stadt ist es daher mit dem Arbeitswillen und der Gesundheit so la la gestellt.

Neptun im 7. Haus

Die Trinker der Stadt haben sich im Café-Bezirk versammelt. Dort sitzen sie immer und schauen sich die Neuen an. Jede neue Frau wird mit glänzenden Augen angeschmachtet – könnte es doch endlich die Liebe des Lebens sein. Aber nein. Wieder nicht. So trinken sie noch etwas mehr, um die Schmach der ausbleibenden Liebe zu vergessen.

In dieser Stadt fällt es den Liebenden oft schwer, zueinander zu kommen, da sie sich nur wie durch Nebel ansehen.

Neptun im 8. Haus

Im Untergrund hält diesen Kreativen nichts von seiner Trunksucht ab. Hier trinken alle, Drogen kursieren und man feiert das unabwendbare Ende des Lebens: den Tod. Dadurch hat dieser Künstler eine magische Note, eine Neigung, sich mit der Kunst des Hexens zu befassen, oder der Kunst des Hellsehens. Er ist in diesem Bereich sehr erfolgreich.

In dieser Stadt weiß man oft noch vor Eintreten von Ereignissen von ihrer Existenz.

Neptun im 9. Haus

Ganz in die Ferne träumt sich diese Künstlerin. Sie will reisen, sie will sich verbinden mit allen Völkern der Erde, sie will das Höchste göttliche Glück erreichen – die Erleuchtung. Und so träumt sie sich durch die Religionen der Welt, bereist die fernen Länder und ist an vielen Orten zu Hause. In dieser Stadt ist man offen für Religion und die Suche nach der Erleuchtung.

Neptun im 10. Haus

Auf dem Rathausplatz findet man diesen Träumer, der sich nicht darum schert, wie sehr man ihn hier sieht, in der Öffentlichkeit. Er nimmt der Stadt mit seinen weiten, hellen Kleidern den Ernst und macht sie nach außen weich. Es scheint, als würde er sehr gerne allen zu Hilfe kommen, die ihn darum bitten. Aber er ist auch sehr feinfühlig, was die Stimmung in den anderen Städten betrifft. Diese Stadt ist sehr hilfsbereit und vergibt viele Almosen.

Neptun im 11. Haus

Im Bereich der Neuen Kommunen findet man diese Kreativen. Sie vernetzen sich auf Festivals und anderen Events zu nächtlicher Stunde mit vielen anderen Menschen. Sie sehnen sich nach deren Gemeinschaft und sind allzu gerne bereit dazu, sich ihnen anzuschließen. So kann es vorkommen, dass sie mit einer Gruppe mitreisen, weil sie nicht gerne allein sind. In dieser Stadt ist man am liebsten als Gruppe unterwegs und es verschwimmen schon einmal die persönlichen Eigenschaften.

Neptun im 12. Haus

Ganz in seiner Heimat angekommen, freut sich dieser Musiker, dass er einfach nur da sein und träumen darf. Niemand verlangt etwas von ihm, er schwebt in Gedanken durch die Wolken, trinkt von glasklarem Quellwasser und reitet auf Einhörnern. Da die langweilige Realität aber zu ihm durchdringen will, sorgt er regelmäßig dafür, in seinem Zustand stabil zu bleiben. In dieser Stadt gibt es sehr viele Trinker, Spieler und Drogenabhängige, die mit aller Macht zur Vernunft gemahnt werden.

Pluto – der Magier

Der astrologisch so mächtige Pluto ist eigentlich kein Planet mehr und allein regiert er auch nicht. 1930 wurde Pluto – zeitgleich zur Entwicklung der Atombombe – entdeckt und 2006 von den Astronomen zum Zwergplaneten herunter kategorisiert (aufgrund seiner kleinen Größe).

Zusammen mit seinem großen Mond Charon – Pluto selbst ist nur doppelt so groß wie dieser – dreht sich Pluto um einen Schwerpunkt außerhalb beider Körper. Pluto ist klein, aber seine Anzeiger-Qualität im Horoskop ist enorm.

Als Gott der Unterwelt ist Pluto (griechisch: Hades) gefürchtet und mächtig. Er ist der Herrscher über die Toten. Nach dem Drei-Welten-System herrscht Pluto nach dem Kampf gegen seinen Vater Saturn über die Unterwelt, Jupiter beherrscht die mittlere Welt und Uranus den Himmel. Auch hier wird das klare patriarchale System zugrunde gelegt.

Im Horoskop steht Pluto für das Prinzip des Stirb-und-Werde. Seine Position im Horoskop und sein Transit zeigt drastische Veränderungen, Umbrüche und Krisen an. Durch seine Position im Horoskop (vor allem Haus und Aspekte) weist Pluto auf den Lebensbereich hin, in dem wir machtvoll sein wollen, den wir vom tiefsten, innersten Kern heraus beherrschen wollen und wo wir uns auch auf Machtkämpfe mit anderen einlassen.

Als Langsamläufer läuft Pluto mehrere Jahre, bis hin zu zwei Jahrzehnten, durch ein Tierkreiszeichen und kann daher nur im Licht der Generation gedeutet werden.

Die individuelle Deutung erfolgt über die Position im Haus, den Häuserherrscher und die Aspekte, die Pluto eingeht.

In der Astrostadt wird Pluto mit dieser dunklen Macht zum Magier, zur Hexe und Zauberin. Diese Personen tragen sehr viel Macht in sich, aber sie verstecken sich auch mit ihren Fähigkeiten und Absichten, machen nicht gerade deutlich, was sie wollen, und ziehen ihre geheimen Fäden im Hintergrund.

Pluto in den Häusern

In den einzelnen Häusern zeigt Pluto an, in welchem Lebensbereich wir die Macht an uns reißen wollen. Oftmals auch ein Bereich, in dem wir die Erfahrung gemacht haben (oder immer noch machen), dass wir von anderen Menschen unterdrückt werden.

Es ist oftmals ein Bereich unerkannter Energiereserven, die in Zeiten von Wandlung, Not und Krise aktiviert werden können.

Pluto im 1. Haus

Der Magier steht gleich empfangsbereit hinter dem Stadttor und nimmt jedem Besucher die Illusion, hier ganz einfach mal durch spazieren zu können. Der Magier schaut mit einem ernsten und durchdringenden Blick in die Seele und hinterfragt das Begehr des Besuches. Erotische Kontakte sind häufig willkommen, nähere und tiefere Bindungen hingegen werden jahrelang geprüft, ehe sie der Stadt vorgetragen werden.

In dieser Stadt ist man eher skeptisch Neuen gegenüber. Man zeigt sich sehr machtvoll und kann durchaus auch angsteinflößend wirken.

Pluto im 2. Haus

Im Reich der Finanzen fühlt sich diese Hexe sehr wohl. Hier kann sie Zaubertränke brühen und die Schatzkammern auf magische Weise bis unters Dach füllen. Diese Stadt ist reich und gleichermaßen auf ihre Sicherheit versessen. Mit der begabten und zielstrebigen Hexe im Bankenviertel kann dieser Stadt nicht viel passieren. In diese Stadt steht man ganz und gar auf Sicherheit und Reichtum.

Pluto im 3. Haus

Der Magier fühlt sich auf dem Marktplatz am wohlsten. Hier sieht er alle Leute, lernt auch gleich die Neuen kennen und bekommt von überallher die neuesten Informationen. Er forscht aber am liebsten selbst nach, denn er traut den Zeitungen hier nicht. Mit intensiver Recherche bringt er manchmal Wahrheiten ans Tageslicht, bei denen einem mulmig zumute werden kann. Diese Stadt hält nichts von Lügen.

Pluto im 4. Haus

Sind die Wurzeln des Zauberers im Wohnviertel, so reichen diese meist sehr tief in die Familiengeschichte hinein. Der Zauberer ist ein mächtiger Herrscher in dieser Stadt; seine Herrschaft begründet sich mitunter im Wissen um die Vergangenheit der ansässigen Familien, aber auch durch seine natürliche Erbfolge. Schon sein Vater war ein mächtiger Mensch, der einer großen Familie vorstand. Die Bewohner dieser Stadt sind daher mäuschenklein, geben sich kontrolliert und emotionslos, um den großen Zauberer hier nicht zu erzürnen.

Pluto im 5. Haus

Betritt die Zauberin das Vergnügungsviertel, so stehen alle Münder offen: Oben auf der großen Bühne inmitten des Platzes stellt diese Meisterin der Magie ihr Können zur Schau. Gruppenhypnose, Massentrance, Liebeszauber. Sie bezaubert die Menge mit ihren Tricks und hat sie damit fest im Griff. Bekommt diese Magierin aber keinen entsprechenden Beifall, kann sie bitterböse werden und auf Rache sinnen.

Pluto im 6. Haus

Waltet die Zauberin im Bereich des Gesundheitsviertels, so ist diese Zone durchdrungen von ihrem Anspruch auf absolute Heilung. Sie überschätzt ihre Kräfte und legt sich mit dem Schicksal an, wenn es sein muss. In dieser Stadt sind die Bewohner alle etwas dogmatisch, wenn es um Gesundheit geht, und ja: Sie arbeiten, bis sie umfallen, denn schonen können und wollen sie sich nicht.

Pluto im 7. Haus

Was für eine Intensität entsteht, wenn der Zauberer im Café-Bezirk weilt. Seine Aura umwallt die Tische und lässt Dates zu knisternden erotischen Abenden werden. Die Paare fixieren sich regelrecht, versinken ineinander. Oberflächlichkeit und Smalltalk sind in dieser Stadt beim Daten unvorstellbar. Alles läuft auf das ‚Alles oder Nichts' in der Liebe hinaus.

Pluto im 8. Haus

In seinem Heimatgefilde ist der Zauberer enorm stark. Es ist die Unterwelt, die der Zauberer regiert; hier zieht er die Fäden der Macht, hier entscheidet er über Leben und Tod. In dieser Stadt sind die Bewohner in der Tiefe von dem Schicksal und der Unumgänglichkeit dessen überzeugt, wenngleich sie enorme Willenskraft zeigen, wenn es darum geht, ihre Überzeugungen zu leben.

Pluto im 9. Haus

Eine sehr dominante Position hat die Zauberin im Gelehrtenviertel, denn sie ist es, die hier die Werte und Meinungen festlegt und nach außen hin repräsentiert. Dabei ist sie nicht zimperlich. Sie sagt, was sie denkt, sie schreit es förmlich in die Welt hinaus, wenn sie überzeugen muss. Meistens jedoch ist sie katzenhaft leise und regiert mit der Macht des Wissens.

Pluto im 10. Haus

Sichtbar wird der Zauberer auf dem Rathausplatz, im Regierungsviertel. Das, was er denkt, hat nunmehr kollektiven Charakter erhalten und wurde in Stein gemeißelt. Von der Empore der Macht herunter dirigiert dieser Zauberer das Volk, unterjocht es und drangsaliert es mit seinen fixen Prinzipien, an denen er in allen Zeiten festhält. So übersteht er mühelos Zeiten der Krisen und Verwirrung, denn tief in ihm ist die Wahrheit, wie das Leben zu laufen hat.

Pluto im 11. Haus

Die Magierin ist im Viertel der Neuen Kommunen etwas fremd. Man geht nicht so sehr auf ihr Machtgebaren ein, denn es hat etwas Anachronistisches. Hier unterstützt man sich gegenseitig und bespricht sich im Kollektiv. So wird die Hexe auch manchmal zur Außenseiterin. Wenn sie etwas auf ihre individuelle Macht verzichten könnte, wäre aber ein sehr intensives und echtes Gemeinschaftsleben hier möglich.

Pluto im 12. Haus

Die Hexe lebt im Hexenhaus, weit draußen vor der Stadt, und kommt sie selten besuchen. Die Bewohner kennen sie nur aus Märchen oder aus Träumen. So hat diese Zauberin auch wenig Einfluss auf die Stadt. Und sie verhilft den Bewohnern auch weniger zu großer Intensität, Willenskraft und Durchsetzungsvermögen. In sehr rauen Zeiten pilgern die Bewohner dann zum Haus der Hexe und lassen sich von ihr einen Zaubertrank brühen, der ihre Kräfte wieder aktiviert.

Teil 3:
Beispielhoroskope

Für die Beispielhoroskope nehme ich vier Personen aus dem öffentlichen Leben: aus Politik, Schauspiel und Kunst. Ihre Horoskope betrachte ich auszugsweise, da eine komplette Interpretation schriftlich doch sehr langatmig ist. Am besten führt man in Beratungsgesprächen die Klienten und Klientinnen stückweise an ihre Astrostadt heran, damit sie von der Fülle der Informationen nicht überfordert sind.

Die nachfolgenden Deutungen erheben also keinen Anspruch auf Vollständigkeit hinsichtlich der vorgestellten Stadt-Methode. Sie dienen der Anregung und sollen illustrieren, wie bildhaft ein solcherweise übertragenes Horoskop sein kann. Die Uhrzeiten sind nicht sicher, aber durch verschiedene andere Astrologen und Astrologinnen und biografische Angaben wahrscheinlich.

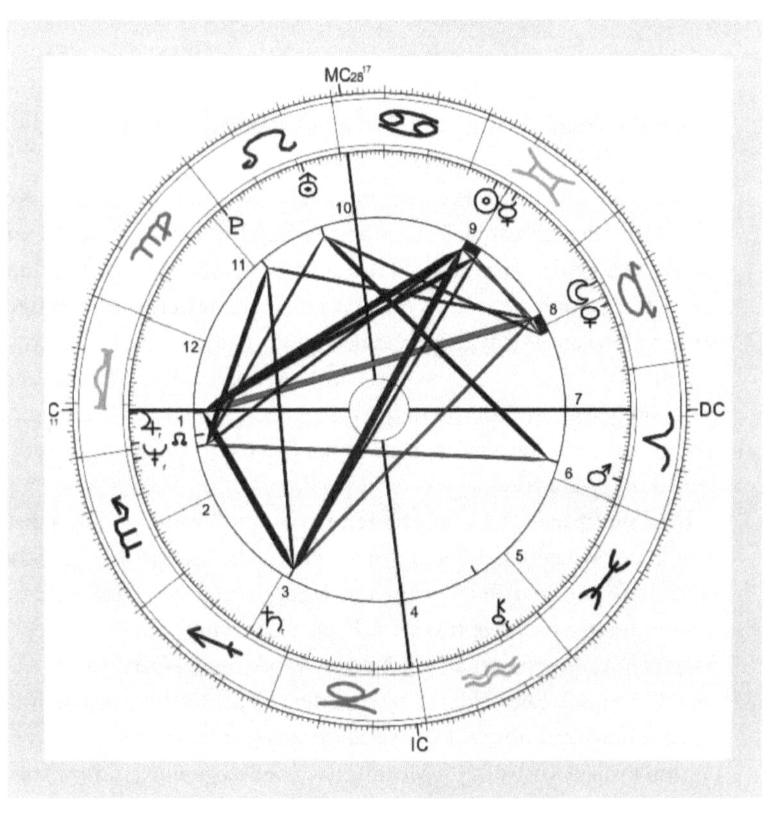

Olaf Scholz
14.06.1958 // 15:00 Uhr
Osnabrück

Die Astrostadt von Olaf Scholz

Olaf Scholz (*1958), der aktuell amtierende Bundeskanzler, ist mit seiner Zwillinge-Sonne im 9. Haus ein Verstandesmensch und somit – wie es scheint – ziemlich verkopft.

Wir haben es hier mit einem intellektuellen und neugierigen König zu tun, der sich am allerliebsten im Gelehrtenviertel aufhält und immer weiter dazulernt. Der Journalist der Stadt, ein schlauer und schneller Denker, steht ihm mit Rat und Tat zur Seite und beflügelt ihn im Denken (= Zwillinge Merkur im 9. Haus).

Sehr viel Gegenwehr und kritische Seitenhiebe erhält dieser Denker-König aber von der beherzten Polizei (= Saturn im Schützen), welche auf dem Marktplatz immer für Ruhe und Ordnung sorgt (= Saturn im 3. Haus).

Das Stadttor ist sehr ansehnlich und stilvoll errichtet (= Aszendent in der Waage). Edelleute, Priester und Künstler heißen Besucher gleich willkommen und verbreiten eine charmante, warme Atmosphäre (Jupiter und Neptun im 1. Haus). Die Bauherrin des Tores (= Aszendentenherrscher) ist die Kammerzofe oder Mätresse des Königs (= Venus). Diese Dame ist natürlich, sehr sinnlich und liebt die guten alten Traditionen (= Venus im Stier). Sie ist in engster Verbindung mit dem Volk (= Mond), das ebenso genügsam und friedliebend, aber auch sinnlich und naturnah ist wie sie. Die einflussreiche Hofdame klüngelt also mit den Bewohnern, sie sind sich sehr nah, auf einer Wellenlänge. Und sie wollen das Leben vor allem langsam und gemütlich angehen.

Olaf Scholz, dem das Zögerliche, Langsame oft vorgeworfen wird, ist – in diesem Licht betrachtet – im Kern ein Liebhaber der guten alten Traditionen, des guten bürgerlichen Essens, des Genusses. Dabei scheint er auch sehr nahbar zu sein, denn die Stier-Energie mag das Kuscheln, die Wärme des Menschlichen. Nur ist diese Seite von Olaf Scholz nicht gut in das Horoskop integriert. Venus und Mond stehen in ungünstigen Winkeln zu den anderen Planeten (Quinkunx und Quadrat).

Das heißt, die gutbürgerliche Hofdame und die Bewohner sind etwas außen vor, sind nicht gut integriert. Sie lieben es, sich an geheimen, magischen Orten zu treffen (beide stehen am Anfang des 8. Hauses) und zeigen sich nicht gerne vor Fremden.

Da hat gibt es auch einen Aspekt der Schüchternheit, der Zurückgezogenheit. Olaf Scholz möchte es vermutlich ruhig und gemütlich angehen, aber das passt natürlich gar nicht zu dem Leben, das er gewählt hat: ein öffentliches Leben mit viel Arbeit, permanentem Druck und dauernder Zeitnot.

Doch offenbar hat er seinen Weg gefunden, diese Sinnlichkeit und das Stillstehen von Zeit in sein Leben zu lassen: Es ist bekannt, dass er immer in die gleiche Weinstube einkehrt und dort sein Essen und den Wein genießt. Diesen Rückzug braucht er wahrscheinlich, um sich selbst zu spüren (= seinen Mond).

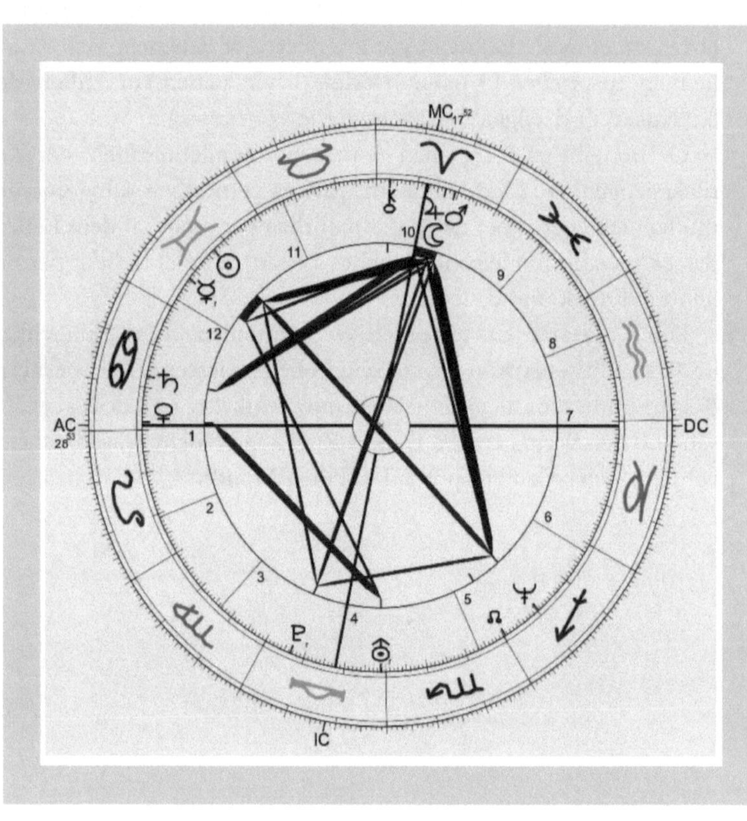

Angelina Jolie
04.06.1975 // 09:09 Uhr
Los Angeles, USA

Die Astrostadt von Angelina Jolie

Angelina Jolie (*1975), die international bekannte Schauspielerin und Regisseurin, ist mitunter durch ihre Auf-und-Ab-Ehe mit Schauspielerkollegen Brad Pitt und ihre sechs Kinder (drei eigene und drei adoptierte) dauerhaft in den Medien. Seit einigen Jahren sind sie geschieden, was ihrer Präsenz keinen Abbruch getan hat.

Angelina hat, wie auch Olaf Scholz, ihre Sonne in den Zwillingen, aber im Bereich der Neuen Kommunen (= 11. Haus). Die Königin dieser Astrostadt liebt das Wissen und weiß um die Macht des Wissens (enger Berater ist der Magier Pluto, im Trigon zur Sonne).

Die Königin lernt ihr Leben lang und wendet auf geschickte Art und Weise ihre Verbindungen, ihr Netzwerk an, um ihre eigenen Ziele zu verwirklichen (= 11. Haus).

Diese intelligente und schlagfertige, viel vernetzte Königin steht aber unter dem Bann der Trinker, der Künstler, der Träumerei. So kann sie nie ganz sicher sagen, welche der vielen Personen in ihr die echte ist. Es ist ihr vielmehr zur Gewohnheit geworden, zu schauspielern und jedem das zu geben, was er braucht (Sonne Opposition Neptun = die Träumer, Künstler, der Rausch, Neptun im 5. Haus: die Schauspielerei).

Trotz ihrer Verwirrtheit über ihre Identität (Jolie hat auch sehr wenig Kontakt zu ihrem Vater, der sich ihr immer wieder entzog, nie richtig da war) liebt es Königin Jolie, sich mit Gleichgesinnten zusammenzutun und etwas Großes, Wichtiges und Zentrales für die Welt zu tun (= Bereich der Neuen Kommunen).

Es stehen ihr dabei Richter, Philosophen, das kriegerische Volk und alle Soldaten der Stadt kampfbereit zur Seite (Mars, Jupiter, Mond im Widder am MC).

Nur die strengen Staatsbeamten, die Prüfer des Gesetzes, die Polizei der Stadt eben, die hindert diese – in ihren Augen aufmüpfigen Personen – ständig daran, ihre Mission zu erfüllen (= Saturn im 12. Haus im Quadrat zu den Widder-Planeten).

Da die Polizei aber meistens nicht anzutreffen ist, da sie auf

Friedhöfen patrouilliert, oder in einem einsamen Polizeiturm festsitzt, werden die Ermahnungen eher nachts ausgesprochen (= Saturn im 12. Haus Krebs).

Die Beamten hindern also das wilde Volk (= Widder-Mond und Widder-Mars) nicht an ihrem Tun, aber sie vermiesen ihnen die Laune und sorgen für ein dauerhaft schlechtes Gewissen.

Die Kammerzofe ist sehr emotional und kümmert sich mit aller Mütterlichkeit um jeden, der ihr vor die Füße kommt (= Venus am AC, noch im Krebs).

Mit der Königin hat die Zofe nicht so viel zu tun, sie ist nahe am Stadttor und kümmert sich eben um Neuankömmlinge, um Besucher und macht einen charmanten und sensiblen PR-Job.

In dieser Jolie-Astrostadt ist das Stadttor eine eigene Mischung aus empfindsamer Bauart und luxuriösen Materialien (= AC zwischen Löwe und Krebs). Je nach Tageszeit schimmert das Tor golden und wirkt sehr imposant, oder es sieht zart und weich aus, gebaut aus alten Steinen und von Rosen umrankt.

Diese Stadt hat die Fähigkeit, ihr Äußeres den Umständen entsprechend anzupassen.

In Jolies Astrostadt wird nicht gespart, nein, man gibt das Geld sehr gerne für Luxus aus, spendiert Freunden viel und hat eigentlich gar nicht so eine Ahnung, wo das Geld herkommt und wo es hingeht (= 2. Haus im Löwen). Das Bankenviertel ist prunkvoll gebaut und die Speicher sollen voll mit Gold sein. Ob sie es sind, ist allerdings nie ganz klar (= Sonne als Herrscherin des 2. Hauses in Opposition zu Neptun, dem Trinker).

Auf dem Marktplatz wird verhalten diskutiert (= 3. Haus in der Jungfrau). Der Magier (= Pluto) treibt sich hier herum und man hat mächtig Achtung vor ihm. Hier ist alles sauber und aufgeräumt, aber man kommt den Neuen auch nicht mit sehr viel Offenheit entgegen. Eher checkt man vorsichtig ab, mit wem man es denn da zu tun hat (= Jungfrau).

Elegant und mit den schönsten Bauten versehen zeigt sich das Wohnviertel (= 4. Haus in der Waage). In dieser Stadt wohnt man schön, man sorgt viel dafür, dass das Zuhause ein angenehmer und friedvoller Ort ist. Doch Uranus, der verrückte Hofnarr, treibt hier seinen Schabernack und so hat sich das Wohnumfeld schon oft verändert (= Uranus im 4. Haus; Jolie ist oft umgezogen).

Das größte Vergnügen in dieser Stadt ist das Erlernen von geheimen magischen Künsten (= 5. Haus im Skorpion). Auf Partys gibt man sich geheimnisvoll, es knistert förmlich vor erotischer Atmosphäre.

Findet man ein Gegenüber, so wird es gleich in tiefe Gespräche verwickelt, man umspinnt sein Opfer mit seidenen Fäden (redet über Kunst, Kultur, Schönheit) und hintenrum kommt dann der Todesstachel (= Skorpion).

Die völlig begeisterten, außer sich seienden Künstler und Säufer treiben sich auch auf jeder Party herum und machen sie immer wieder zum Erlebnis (= Schütze Neptun im 5. Haus).

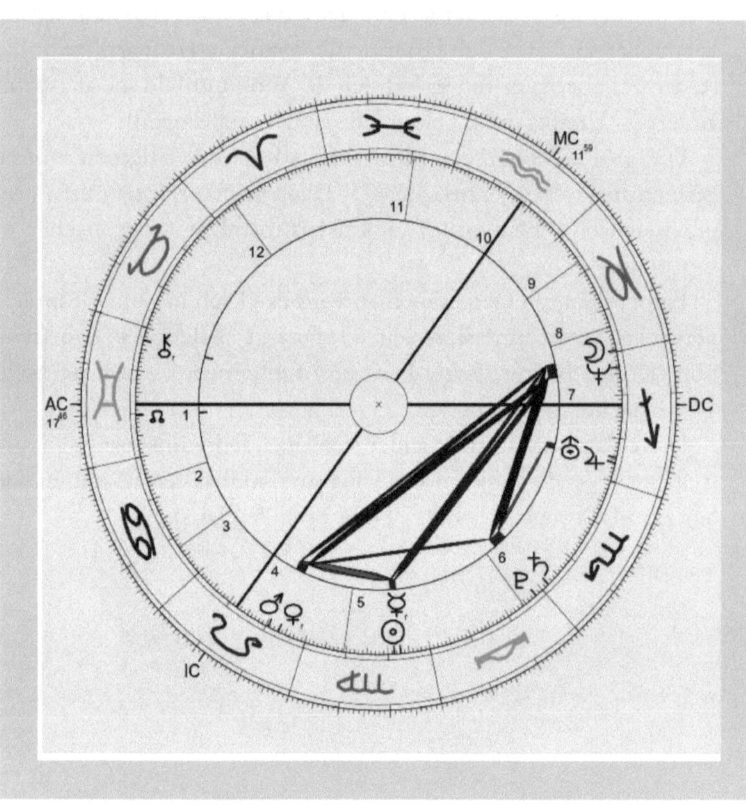

Amy Winehouse
14.09.1983 // 22:25 Uhr
Enfield, UK

Die Astrostadt von Amy Winehouse

Amy Winehouse (1983–2011), die sich zum Club 27 zählen kann – den Berühmtheiten aus der Musikszene, die nicht älter als 27 Jahre geworden sind – ist eine der erfolgreichsten Musikerinnen des 21. Jahrhunderts gewesen.

Schon 2003 – mit gerade mal 20 Jahren – gelang ihr der nationale Durchbruch in England. 2006 folgte dann der internationale Erfolg auf der ganzen Linie. 2008 gewann sie fünf Grammys. Mit ihrem Album BACK TO BLACK stand sie 2006 weltweit wochenlang in den Charts auf Platz 1.

Amy Winehouse starb mit 27 Jahren an einer Alkoholvergiftung. Sie mutete ihrem zarten Körper schon seit frühester Jugend viel zu: Bulimie, Marihuana, später harte Drogen bis hin zu Heroin. Alkohol war ihr ständiger Begleiter.

Ihre Lebensliebe Blake Fielder Civil war der Türöffner für diese Traumwelten (harte Drogen, zusammen durchgemachte Drogensessions, Verhinderung von Entzugskuren). Nach einer On-off-Affäre heirateten sie 2007, doch schon bald wurde Blake bei einer Razzia bei ihnen zu Hause festgenommen und kam ins Gefängnis. 2009 wurde von ihm aus dem Gefängnis heraus die Scheidung eingereicht.

Das Stadttor der Astrostadt von Amy steht weit offen, auch das Rathaus suggeriert Offenheit und Individualität (= MC im Wassermann). Hier scheint es eine coole Stadt zu geben, in der man intellektuell aufeinander zugeht, wo man sich gerne zeigt (= AC Zwillinge).

Im Bankenviertel wird man stutzig: In dieser scheinbar ultramodernen Metropole sind die wahren Dollars die Emotionen, die Tiefe des Gefühlslebens, Erinnerungen und Nähe zu Menschen (= 2. Haus Krebs).

Auch auf dem Marktplatz wird nicht schnell und rational diskutiert, sondern besonnen auf andere eingegangen (= 3. Haus Krebs).

Im Wohnviertel wird dann klar: Hier wird nicht gespart – die

Familie ist royal, da gibt es das wilde Leben und allen erdenklichen Luxus (= 4. Haus im Löwen). Viele Menschen bewohnen diesen Bezirk, es ist immer etwas los und emotional schont sich hier niemand. Gefühle müssen und dürfen raus, das gehört hier zum guten Ton.

Im Vergnügungsviertel ist es dagegen bescheidener – eigentlich werden hier intellektuelle und ruhige Gespräche kultiviert, in einem angenehm ausgestatteten bescheidenen Café (= 5. Haus in der Jungfrau). Von Amys Biografie aber wissen wir, wie sehr sie den Exzess gelebt hat.

Gehen wir anders heran: Die Königin der Stadt ist auch eine Jungfrau, eine edle Dame, die es gelernt haben sollte, sich vornehm zurückzuhalten. Sie residiert im Vergnügungsviertel und ist daher sehr präsent (= Sonne im 5. Haus). Aber: Die Leviten wurden ihr väterlicherseits nicht gelesen, denn sie hat keinen Kontakt zu ihm (Sonne Quadrat Neptun). Vielmehr nimmt sie ihn durch einen diffusen Nebelschleier wahr und versucht zu raten, was er ihr zu sagen hat. Auch ihr engster Berater, Merkur in Jungfrau, hat keinen Rat, wie sie sich am besten verhalten sollte. Er neigt zu Zurückhaltung und Nachdenklichkeit, zieht sich gerne zurück. Doch ist er auch im Nebel gefangen, kann sich schlecht konzentrieren. Wie auch die Königin steht er im Bann der Künstler und Trinker, der rauschhaften Welt (= Neptun).

Schauen wir uns das Gesundheitsareal an, so wird schnell klar, dass hier Schönheit und Äußeres im Vordergrund stehen. Das 6. Haus beginnt in der Waage und macht affin für Schönes und Ästhetisches. Amy war eine Stilikone, sie kopierte den Stil der 60er-Jahre und entwickelte ihn mit Elementen des Gothic Trash weiter.

Pluto und Saturn zu Beginn des 6. Hauses lassen eine starke Vehemenz im Bereich der äußeren Erscheinung, des Körperlichen vermuten. Mit voller Willenskraft und eiserner Disziplin unterwarf Amy ihren Körper ihren Vorstellungen. Ohne Rücksicht auf Verluste.

In der Astrostadt befinden wir uns also auf einer Beautyfarm, die regiert wird vom Magier der Stadt (= Pluto im 6. Haus) und einem rigiden Beamten, einem zwanghaften Arzt, der skrupellos auf sein Ziel hinarbeitet (= Saturn in Skorpion im 6. Haus).

Im hinteren Bereich der Beautyfarm puschen der Philosoph (= Jupiter) und die Freiheitsfanatikerin (= Uranus) den Drang in der Stadt, sich von allem zu befreien, den heiligen Gral im eigenen Körper zu finden (beide im 6. Haus). Das Haus des Körpers, der Gesundheit, ist also von schwierigen Kräften beherrscht. Zunächst die Zwanghaftigkeit von Pluto und Saturn im Doppelpack, danach die grenzenlose Übertreibung und Idealisierung von Jupiter und Uranus im Doppelpack.

Gehen wir nun in das letzte belebte Viertel von Amys Astrostadt: dem Café-Bezirk. Hier tummeln sich Leute aus allen Ländern der Welt, es wird gefeiert, geraucht, gelacht (= 7. Haus im Schützen). Vor allem aber ist man offen und neugierig auf andere, auf interessante Leute, die anders sind als die Norm.

Im Café sitzen nun auch der Trinker, die Künstlerin, die Träumerin zusammen und fantasieren, visionieren eine schöne neue Welt (= Neptun). Das ganze restliche Volk der Stadt sitzt hier beisammen (= Mond im 7. Haus). Es ist der Bezirk, in dem am meisten Leben herrscht (neben dem Wohnbezirk).

Die Stadtbewohner selbst sind eher spartanisch, streng, zurückgezogen (= Mond im Steinbock). Doch sie lassen sich von den Fantasien der Berauschten immer wieder in Brand setzen. Sie haben eigentlich überhaupt kein klares Gefühl für sich selbst und identifizieren sich immer mit anderen, vor allem mit ihren Liebsten.

Das Volk hat auch keinen guten Draht zur Königin – die ganze Kommunikation ist einfach gestört und so macht jeder, was er will (= Sonne und Mond im Quadrat).

Die Königin ist äußerst kreativ und künstlerisch veranlagt, dabei ist sie akribisch und genau im Arbeiten (= Jungfrau Sonne im 5. Haus). Das Volk liebt den Wein und die Liebe im Cafè, in den Bars.

Das Volk und die Trinker, die Kreativen stehen auch unter dem Bann des Magiers und des strengen Beamten (Mond im Sextil zu

Saturn), der auch ein Inquisitor sein kann (= Saturn in Skorpion). Diese sehr harschen, extremen und strengen Personen bringen das Volk unter ihr Joch, buttern sie unter, dominieren ihr Wesen, wenngleich sie es auf eine nette und respektvolle Art tun und nur das Beste für die Bewohner wollen (= Sextil ist als Unterstützung zu verstehen).

Die Kammerzofe (eine sehr verführerische Diva Löwe-Venus) und die jungen Kämpfer (sehr mutige Ritter, Mars im Löwen) hocken zusammen im Wohnbezirk und unterstützen die Königin nicht. Vielmehr stacheln sie das trinkende und feiernde Volk an, sich auch noch glamourös daneben zu benehmen (= Trigon zwischen den beiden Parteien).

Es sind Dandys, Luxuswesen, Menschen, die ihr Geld zum Fenster hinauswerfen – einfach, weil sie es können. Unter so viel Unvernunft können weder die struktur- und ordnungsliebende Königin, noch ihr eigentlich sensibles und artiges Volk ihrem Wesen nach leben. Sie sind dominiert von extremistischen und rebellischen Kräften, die alles unterminieren.

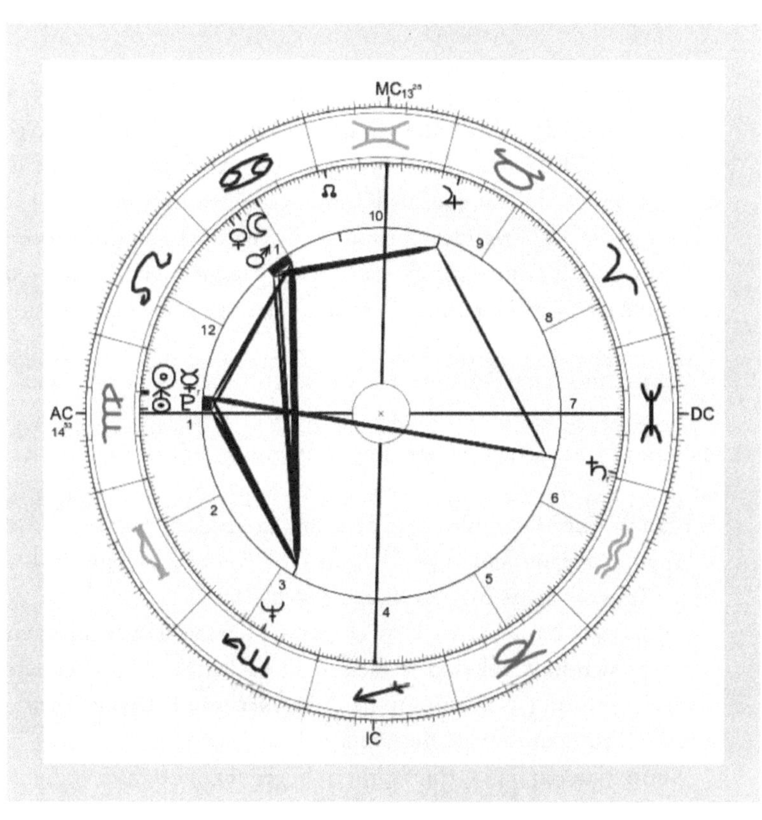

Keanu Reeves
02.09.1964 // 05:41 Uhr
Beirut, Libanon

Die Astrostadt von Keanu Reeves

Die Mutter von Keanu (*1964) war ein englisch-irisches Showgirl und polyamourös. Sein Vater ein hawaiianisch-brasilianischer Geologe, der in Drogenhandel, Gefängnis, Drogenkonsum verwickelt war. Er verließ die Familie, als Keanu drei Jahre alt war. und ist für Keanu ein völlig Fremder. Keanu ist in Beirut, Libanon, geboren und danach mit seiner Familie nach Sydney umgezogen. Später ging es dann nach New York und Toronto, das er als seine Heimat empfindet.

Keanu und seine Schwester Kim hatten Legasthenie (= rückläufiger Merkur). Keanu schwänzte oft die Schule und ging stattdessen ins Kino (= 12. Haus, Sonne Trigon Neptun), erhielt nie sein Abitur.

Francis Ford Coppola sagte über ihn, er sei der netteste Mensch überhaupt. Keanu lebte vor allem in Hotels und gab den Großteil seines Einkommens für wohltätige Zwecke aus.

Diese Stadt hat Überraschungen parat. Niemals würde man glauben, was sich hinter diesen schnöden, einfachen und bescheidenen Mauern verbirgt (= AC Jungfrau). Alles hier ist auf Bescheidenheit aus, da fühlt man sich als Besucher nahezu mächtig.

Wenn man dann den Einwohnern begegnet, wird man von einer Welle der Liebe und Freundlichkeit, der Gastfreundschaft überhäuft, dass einem schwindelig werden kann (Mond, Mars, Venus in Krebs).

In Reeves Astrostadt zähle die Familienbande wenig gegenüber dem echten, festen Freundeskreis. Dennoch ist der König die allerwichtigste Person hier und man interessiert sich nur bedingt für Fremde (fast alle Planeten sind auf der linken Hemisphäre).

Kommt man ins Gespräch mit den Bewohnern oder mit dem König, so mag es verwundern, wie wenig hier preisgegeben wird. Da verbirgt sich einiges.

An den König kommt man kaum heran, er ist immer im Holodeck unterwegs, auf Drogen, verliebt oder anderswie von der

Gegenwart und den Regierungsgeschäften abgelenkt (= Sonne im 12. Haus).

Auf Meditationskursen kann man dem König dann doch begegnen. Er ist auffällig unauffällig gekleidet, im Ökodress, und hat immer ein Buch in der Hand (= Sonne in Jungfrau, Konjunktion Merkur).

Man muss Glück haben, den König zu erwischen, denn er vergibt aus Prinzip keine Audienzen, das bindet zu sehr. Er braucht seine Freiräume (= Uranus Konjunktion Sonne).

Gespräche sind auch nicht leicht, wenn es mal dazu kommt, denn der König spricht langsam, bedächtig und scheint immer mal wieder in seinen Gedanken hängen zu bleiben (rückläufiger Merkur im 12. Haus Jungfrau). Dennoch ist er hoch konzentriert und man spürt seine weitläufige Bildung. In Geheimwissenschaften, Sterbebegleitung, Spiritualität, Gesundheit, Seelendingen. Er ist ein hochempfindlicher Nerd.

Mit seinem sehr gefühlvollen, geschlechtslosen Volk steht er aber in einem anregenden Verhältnis, man trifft sich oft, ist sich nah, tauscht sich über die Stadt aus.

Eine besondere Stellung haben die Künstler und Poeten in der Stadt inne – sie gelten als die eigentlichen Kommunikatoren und Ansprechpartner. Aaber es ist nicht leicht, mit ihnen mitzukommen.

Sie reden so blümerant, tief und ehrlich, so berührend und erschreckend nah und dann doch wieder so bedeckt. Smalltalk ist absolut undenkbar. Am besten trifft man sich auf Weinabenden in Künstlerkreisen, philosophiert über die Welt und lässt sich von den Gesprächen einfach leiten, ohne Struktur. Viel philosophiert und diskutiert wird über das Verhältnis von Struktur (Jungfrau-Planeten und Fische-Saturn in 6) und Freiheit (Uranus-Sonne, 6. Haus Wassermann).

Der König hat kein Interesse an festen Institutionen, Bauten, Versicherungen – das Wohnen und Leben muss ganz und gar frei sein dürfen, damit er sich wohlfühlt. Dafür hat er aber einige sehr nerdige Spleens bei Körperhygiene, Gesundheit, Ernährung, Meditation und Kommunikation.

Der Stadtphilosoph steht dem Volk sehr nah und versorgt es immer wieder mit naturnahen Anregungen aus aller Welt (Stier-Jupiter in Haus 9).

Die Einflüsse aus aller Welt zu sich zu holen, ist wesentlich in Reeves Astrostadt. Keanu selbst hat vier Nationalitäten in sich und schon auf drei Kontinenten gelebt (Asien, Australien, USA, Kanada).

Je älter er wird, desto mehr wird er versuchen, auch in der Öffentlichkeit eine wesentliche Rolle als ein Vermittler, Sprecher, Vernetzer einzunehmen (aufsteigender Mondknoten in 10 in Zwillinge).

Der Bauherr des bescheidenden Stadttores (= Merkur) ist ein intellektueller Nerd, der viel liest und am liebsten alleine ist, um zu träumen. Dementsprechend kümmert er sich nicht so recht um das Tor (= Merkur im 12. Haus).

Kommt man herein, wird man seltsamerweise von einem berüchtigt aussehenden Typ beäugt, er ist ein Magier, ein Detektiv, ein ganz schlauer und mächtiger Kopf (= Pluto im 1. Haus).

Er ist verbündet mit dem König der Stadt und hat sehr viel Macht (= Pluto Konjunktion Sonne).

Magie und Zauberei sind hier willkommen, der Magier muss sich nicht verstecken.

Es gibt sogar eigens dafür angelegte Gebäude, um das Wissen der Magie zu sortieren (alles in Jungfrau, 12. Haus). Die gebündelte Macht wird auch angewendet, um das Schicksal nach den eigenen Plänen verlaufen zu lassen (seine Schauspielkarriere, wo viel auf Glück und Vitamin B beruht, aber auch auf seiner Beharrlichkeit).

Schöne Gebäude, die eher dem sozialen Zusammensein dienen, zieren das Bankenviertel (= 2. Haus in der Waage). Hier gibt es Kunsthäuser, Galerien und Cafés. Keanu liebt und sammelt Kunst, das Kreative.

In dieser Stadt braucht man keine Materie, kein Geld, schätzt nicht so sehr den Besitz.

Venus (als Herrscherin des 2. Hauses) in Krebs im 11. Haus: Sein wahrer Besitz sind seine wärmenden, nahen Freundschaften.

Auf dem Marktplatz gibt es viel Security, Kameras, Überwachungstechnologie (= 3. Haus Skorpion). Tiefgründige Künstler und Berauschte (= Neptun im Skorpion im 3. Haus) laufen herum.

Man kommt nicht so bald an sie heran, sie sind sehr skeptisch neuen Menschen gegenüber. Es ist schwer, sich ihnen zu nähern, sie haben eine intensive Aura.

Die Stadtbewohner von Reeves Astrostadt leben wie im Camp, alle Kulturen und Religionen sind willkommen (= 4. Haus im Schützen).

Jupiter als Herrscher des 4. Hauses steht im 9. Haus Stier: Der edle Gelehrte möchte Gutes tun und seine Ideale in der Welt verbreiten (Keanu spendet viel von seinem Geld).

Meine Astrostadt Karte

Meine Astrostadt-Bezirke

Mein Stadttor:

Mein Bankenviertel:

Mein Marktplatz:

Mein Wohnviertel:

Mein Vergnügungsviertel:

Mein Gesundheitszentrum:

Mein Café und Barbezirk:

Meine Unterwelt:

Mein Gelehrtenviertel:

Mein Regierungsviertel:

Meine neuen Kommunen:

Meine geheime Welt

Und das sind die Bewohner meiner Astrostadt

Regiert wird sie von:

Das Volk ist:

Meine Kammerzofe ist:

Reportagen macht:

Edle Gelehrte sind:

Streng prüfen tut:

Der freie Narr ist:

Künstler und Träumer sind:

Der Magier ist:

Und so kann ich meine Astrostadt beschreiben:

Glossar

Abkürzung	*Bedeutung*
MC	Medium Coeli – Himmelmitte – zeigt Berufung an
AC	Aszendent – zeigt Verhaltensweisen gegenüber anderen an, die eigene Wirkung nach außen
IC	Immun Coeli – gibt Aufschluss über die Herkunft und Familie
DC	Deszendent – zeigt das Beziehungsverhalten an
Radixhoroskop	Wurzel – die Horoskopgrafik mit den 12 Häusern und den Aspekten zwischen den Planeten
Transit	Planeten ›berühren‹, d. h. aktivieren, durch ihre Umlaufbahnen Punkte in unserem Horoskop.
Qualität: kardinal, fix, veränderlich	kardinal: mit dem Herzen, etwas nach vorne bringen fix: ganz bei sich sein, die Energien gut verwalten veränderlich: Fähigkeit, sich anzupassen
Haus, Häuserspitze	Das Horoskop ist in zwölf Häuser unterteilt, die je nach Geburtsdaten unterschiedlich groß sind. Die Häuserspitze befindet sich am Anfang des Hauses (die Leserichtung der Radix ist gegen den Uhrzeigersinn).

rückläufig	Das kleine ›r‹ an einem Planetenzeichen. Es zeigt an, dass sich die Energie dieses Planeten mehr nach innen richtet, d. h. für den Horoskopeigner nicht leicht zu erschließen ist.
Aspekt	Bezeichnet die graduelle Verbindung zwischen zwei Planeten bzw. Punkten im Horoskop (Quadrat, Trigon, Sextil)
Element	Feuer, Luft, Erde, Wasser

Literatur

Dr. Harry Tobler, Die Brücke zwischen Astrologie und Astronomie, astronova, Tübingen, 2018

Hajo Banzhaf und Anne Haebler, Schlüsselworte der Astrologie, Hugendubel, München, 1996

Kocku von Stuckrad, Geschichte der Astrologie. Von den Anfängen bis zur Gegenwart, 1. Auflage, Beck, München, 2007

Karen Hamaker-Zondag, Häuserherrscher und Häuserbeziehungen, Iris Verlag, 5. Ausgabe, Amsterdam, 2011

Standardwerke der Astrologie

Brigitte Hamann

Ihr Lebensziel

Die IC/MC-Achse und der Lebenssinn im Horoskop

288 Seiten, Paperback,
8 Abbildungen, 3. Auflage
ISBN 978-3-925100-73-4

Das Lebensziel wird im Horoskop meist an der Stellung des Medium Coeli (MC) abgelesen. Die Vorstellung, dass wir uns von einem Ausgangspunkt, dem Imum Coeli (IC), auf dieses Lebensziel zu bewegen und dass das MC somit das Ergebnis und die Erfüllung dieses Zieles dar stellt, ist jedoch unzureichend. Aufgrund intensiver Studien kam die Autorin zu einem bahnbrechenden Ansatz: Das Lebensziel liegt im Ausgleich der Gegensätze, in der Mitte zwischen beiden Polen. Das IC enthält unser schöpferisches Potential. Am MC finden Sie die ergänzenden Eigenschaften, Verhaltensweisen und Themen die Sie benötigen, um dieses Potential in seiner besten Form verwirklichen zu können. Außerdem gibt es einen Fluchtpunkt. Dieser beschreibt wichtige Vermeidungsstrategien, die wir anwenden, um unseren Lernthemen auszuweichen. Die Autorin beschreibt die spirituellen, psychologischen und astrologischen Deutungsgrundlagen der beiden Gegenpole. Dabei kommen dem IC und dem 4. Haus eine tragende Rolle zu, denn dort ist das, »was unsere Welt im Innersten zusammenhält«. Die zwölf Lebensziele sind in einer anschaulichen und eingängigen Sprache beschrieben. Dem fortgeschrittenen Leser werden zudem alle Deutungsschritte systematisch gezeigt. Auf diese Weise lernen Sie den Leitstern auf dem Weg zu ihrem Lebensziel kennen.

Da dieses Buch nicht nur Konstellationen beschreibt, sondern auch eine Fülle an Anregungen zur Umsetzung gewonnener Erkenntnisse in das tägliche Leben enthält, ist es nicht nur für fortgeschrittene Astrologen eine bereichernde Lektüre, sondern auch gerade für Astrologie-Einsteiger.« Meridian 1/2003